高等院校跨境电子商务新形态系列教材

跨境电子商务物流

基础理论 规划设计 案例实训

邹益民 隋东旭 ◎主编

CROSS-BORDER
E-COMMERCE LOGISTICS

微课版

人民邮电出版社

北 京

图书在版编目（CIP）数据

跨境电子商务物流 ：基础理论 规划设计 案例实训 ：微课版 / 邹益民，隋东旭主编. -- 北京 ：人民邮电出版社，2024.8
高等院校跨境电子商务新形态系列教材
ISBN 978-7-115-63220-3

Ⅰ. ①跨… Ⅱ. ①邹… ②隋… Ⅲ. ①电子商务—物流管理—高等学校—教材 Ⅳ. ①F713.365.1

中国国家版本馆CIP数据核字（2023）第242677号

内 容 提 要

本书是一本面向跨境电子商务物流的初学者的理论与实训相结合的实用教材。本书共 8 章，包括跨境电子商务物流概述、跨境电子商务物流信息技术、跨境电子商务采购、跨境电子商务仓储、跨境电子商务物流运输、跨境电子商务发货、跨境电子商务海外仓、跨境电子商务通关等内容，同时本书每章设有教学目标、导入案例、课堂实训活动、操作重点、技能实训、复盘反思 6 个板块，全面展示了跨境电子商务物流各个方面的情况。

本书可作为高等院校跨境电子商务、电子商务、物流管理和市场营销等相关专业课程的教材，也可供从事跨境电子商务物流相关工作的人员学习使用。

◆ 主　　编　邹益民　隋东旭
　　责任编辑　刘向荣
　　责任印制　李　东　胡　南
◆ 人民邮电出版社出版发行　　北京市丰台区成寿寺路 11 号
　　邮编　100164　　电子邮件　315@ptpress.com.cn
　　网址　https://www.ptpress.com.cn
　　大厂回族自治县聚鑫印刷有限责任公司印刷
◆ 开本：787×1092　1/16
　　印张：11.75　　　　　　　　　　2024 年 8 月第 1 版
　　字数：284 千字　　　　　　　　2024 年 8 月河北第 1 次印刷

定价：49.80 元

读者服务热线：（010）81055256　　印装质量热线：（010）81055316
反盗版热线：（010）81055315
广告经营许可证：京东市监广登字 20170147 号

为全面贯彻落实党的二十大精神，深化教师、教材、教法改革，推动教学内容对接新产业、新业态、新模式、新职业，体现专业升级和数字化转型，编者依据跨境电子商务物流行业发展趋势和职业技术需求编撰了本书。

随着全球一体化、信息化的深入发展，以电子商务、物流、金融三方融合为特点的新型跨境贸易方式——跨境电子商务已成为国际贸易新的增长点，其对我国企业拓展境外营销渠道，实现外贸转型升级意义深远。同时，跨境电子商务的出现也为广大人民的生活带来了许多便利。物流作为跨境电子商务运行过程中不可或缺且极其重要的一环，是跨境电子商务活动中物品流通的重要载体。因此，相关专业的学生及从业人员势必应了解有关跨境电子商务物流的相关知识，高等院校开设相应的课程是大势所趋。

"跨境电子商务物流"是我国高等院校相关专业的一门必修课。本书采用理论知识与课堂实训活动相结合的形式，对跨境电子商务物流的各个方面做了细致的讲解，以帮助读者更加全面地了解跨境电子商务物流的相关知识，为之后进行更加深入的学习做好准备。

本书共8章，包括跨境电子商务物流概述、跨境电子商务物流信息技术、跨境电子商务采购、跨境电子商务仓储、跨境电子商务物流运输、跨境电子商务发货、跨境电子商务海外仓、跨境电子商务通关等内容，全面讲解了跨境电子商务物流的相关知识和技能。

本书的特色具体如下。

1. 内容涵盖多个领域

本书内容涵盖物流信息技术、采购、仓储与库存、物流运输、发货等多个方面。读者通过学习跨境电子商务物流的基础知识，了解跨境电子商务物流的操作流程，能够更全面地掌握跨境电子商务物流的相关工作技能。

2. 理论知识与课堂实训活动相结合

本书采用理论与实训相结合的构架，其中理论内容约占90%，实训内容约占10%。实训内容设计紧密贴合理论知识，凸显编者注重理实一体、产教融合的编写初衷。

3. 提供丰富的信息化配套教学资源

本书提供微课视频、教学课件、电子教案、教学大纲、期末试卷及答案、习题参考答案等丰富的信息化配套教学资源，同时本书还配有实训教学素材，旨在帮助读者更好地掌握跨境电子商务物流领域的必备技能。

　　本书由邹益民、隋东旭担任主编，具体分工如下：邹益民编写第 1 章～第 4 章；隋东旭编写第 5 章～第 8 章。编者在编写本书的过程中，参考了业内学者、从业者的研究成果和经验，在此对所有为本书编写提供过帮助的人士表示衷心的感谢。由于行业发展及平台迭代速度较快，书中内容难免存在不足之处，欢迎各位读者批评指正。

编者

2024 年 7 月

第1章　跨境电子商务物流概述 ……… 1

【教学目标】 ……………………… 1

【导入案例】 ……………………… 1

1.1 跨境电子商务物流认知 ………… 2

1.1.1 跨境电子商务物流的
概念 ……………………… 2

1.1.2 跨境电子商务物流的特点 … 3

1.1.3 跨境电子商务物流存在的
问题 ……………………… 3

1.1.4 跨境电子商务物流主要
模式 ……………………… 4

课堂实训活动 1-1　认识跨境电子商务
物流模式 ………… 6

1.2 跨境电子商务物流的发展 ……… 7

1.2.1 我国跨境电子商务物流的
发展阶段 ………………… 7

1.2.2 跨境电子商务物流的发展
趋势 ……………………… 7

课堂实训活动 1-2　调研我国跨境电子
商务物流发展历程
与现状 ………… 8

操作重点 …………………………… 9

技能实训　跨境电子商务物流的
认知 …………………… 9

复盘反思 …………………………… 10

第2章　跨境电子商务物流信息
技术 …………………… 11

【教学目标】 ……………………… 11

【导入案例】 ……………………… 11

2.1 条码技术和 RFID 技术 ……… 12

2.1.1 条码技术 ………………… 12

2.1.2 RFID 技术 ……………… 14

课堂实训活动 2-1　举例说明条码识别
技术在跨境电子
商务中的应用 …… 17

2.2 EDI 技术、GNSS 技术和 GIS
技术 …………………… 17

2.2.1 EDI 技术 ………………… 17

2.2.2 GNSS 技术 ……………… 19

2.2.3 GIS 技术 ………………… 21

课堂实训活动 2-2　举例说明 GNSS
技术在跨境电子
商务中的应用 …… 22

2.3 大数据技术、云计算技术和人工
智能技术 ……………… 23

2.3.1 大数据技术 ……………… 23

2.3.2 云计算技术 ……………… 24

2.3.3 人工智能技术 …………… 26

课堂实训活动 2-3　举例说明云计算
技术在跨境电子
商务中的应用 …… 30

操作重点 …………………………… 30

技能实训　举例说明跨境电子商务
智能技术在跨境电子商务
物流中的应用 ………… 31

复盘反思 …………………………… 31

第3章　跨境电子商务采购 ……… 33

【教学目标】 ……………………… 33

【导入案例】 ……………………… 33

3.1 跨境电子商务采购概述 ………… 34

3.1.1　跨境电子商务采购认知·····34

3.1.2　跨境电子商务采购作业

流程·········36

3.1.3　跨境电子商务的采购

模式·········37

课堂实训活动 3-1　韩国牙膏的采购

作业·········40

3.2　跨境电子商务采购管理与成本

控制·········40

3.2.1　跨境电子商务采购管理····40

3.2.2　跨境电子商务采购成本

控制·········46

课堂实训活动 3-2　法国美妆产品

采购成本优化

与控制·····54

操作重点·········54

技能实训　跨境电子商务商品采购·····54

复盘反思·········55

第4章　跨境电子商务仓储·········56

【教学目标】·········56

【导入案例】·········56

4.1　跨境电子商务仓储概述·········57

4.1.1　跨境电子商务仓储认知····57

4.1.2　跨境电子商务仓储作业····58

4.1.3　跨境电子商务仓储操作

方法·········63

课堂实训活动 4-1　总结跨境电子商务

仓储操作方法····65

4.2　跨境电子商务仓储管理·········66

4.2.1　跨境电子商务货物入库

管理·········66

4.2.2　跨境电子商务商品保管

与养护·········72

4.2.3　跨境电子商务商品

包装·········77

4.2.4　跨境电子商务商品出库

管理·········81

课堂实训活动 4-2　总结跨境电子商务

入库与出库作业

流程·········85

4.3　跨境电子商务库存管理·········85

4.3.1　跨境电子商务库存管理

认知·········85

4.3.2　跨境电子商务库存控制

方法·········89

课堂实训活动 4-3　总结跨境电子商务

库存控制方法····90

操作重点·········90

技能实训　跨境电子商务商品入库

管理·········90

复盘反思·········91

第5章　跨境电子商务物流运输·······92

【教学目标】·········92

【导入案例】·········92

5.1　跨境电子商务物流运输管理·····93

5.1.1　跨境电子商务物流运输的

概念·········93

5.1.2　跨境电子商务物流运输的

特征·········94

5.1.3　跨境电子商务物流运输的

作用·········95

5.1.4 跨境电子商务物流运输的
主要方式 ················ 95
课堂实训活动 5-1 举例说明跨境电子
商务物流运输的
意义 ········· 96
5.2 邮政物流 ················ 97
5.2.1 邮政物流认知 ········· 97
5.2.2 邮政物流的主要类型 ····· 98
课堂实训活动 5-2 邮政物流运费的
计算实例 ······· 104
5.3 国际商业快递 ············ 105
5.3.1 国际商业快递认知 ······ 105
5.3.2 国际商业快递的主要
类型 ·············· 106
课堂实训活动 5-3 国际商业快递运费的
计算实例 ······· 110
5.4 专线物流 ·············· 111
5.4.1 专线物流模式概述 ······ 111
5.4.2 专线物流的主要类型 ···· 112
课堂实训活动 5-4 专线物流运费的
计算实例 ······· 116
操作重点 ················· 116
技能实训 亚马逊物流方式选择
与运费计算 ········· 116
复盘反思 ················· 118

第6章 跨境电子商务发货 ········ 119
【教学目标】 ·············· 119
【导入案例】 ·············· 119
6.1 跨境电子商务物流运费模板的
设置 ·············· 120

6.1.1 运费模板概述 ········· 120
6.1.2 全球速卖通运费模板
设置 ············· 121
6.1.3 亚马逊运费模板设置 ···· 122
课堂实训活动 6-1 梳理全球速卖通
平台物流模板
设置步骤 ······· 125
6.2 跨境电子商务发货、物流咨询
及投诉处理 ········· 126
6.2.1 发货处理 ··········· 126
6.2.2 物流咨询及投诉 ······· 128
课堂实训活动 6-2 收集不同类型纠纷的
解决策略 ······· 132
操作重点 ················· 133
技能实训 跨境电子商务发货 ······· 133
复盘反思 ················· 133

第7章 跨境电子商务海外仓 ········ 135
【教学目标】 ·············· 135
【导入案例】 ·············· 135
7.1 海外仓概述 ············ 135
7.1.1 海外仓的概念
与优缺点 ········· 135
7.1.2 海外仓的模式 ········· 137
7.1.3 海外仓运作管理 ······· 139
课堂实训活动 7-1 海外仓模式的选择
与比较 ········· 142
7.2 海外仓的费用结构 ········ 142
7.2.1 头程费用 ··········· 143
7.2.2 税金和当地派送费用 ···· 145
7.2.3 仓储管理服务费 ······· 146

7.2.4 尾程费用 …………… 146

课堂实训活动 7-2　美国本地邮政

派送不同规格的

包裹运费计算 …148

7.3 海外仓选品 ……………148

7.3.1 海外仓选品认知 ……148

7.3.2 海外仓选品定位

与类型 ……………149

7.3.3 海外仓选品思路 ……149

课堂实训活动 7-3　利用全球速卖通

中的行业情报进行

海外仓选址 ……150

操作重点 …………………151

技能实训　跨境电子商务海外仓

选品 ……………151

复盘反思 ……………………152

第 8 章　跨境电子商务通关 ………153

【教学目标】 ……………153

【导入案例】 ……………153

8.1 跨境电子商务通关认知 ………154

8.1.1 跨境电子商务通关基础

知识 ………………154

8.1.2 通关管理的具体法规

与政策 ……………161

课堂实训活动 8-1　梳理通关管理的

具体法规 ……163

8.2 跨境电子商务 B2C 通关 ………164

8.2.1 跨境电子商务 B2C 通关

认知 ………………164

8.2.2 跨境电子商务 B2C 通关

基本流程 …………167

课堂实训活动 8-2　梳理跨境电子

商务 B2C 通关的

流程 …………168

8.3 跨境电子商务 B2B 通关 ………169

8.3.1 跨境电子商务 B2B 通关

基本流程 …………169

8.3.2 跨境电子商务 B2B 通关

监管模式 …………170

课堂实训活动 8-3　梳理跨境电子

商务 B2B 通关的

流程 …………177

操作重点 …………………178

技能实训　了解跨境电子商务特殊

区域出口海外仓零售退货

流程 …………178

复盘反思 ……………………179

参考文献 …………………180

第1章
跨境电子商务物流概述

【教学目标】

知识目标	❖ 了解跨境电子商务物流的概念与特点 ❖ 掌握跨境电子商务物流发展现状和趋势
能力目标	❖ 能准确辨别跨境电子商务物流的主要特点
素质目标	❖ 掌握跨境电子商务物流的发展史

【导入案例】

全力推动跨境电子商务物流创新发展

2022年8月8日，第六届全球跨境电子商务大会之全球电子商务物流创新发展论坛在郑州E贸易博览交易中心举行。作为第六届全球跨境电子商务大会第一场平行论坛，全球电子商务物流创新发展论坛在郑州经开区开幕。300余位国内外嘉宾、专家学者共聚E贸易博览交易中心，解读全球电子商务物流发展趋势、分享企业创新模式、探讨物流和供应链合作新机遇。

河南拥有航空、铁路、公路、内河水运等互联互通的立体交通网络，是连通境内外、辐射东部、中部、西部等地区的全国重要综合交通枢纽。近年来，郑州打造国际物流枢纽中心，发挥区位交通、市场、人力资源等综合比较优势，持续完善"通道+枢纽+物流"的基层体系。2021年，郑州市物流业增加值突破千亿元，加速成为全球物流体系特别是跨境电子商务物流的重要节点城市。河南将进一步加强平台载体建设，支持郑州、洛阳、南阳三个跨境电子商务综试区和开封、许昌等七个跨境电子商务零售进口试点城市加快发展。

当前，随着跨境电子商务的快速发展，高效便捷的物流网络正成为配置全球要素资源、重塑国际贸易格局的重要力量。以全球电商物流为重点的物流业，面临着从规模速度增长向质量效益提升转变的新形势，高效化、便利化、智慧化、绿色化成为必然趋势。

8月9日，第六届全球跨境电子商务大会上，跨境电子商务新业态、新模式、新渠道悉数亮相。参展企业涉及物流技术与装备、新能源技术与车辆、综合物流服务、多式联运等，涵盖国际物流、跨境物流、物流管理技术、物流机器人等物流行业的新理念、新产品、新技术、新模式，一站式展示仓、运、配物流全产业链，国际物流标准化、规范化、智能化、数字化的风采彰显。

海关数据显示，2016—2020年，我国跨境电子商务规模增长近10倍，有力支撑了我国进出口贸易的增长，约有42%的中国网购者曾从境外购买商品或者服务。目前，全球跨境电子商务面临着产业链转移、跨境电子商务商业模式变化等问题的挑战。但是，跨境电子商务砥砺奋进，强力数字化转型和优势转型，抓住小众细分市场，不断改革与创新，奋进拼搏，奋勇创新，前景美好。

案例小思考：什么是跨境电子商务物流？它对跨境电子商务具有哪些作用？

1.1 跨境电子商务物流认知

跨境电子商务物流是跨境电子商务发展的重要支撑，为跨境电子商务提供了可靠的物流支持。同时，信息技术的应用和不同的物流发展模式也为跨境电子商务物流带来了更多的机遇和挑战。

微课堂

跨境电子商务物流
的概念与特点

1.1.1 跨境电子商务物流的概念

跨境电子商务物流是指在电子商务环境下，依靠互联网、大数据、信息化与计算机等先进技术，物品从跨境电商企业流向跨境消费者的跨越不同国家或地区的物流活动。

课堂小贴士 1-1

跨境电子商务物流与传统物流的区别

跨境电子商务物流与传统物流的区别具体表现在以下 7 个方面。

1. 成品性

跨境电子商务物流运营的产品，因其以企业卖家对个人买家模式为主的属性，几乎不存在半成品或原材料；而传统物流涉及的产品，因传统贸易的企业卖家对企业买家属性，其范围则覆盖原材料、半成品和成品等多种类型。

2. 广泛性

跨境电子商务物流的产品交付是随销售订单进行的，如果某跨境电子商务企业经营的产品种类较多，那么其每次交付运输的产品种类就会很多；而传统物流是以大宗商品交易的交付物流为主，其产品种类不会很多。

3. 时效性

在跨境电子商务物流运营中，卖家不仅要比拼产品质量，还要比拼运营推广效果，而提升运营推广效果的最佳手段是优化买家体验。优化买家体验最直接的方法是提升物流配送的时效，因此跨境电子商务物流运营企业非常重视物流的时效性。时效性不仅指运输速度的快慢，还指送达时间的准确性。在承诺的时间内将产品准确地交付给买家，卖家更能获得好评，反之则可能带来差评，并且大部分电商平台对产品的运输也是有要求的，种种因素导致跨境电子商务对物流时效性的要求十分高。反观传统物流，由于传统贸易 B2B 的属性，其对时效性的要求并没有那么高。

4. 成本性

由于跨境电子商务物流的 B2C 模式，跨境电子商务领域中单个产品均摊的物流成本比例远超传统贸易匹配的 B2B 模式下的物流成本比例，并且跨境电子商务由于运营的产品不同，有很多小而价廉的产品，高运费已经成为影响产品销售的重要因素；而传统物流因为通常是大批量运输，故每个产品均摊的物流成本相对较低。因此，跨境电子商务的商家普遍非常重视物流成本控制。

5. 多样性

跨境电子商务物流可以根据运营的需要，选择邮包、空运和海运等多种运输方式；而传统物流商家大部分只需要选择一种运输方式即可满足业务需要。

6. 全程性

跨境电子商务物流的 B2C 属性决定了其运输阶段基本上是全程运输,即使采取亚马逊物流(Fulfillment by Amazon,FBA)模式,也需要卖家将产品全程递送到亚马逊仓库;而传统物流大多只需要进行机场到机场、港口到港口的运输。

7. 清关性

在跨境电子商务物流模式中,境外实际上很少有进口商,基本上都是 C 端买家,即使在 FBA 模式下,亚马逊也不负责清关,故货物清关工作需要物流公司全力配合才能真正做到全程物流服务;而传统贸易中都有正式的出口商和进口商,在清关环节,物流公司只需要做好资料的传递和信息的沟通,在有的贸易术语下甚至不需要清关。

 课堂思考

请举例说明你身边常见的跨境电子商务物流活动。

答案要点提示:某女装公司在跨境电子商务平台 Wish 上出售女士舞蹈服装,通过邮政小包发货。

1.1.2　跨境电子商务物流的特点

1. 跨境电子商务物流的复杂性

跨境电子商务物流的复杂性主要是由各国(地区)之间经济、技术、标准政策、自然环境等的差异造成的。在经济与技术水平的限制下,各国(地区)的物流技术和基础条件参差不齐,甚至有些技术根本无法应用,这将影响跨境电子商务物流的整体布局。不同国家(地区)的标准不同,也加大了国际"接轨"的困难,使跨境电子商务物流系统难以建立。不同的政策和法律环境使跨境电子商务物流更加复杂,也给跨境电子商务物流的开展带来了困难。自然环境的优劣程度对跨境电子商务物流业务有着重大影响,如地形、天气、人口密度等都将影响跨境电子商务物流的运行。

2. 跨境电子商务物流的高风险性

跨境电子商务物流的顺利运作离不开物流的标准化。如果没有统一的标准,跨境电子商务物流水平就很难提高。跨境电子商务物流所涉及的内外因素较多,所需要的时间较长。这些因素带来的直接后果是难度和复杂性的提升,间接后果是风险的提高。

1.1.3　跨境电子商务物流存在的问题

跨境电子商务物流的发展必须打破行业桎梏,实现资源共享,携手供应商为实现更好的经济效益进行调整,这样才能有效、快速地促进跨境电子商务的发展。要提高跨境电子商务物流和跨境电子商务的效率和质量,需重视以下问题。

1. 成本问题

一些跨境电子商务企业建立了自己的物流体系,但是在跨境电子商务物流上主要还是依靠第三方。在物流本土化的过程中,跨境电子商务企业还需要加强与目的地本土物流企业的合作,如采用海外仓。跨境电子商务企业不能局限于以往的产业链发展模式,要努力缩短物流时间、降低物流成本、减少货物损失等,做出有利于改善现状的调整。

2. 通关问题

由于每个国家（地区）对各种物品的限制和具体的规定条款不一样，所以跨境电子商务物流在具体通关环节耗时较多。同时在市场经济高速发展的今天，跨境电子商务应该综合采用多种物流方式来应对各种问题，形成规模化的跨境电子商务物流产业链。针对不同的国家（地区）采用不同的物流方式，一来可以节约运输时间，二来也能规避由于规定条款的不同带来的麻烦。综合采用多种物流方式是推动跨境电子商务物流和跨境电子商务发展的重要手段之一。

专家提醒

跨境电子商务通关至少涉及两个国家（地区）间的货币兑换，所以存在一定的汇率风险，因此相关人员在通关中应该注意汇率波动对跨境电子商务发展的影响。

3. 有效结合问题

只有将跨境电子商务与跨境电子商务物流相互沟通和结合才能收到更好的经济效益。在条件允许的情况下，通过产业链的整合，两者可以形成战略合作关系，共同发展，共同获得经济效益。企业和企业之间取长补短，在求同存异中谋求发展，更能实现双赢。在当下的网络时代，人们对服务行业的要求越来越高，跨境电子商务企业和跨境电子商务物流企业双方应当把握经济的发展方向，放下各自的"规则"，以谋求更好地协同发展。

课堂小贴士 1-2

跨境电子商务物流的增值服务

（1）提供境外合规建设及咨询服务；（2）提供境外扣件处理服务；（3）提供退货换标处理服务；（4）提供海外仓存索赔处理服务。

1.1.4 跨境电子商务物流主要模式

1. "单一"跨境电子商务物流模式

在"单一"跨境电子商务物流模式中，境外上游供应商会将跨境电子商务企业需要的商品以整批包裹的形式运送至其在境外的物流配送中心，跨境电子商务企业境外物流配送中心负责商品备货及仓储管理等。在收到跨境电子商务平台发送的订单后，跨境电子商务企业境外物流配送中心进行拣选、包装及出货，将订单所需商品以单件包裹的形式交付给具备跨境电子商务物流服务能力的国际快递公司，由其将商品以单件包裹的形式运送至收件人所在国家（地区），如图 1-1 所示。

图 1-1 "单一"跨境电子商务物流模式

专家提醒

在这种模式下，跨境电子商务企业无须建立专业的转运物流配送中心，也无须考虑目的地对跨境包裹的特殊规定，而只需将这些工作全权委托给国际快递公司来完成。

这种物流模式的优势在于，专业的国际快递公司在跨境电子商务物流配送领域拥有丰富的经验和资源，能够提供高效的通关和报税服务。它们熟悉各个国家（地区）的海关规定和流程，能够快速办理跨境包裹的清关手续，确保包裹能够顺利进入收件人所在国家（地区）。然而，这种物流模式也存在一个明显的缺点，即国际快递公司对单件包裹收取的运费较高。由于国际快递公司需要提供专业的物流和通关报税等服务，因此它们的运费相对较高。利润相对较低的跨境电子商务产品，采用这种物流模式可能会增加成本，影响企业的盈利能力。因此，除了奢侈品、艺术品等利润较高的产品，大部分跨境电子商务企业往往会选择其他物流模式来降低运输成本，如保税模式、海外仓模式等。这些模式可以通过合理规划物流渠道和仓储布局来降低物流成本，提升企业的竞争力。

2. "两段中转"跨境电子商务物流模式

在"两段中转"跨境电子商务物流模式中，跨境电子商务企业的境外供应商首先将商品以整批包裹形式配送至跨境电子商务企业境外物流配送中心。收到订单后，跨境电子商务企业境外物流配送中心进行拣选、包装及出货，这与"单一"跨境电子商务物流模式完全相同。但这种物流模式需要跨境电子商务企业境外物流配送中心对订单及包裹进行整合，将商品以整批包裹形式通过国际快递公司整批运送到中转国际物流中心（境外转运中心）。中转国际物流中心收到商品后，会将整批包裹拆分，然后以单件包裹的形式将商品交付给国际快递公司运送至收件人所在国家（地区），如图1-2所示。

图1-2 "两段中转"跨境电子商务物流模式

 专家提醒

由于这种物流模式包含两段运输路程，且转运点是中转国际物流中心，因此称为"两段中转"跨境电子商务物流模式。这种物流模式不需要跨境电子商务企业考虑目的地的特殊政策，并且能够整合大量的单件包裹，明显降低了物流成本。这种物流模式也存在一定的缺陷，如运输方案相对复杂，同时涉及单件运输与整批运输，对国际快递公司的配送能力提出了极高的要求；消费者查询物流信息也需要分成两个阶段；由于商品需要通过中转国际物流中心进行转运，因而配送时间较长。

3. "两段收件"跨境电子商务物流模式

在"两段收件"跨境电子商务物流模式中，境外供应商将商品配送至跨境电子商务企业境外物流配送中心。收到订单后，跨境电子商务企业境外物流配送中心对商品进行拣选、包装并出货，还要根据目的地的不同将其整合为不同的整批包裹，再交付给国际快递公司运送到收件人所在国家（地区）的物流配送中心。然后，收件人所在国家（地区）的物流配送中心对整批包裹进行拆分，最后使用当地的快递体系将单件包裹运送到目的地，如图 1-3 所示。

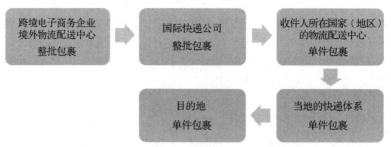

图 1-3 "两段收件"跨境电子商务物流模式

专家提醒

这种物流模式同时包含整批运输及单件运输，且转运点位于收件人所在国家(地区)，所以被称为"两段收件"跨境电子商务物流模式。同样，这种物流模式也整合了大量的单件包裹，可以有效降低物流成本，并且使用当地的快递体系完成配送，所以在成本方面会更具优势。不过，这种物流模式需要跨境电子商务企业在收件人所在国家（地区）建立物流配送中心。受世界各地物流业发展水平的影响，跨境电子商务企业很难给消费者一个明确的包裹预计到达时间。在这一模式下，物流信息查询同样分为两个阶段：一是国际快递公司运输阶段；二是收件人所在国家（地区）快递体系运输阶段。

课堂思考

请总结跨境电子商务物流 3 种模式的优缺点。

课堂实训活动1-1

活动题目：认识跨境电子商务物流模式

活动步骤：

1. 对学生进行分组，每个小组 3～5 人，以小组为单位进行讨论；
2. 指出跨境电子商务物流模式的相应特点，举出实例说明，并将结果填入表 1-1；
3. 每个小组将讨论结果做成 PPT，派 1 名代表进行演示；
4. 教师给予评价。

表 1-1   跨境电子商务物流模式

跨境电子商务物流模式	特点及实例
"单一"跨境电子商务物流模式	
"两段中转"跨境电子商务物流模式	
"两段收件"跨境电子商务物流模式	

1.2　跨境电子商务物流的发展

互联网向各个领域的不断渗透、经济全球化的不断深入，使跨境电子商务为全球企业的发展提供了无限可能。我国跨境电子商务市场规模庞大，近年来保持高速增长，对跨境电子商务物流的需求呈爆发式增长，这对现有跨境电子商务物流的运营能力提出了更高的要求。

1.2.1　我国跨境电子商务物流的发展阶段

跨境电子商务是从传统外贸发展到外贸电子商务，再进一步发展成为跨境电子商务的。跨境电子商务发展至今，也不过二三十年的时间，借助于互联网技术的快速提升，跨境电子商务呈现出爆发式增长。随着跨境电子商务的发展，我国的跨境电子商务物流经历了以下 4 个阶段。

1. 起步阶段（2004—2007年）

境外发货以国际邮包寄送为主，货值较高，货物通过国际商业快递渠道。伴随跨境出口电子商务平台兴起，跨境电子商务出口物流起步，部分传统货运代理公司转型成为跨境物流服务商。

2. 进化阶段（2007—2015年）

以邮政小包为主导的直发物流时代。中国跨境电子商务企业大量兴起，从中国直接发货到海外终端买家手中的直发类物流小包需求不断攀升，各国邮政进入中国市场。2011 年中国邮政基于中美双边邮政协定推出国际 e 邮宝产品，获得了不错的市场口碑。同一年，中欧班列开通。

3. 优化阶段（2015—2020年）

直发专线与海外仓的双驱动时代。受万国邮联终端费上调及更多以直发物流和铺货模式为主的国外跨境电子商务平台进驻国内市场的影响，小包专线模式需求迅猛增长。同时，亚马逊的扩大招商，也催生了一批 FBA 头程运输企业。随着整个链条服务体系的不断完善且跨境电子商务卖家的货品趋于高货值、大件品类，海外仓模式大大地提升了跨境买家的购物体验。跨境电子商务的发展也逐步呈现出本土化运营的趋势。

4. 整合阶段（2020年至今）

全球化跨境网络与供应链协同时代。由于跨境电子商务的服务与交付涉及不同的国家和地区，全球化的跨境物流履约服务网络体系的搭建至关重要。海外仓与直发业务的并重或成为趋势。而对于跨境电子商务物流企业来说，未来将全球化服务能力和本土化运营能力结合成为关键。从直发小包到海外仓，再到仓配一体化，最终形成跨境供应链综合解决方案，是一个由点到线再到面、体的进化过程。服务能力的延展性及供应链体系的稳定性将成为将来必须面对的课题。

1.2.2　跨境电子商务物流的发展趋势

现代通信技术和网络技术的发展和应用使跨国家（地区）的信息及时交流和传递成为可能，同时电子支付趋于完善使在较大范围内构建跨地区的物流网络成为可能。信息技术的不断进步为信息及时地大规模传递创造了条件，反过来，物流服务范围的扩大和物流组织管理手段的不断改进，促进了物流能力的增强和效率的提高。信息化、多功能化、一流服务和全

跨境电子商务物流
的发展趋势

球化已成为跨境电子商务环境下物流企业的发展目标。

趋势一：跨境电商物流信息化

在跨境电子商务时代，商品与生产要素在全球范围内以空前的速度自由流动。要想提供最佳的服务，物流系统必须具备良好的信息处理和传输系统。电子数据交换（Electronic Data Interchange，EDI）与互联网的应用，使物流效率的提高主要取决于信息管理技术的发展，电子计算机的普遍应用提供了更多获取需求和库存信息的渠道，提高了信息管理的科学化水平，使产品流动更加容易和迅速。

趋势二：跨境电商物流多功能化

在跨境电子商务环境下，现代物流业向集约化方向发展，现代物流业不仅需要提供仓储和运输服务，还必须进行配货、配送和提供各种提高附加值的流通加工服务项目，或者按客户的特别需要提供其他特殊服务。跨境电子商务使现代物流业的经营理念得到全面更新，现代物流业从以往商品经由制造、批发、仓储、零售等环节，最终到消费者手中的多层次复杂途径，简化为从制造商处经配送中心送到各零售点，从而使未来的产业分工更加精细，产销分工日趋专业化，大大增强了社会的整体生产力，增加了经济效益，也使现代物流业成为整个国民经济活动的重要组成部分。

趋势三：跨境电商物流一流服务

在跨境电子商务环境下，物流企业是介于买卖双方之间的第三方，将服务好客户作为自己的第一宗旨。客户对物流企业所提供服务的要求是多方面的，因此，如何更好地满足客户不断提出的服务要求，始终是物流企业管理的中心课题，如开始时物流企业可能提供的只是区域性物流服务，之后应客户的要求发展为提供长距离物流服务，再后来提供越来越多的服务项目，包括到客户企业"驻点"，直接为客户发货；有些生产企业把所有物流工作都委托给配送中心，使配送中心的工作延伸到生产企业内部。最终，物流企业所提供的优质和系统的服务使其与客户结成了双赢的战略伙伴关系：一方面，物流企业的服务使客户企业的产品迅速进入市场，增强了产品的竞争力；另一方面，物流企业本身也有了稳定的资源和效益。美国、日本等国物流企业成功的要诀就在于它们都十分重视为客户提供更好的服务。

趋势四：跨境电商物流全球化

跨境电子商务的发展加速了全球经济一体化的过程，使物流企业向跨国经营和全球化方向发展。全球经济一体化使生产企业和物流企业面临许多新问题，要求生产企业和物流企业更紧密地联系在一起。对于生产企业，要求其集中精力制造商品、降低成本、创造价值；而对于物流企业，则要求其花费大量时间和精力更好地提供物流服务，以满足客户日益增长的需求。例如，物流配送中心要对进口的商品代理报关、暂时储存、搬运和配送，进行必要的流通加工等，完成从商品进口到送交消费者的一条龙服务。

 课堂实训活动1-2

活动题目： 调研我国跨境电子商务物流发展历程与现状

活动步骤：

1. 对学生进行教学分组，每个小组3～5人，以小组为单位进行调研；
2. 调研我国跨境电子商务物流发展历程，归纳总结每个阶段的特点及主要事件，并将

结果填入表 1-2;

3. 每个小组将讨论结果做成 PPT,派 1 名代表进行演示;

4. 教师给予评价。

表 1-2　　　　　　　　我国跨境电子商务物流发展历程与现状

发展阶段	特点及主要事件

操作重点

- 本章操作重点为辨别跨境电子商务物流的主要模式。

技能实训

跨境电子商务物流的认知

【实训目的】

(1)加强学生的团队合作意识,发挥学生作为团队成员的能力,让学生掌握团队讨论、分析的方法。

(2)培养学生自主学习和独立思考的能力。

【实训内容】

假如你在 eBay 上开了一家销售手工饰品的店铺,那么你需要对跨境电子商务物流有一个初步的了解,以便更加有效地降低成本。请你以跨境电子商务物流主要模式在跨境物流中的应用为例,写一篇报告。

【实训步骤】

(1)教师带领学生学习相关知识,按照每组 3 人进行教学分组。每个小组设组长 1 名,负责确认每个团队成员的任务。

(2)学生根据教师教授的内容,整理跨境电子商务物流主要模式的知识点。

(3)学生上网或者去图书馆查询跨境电子商务物流主要模式的相关知识。

(4)每个小组派 1 名组员根据自己的报告上台演讲,教师和其他学生对其演讲进行评价、讨论。

【实训成果与检测】

成果要求

(1)提交案例讨论记录:每个小组 3 名学生,设组长 1 名、记录员 1 名。每个小组必须有小组讨论、工作分工的详细记录,该记录会被作为考核的依据。

(2)能够在规定的时间内完成相关讨论,学习团队合作方式,撰写总结。

评优标准

（1）上课时能积极配合教师，独立思考、踊跃发言。

（2）能认真阅读案例、积极参加小组讨论、拓宽分析问题的思路。案例分析基本完整，能结合所学理论知识解答问题。

（3）团队配合意识较好，积极参加小组活动，分工合作表现较好。

复盘反思

1. 知识盘点：通过对本章的学习，你掌握了哪些知识？请画出思维导图。

2. 方法反思：在完成本章的知识与实训学习后，你学会了哪些分析和解决问题的方法？

3. 行动影响：在完成本章知识与实训学习的过程中，你认为自己还有哪些地方需要改进？

第 2 章
跨境电子商务物流信息技术

【教学目标】

知识目标	❖ 理解条码的概念与类型 ❖ 掌握主流跨境电子商务物流信息技术及其在跨境电子商务中的应用
能力目标	❖ 能够正确运用跨境电子商务物流常见技术 ❖ 能够熟练地将跨境电子商务物流先进技术应用到跨境电子商务中
素质目标	❖ 提升适应环境变化的能力,树立正确的文化观,增强文化自信,用发展的眼光看问题

【导入案例】

京东 "6·18" 收货新体验:智能快递车送达第一单,小城市也能当日达

近年来,京东物流不断拓展业务布局,除了京东零售之外,快消品、服饰、3C 电子、生鲜等领域的商家也成为京东物流的关键服务对象。2021 年 "6·18",京东物流以一体化供应链服务优势,帮助合作方实现业务增值,与其共享消费红利,并在助力实体经济发展、推进乡村振兴等方面发挥独特效能。在 "6·18" 期间,京东物流农产品上行业务量同比增长超过 200%,一个又一个鲜活的区域经济体被充分激活。

2021 年 "6·18" 期间,京东物流供应链产品的 "十项全能" 运营举措进一步升级,基于大数据应用、精准建模、科学算法、一体化全托管供应链,通过智能预测为客户量身定制大促备货建议,以及合理分仓布品,并且实时提供库存监控、精准管理的一对一专项服务,开通绿色通道,保障大促期间运营科学、高效、平稳。在 "6·18" 期间,京东物流全国日均单量预测准确率已达到 95.5%,有效保障了客户的履约稳定性。

京东 "6·18" 不止于消费,更是中国物流服务创新的校验场。2021 年 6 月 1 日零点刚过,智能快递车就为消费者送去了京东 "6·18" 的第一单,用时 4 分钟。为提升大促期间的服务时效,京东物流创新性地开启了预售前置模式,在消费者支付定金瞬间即开始仓储生产、打包。京东物流在预售前置领域持续加码,将品类范围拓展至几乎所有中小件商品,使全国超 200 个城市的消费者都能够享受最快分钟级的收货体验,92% 的区县和 84% 的乡镇实现当日或次日送达。

案例小思考: 京东为提供高效便捷的物流体验采用了哪些现代物流信息技术?

2.1　条码技术和RFID技术

2.1.1　条码技术

1. 条码的概念和类型

（1）条码的概念

中华人民共和国国家标准《物流术语》（GB/T 18354—2021）中将条码定义为：条码（Bar Code）是由一组规则排列的条、空组成的符号，可供机器识读，用以表示一定信息，包括一维条码和二维条码。

条码是利用光扫描阅读并实现数据输入计算机的一种特殊代码。它是由一组粗细不同、黑白或彩色相间的条、空组成的标记，用以表示一定的信息。"条"是对光线反射率较低的部分，"空"是对光线反射率较高的部分。这些条和空组成的标记能表达一定的信息，并能够用特定的设备识读，转换成与计算机兼容的二进制和十进制信息。

（2）条码的类型

常见的条码分为一维条码和二维条码。

① 一维条码。

每一种商品的条码是唯一的。普通的一维条码需要通过数据库建立其与商品信息的对应关系；当条码的数据传送到计算机上时，由计算机上的应用程序对数据进行操作和处理。因此，普通的一维条码仅用作识别信息，它是通过在计算机的数据库中提取相应的信息而实现的。条码的码制即条码"条"和"空"的排列规则，常用的一维条码的码制包括欧洲商品编码（EAN）、39 码、交叉 25 码、通用产品代码（UPC）、128 码、93 码、国际标准书号（ISBN）及库德巴码（Codabar Number）等。一维条码如图 2-1 所示。

图 2-1　一维条码

不同的码制有它们各自的应用领域。

EAN（European Article Number）是国际通用的符号体系，是一种长度固定、无含义的条码，所表达的信息全部为数字，主要用于商品标识。

39 码和 128 码为目前国内企业内部自定义码制，可以根据需要确定长度和形式。它编码的信息可以是数字，也可以是字母，主要应用于工业生产线、图书管理等领域。

交叉 25 码主要应用于包装、运输以及国际航空系统的机票顺序编号或几何尺寸较小物品的标识。

库德巴码主要应用于血库、图书馆、包裹等的信息跟踪管理。

② 二维条码。

二维条码能够在横向和纵向两个方位同时表达信息，不仅能在很小的面积内表达大量的信息，而且能够表达汉字和存储图像，适用于没有网络及数据库支持的场合。

二维条码的出现拓展了条码的应用领域。二维条码的缺陷是识读速度比一维条码慢，设备价格高，选用的标准较少。

目前二维条码主要有 PDF（便携数据文件）417、QR（快速响应）码、Data Matrix（数据矩阵）等编码规则，其中 PDF 417 在国际和国内用得较为广泛。二维条码如图 2-2 所示。

矩阵式二维条码有更高的信息密度（如 Data Matrix、Maxicode、Aztec、QR 码），可以作为包装箱的信息表达符号。在电子半导体工业中，人们用 Data Matrix 来标识小型零部件。矩阵式二维条码只能被二维的 CCD 图像式阅读器识读，并以全向的方式扫描。

图 2-2　二维条码

新制定的二维条码标准能够对任何语言（包括汉字）和二进制信息（如签字、照片）进行编码，并具有可以由用户自由选择的程度不同的纠错级别以及在符号残损的情况下恢复所有信息的能力。

课堂小贴士 2-1

一维条码与二维条码的比较如表 2-1 所示。

表 2-1　　　　　　　　　　　　一维条码与二维条码的比较

项目	一维条码	二维条码
识别速度	快	慢
识别难度	低	高
保密防伪性能	弱	强
识别首读率	高	低
在非纸制品上的生成难度	较低	较高
识读可靠性	强	弱
信息容量	小，一个条码图形只能表示 20 个左右的数字、字符或者特殊符号	大，一个条码图形可以容纳约 4 296 个文本字符或 7 089 个数字
识读设备品种	多	较少
使用难易程度	较容易	较难
对数据库和计算机的依赖性	强	弱
使用领域	工业生产控制及管理、商业、邮政、图书管理、仓储、交通等	国防、公共安全、交通运输、医疗保健、商业、金融保险、海关及政府管理等
使用范围	产品标识与流通	证件管理、执照年检、报表管理、新闻出版、货物的集装运输和包裹邮递等
编码的范围	数字、字符或特殊符号	照片、指纹、掌纹、签字、声音、文字等一切可数字化的信息
识读设备价格	低	高

从表 2-1 的比较可以看出，一维条码的用途以产品的标识为主，用于有计算机网络和数据库支持的场合。其优点是：识别速度快，操作简单，扫描设备选择较多，价位较低。其缺点是：表示的字符较少；在没有数据库的地方，使用会受限制。在生产线物料识别和在制品

跟踪管理中，特别是有计算机网络和数据库支持的环境下，一维条码是一种比较好的选择。

二维条码的优点是：信息容量大；可以描述产品的部分特点（阅读后通过终端显示屏可看到全部信息）；在有限的范围内可以脱离计算机网络和数据库的支持，通过便携终端工作。二维条码的缺点是：识读速度较慢，识别首读率低，不太适用于节奏较快的工业生产线环境，另外在非纸制品上的条码生成难度也较高。二维条码比较适用于证件管理、执照年检、货物的集装运输和包裹邮递等信息容量大又不太容易建立网络连接的场合。

2. 条码识别技术

近年来，随着计算机应用的不断普及，条码的应用得到了很大的发展。条码可以标出商品的生产国、制造厂家、名称、生产日期等信息，因而在商品流通、图书管理、邮电管理、银行系统等许多领域都得到了广泛的应用。

条码识别技术主要由扫描和译码两部分构成：扫描是利用光束扫读条码符号，将光信号转换为电信号，这部分功能由扫描器完成；译码是将扫描器获得的电信号按一定的规则翻译成相应的数据代码，然后输入计算机（或存储器），这个过程由译码器完成。

条码识别技术是实现销货点系统（POS）、电子数据交换（EDI）、电子商务、供应链管理的技术基础，是物流管理现代化的重要技术手段。条码识别技术包括条码的编码技术、条码标识符号的设计、快速识别技术及计算机管理技术，它是实现计算机管理和电子数据交换不可缺少的前端采集技术。

3. 条码识别技术在跨境电子商务物流中的应用

（1）仓储管理与物流跟踪

在有大量物品流动的场合，用传统的手工记录方式记录物品的流动状况费时费力，准确度也低，并且在一些特殊场合，手工记录不可行。况且这些手工记录的数据在统计、查询过程中的使用效率也相当低。应用条码技术可以快速、准确地记录每一件物品，对采集到的各种数据可实时地用计算机进行处理，这使得各种统计数据能够准确、及时地反映物品的状态。

（2）数据自动录入（二维条码）

大量格式化报表的录入是一件很烦琐的事，浪费大量的人力不说，正确率也难以保证。现在有了二维条码，可以把上千个字母或几百个汉字放入一个名片大小的二维条码中，并可用专用的扫描器在几秒钟内正确地输入这些内容。目前计算机和打印机作为必备的办公用品已相当普及，有一些软件可以将格式化报表的内容同时录入一个二维条码中，在需要输入这些格式化报表内容的地方扫描二维条码，报表的内容就自动完成录入了。同时还可对报表数据进行加密，以确保报表数据的准确性。

2.1.2 RFID技术

1. RFID技术的概念

RFID（Radio Frequency Identification，射频识别）技术是一种非接触的自动识别技术，其基本原理是利用射频信号和空间耦合（电感或电磁耦合）或雷达反射的传输特性，实现对被识别物体的自动识别。RFID 技术利用无线电波对记录媒体进行读写，识别的距离可达几十厘米至几米，且根据读写的方式，可以输入数千字节的信息，同时 RFID 技术还具有极强的保密性。RFID 技术适用于物料跟踪、运载工具和货架识别等要求采集和交换非接触数据的场合，尤其适用于要求频繁改变数据内容的场合。如车辆自动识别系统主要采用的就是 RFID 技术。

2. RFID技术的优势

RFID 技术具有以下几个方面的优势。

（1）识别准确且灵活。RFID 识别准确，识别的距离灵活，可以做到有穿透性和无屏障识别。

（2）数据容量大。RFID 最大的数据容量可达数兆字节，且随着记忆载体的发展还有不断扩大的趋势。

RFID 技术的优势

（3）抗污染能力和耐久性强。RFID 标签对水、油和化学药品等物质具有很强的抵抗力；RFID 标签将数据存在芯片中，因此可以免受污损。

（4）可重复使用。RFID 标签内存储的信息可以重复新增、修改、删除，信息更新方便。

（5）体积小型化、形状多样化。RFID 在读取上并不受尺寸大小与形状的限制，使用者不需要为了读取精确度而调整纸张的尺寸和印刷品质。此外，RFID 标签可往体积小型化与形状多样化的方向发展，以应用于不同产品。

（6）安全性。RFID 标签承载的是电子式信息，其数据内容可经由密码保护，不易被伪造及变造。

近年来，RFID 因其所具备的远距离读取、大信息存储量等特性而备受瞩目。它不仅可以帮助企业大幅提高货物、信息管理的效率，还可以让销售企业和制造企业互联，从而更加准确地接收反馈信息，控制需求信息，优化整个供应链。

3. RFID技术在跨境电子商务物流中的应用

（1）RFID 技术在仓储管理环节的应用

传统仓储管理中的许多操作都依赖于实时的手工输入，需要操作员根据仓储管理系统（WMS）的指示做出响应，采用手工输入条形码甚至语音来验证最小存货单位（Stock Keeping Unit，SKU）、数量或者产品位置等数据。尽管 SKU 能够通过扫描条形码准确获得，但大多数情况下，数量信息还是需要通过操作员目测得到，从订单接收到库存盘点都需要依赖手工操作。现在可以利用 RFID 技术所提供的信息，在仓储管理的以下几个场合减少对手工操作的依赖。

① 收货。RFID 读取每个货箱和托盘上的电子标签，自动将获取的信息与供应商提供的信息加以比较，从而将耗损、货物替换、数量不符以及运送错误等问题都检查出来。

② 位置。产品的存储位置信息在堆放过程中已经被 RFID 技术探测并保存下来，保证在任何时候都可以知道每个货箱实际的存储位置，特别是在实际存储位置与预设存储位置不同的时候。借助 RFID 技术，某个特定产品可以通过手持式读写器来快速定位，手持式读写器通过语音或其他提示功能向操作员指明产品在仓库中的确切位置。

③ 备料。RFID 数据可以通过在备料操作中自动核实成套业务实际内容与计划之间的差异来提高备料精度，并调整备料；确认缩量、不正确的组件以及提供过剩或者不足的实时引导，以便更好地控制库存数量和质量。此外，从组件产品到成品组件制造推广，RFID 数据还能够增强召回管理和退货处理的能力。

④ 运输。RFID 信息可以用于确保数量、产品和运输工具的正确，有助于操作员精细化

管理运输业务。在客户收货发现错误的时候，运输过程中所获取的所有 RFID 信息就可以用来查找产生错误的环节。

⑤ 退货。在理想的情况下，根据 RFID 信息，通过跟踪检查可以追溯到生产过程，仓储管理中的退货步骤将更加有效和快速。借助 RFID 技术，损坏的货物和需要退回工厂的货物可以安全地与其他库存隔离并被记录。这样操作员通过分析 RFID 信息，可以找出损坏发生的位置，还可以将货物退回原产地。

⑥ 货场管理。基于 RFID 技术，操作员可以很容易地完成货场管理和跟踪、移动库存货柜（即拖车）管理和优化。货场出入口的 RFID 读写器可以提供货物管理和跟踪可视化操作，拖车管理和优化可由手持式读写器读取 RFID 标签来完成。例如，货场管理系统可以告知司机哪里有空位；读取 RFID 标签，可安排离码头最近的拖车去装货；利用基于 RFID 技术的实时定位系统，可即时跟踪货场中拖车的位置、设备甚至人。

RFID 信息能够给仓储业务的配送效率、性能和精度带来巨大的影响。仓储管理最终会直接影响位于供应链物流中的上游或下游贸易伙伴，RFID 信息可以用于改善货物的流通、提高货物质量、准确地采购物品和运送货物，最终改善整个供应链的物流管理。

（2）RFID 技术在配送中心的应用

目前，国内配送中心大多数将条码识别技术作为仓库管理中货物流和信息流同步的主要载体。但是随着企业对信息化要求的不断提高，条码识别技术在应用中存在着许多无法克服的缺点。RFID 技术优于条码识别技术之处在于其可以动态地同时识别多个数据，识别距离远，可以改写信息，能适应恶劣环境。因为 RFID 标签可以一一对应地标识货物，所以可以在整个供应链中用于跟踪货物，实时地掌握货物处于供应链的哪个节点，并将信息及时反馈给配送中心。RFID 技术在配送中心主要应用于以下几个方面。

① 入库和检验。当贴有 RFID 标签的货物运抵配送中心时，入口处的读写器将自动识读标签。根据得到的信息，配送中心信息管理系统会自动更新存货清单。这一过程将传统的货物验收入库程序大大简化，省去了烦琐的检验、记录、清点等大量需要人力完成的工作。

② 货物整理和补充。装有移动读写器的运送车自动对货物进行整理，根据配送中心的指示自动将货物运送到正确的位置，同时更新配送中心的存货清单，记录最新的货物位置。存货补充系统将在存货不足时自动向配送中心发出申请，根据配送中心的命令，在适当的时间补充相应数量的货物。在整理货物和补充存货时，如果发现货物堆放到了错误位置，读写器将随时向配送中心报警，配送中心会发出指示，使运送车将这些货物重新堆放到指定的正确位置。

③ 订单填写。通过 RFID 系统，存货和配送中心紧密联系在一起，从而在配送中心的订单填写过程中，将发货、出库、验货、更新存货目录整合成一个整体，最大限度地减少错误的发生，同时大大节省人力。

④ 货物出库运输。应用 RFID 技术后，货物运输将实现高度自动化。当货物在配送中心出库，经过仓库出口处读写器的有效识读范围时，读写器将自动读取货物 RFID 标签上的信息，直接将出库的货物信息传输给零售商，而且由于前述自动操作，整个运输速度大大提高，同时能避免条码不可读和被存放到错误位置等情况，使准确率大大提高。

课堂小案例2-1

无人机+RFID 整车物流盘点用上"黑科技"

2018 年 12 月 10 日，记者从两江新区获悉，长安民生物流整车无人机盘点系统正式上线发布。据悉，其运用无人机+RFID 技术进行整车盘点属全国首例。

"无人机+RFID 整车盘点实现了对整车商品的实时动态显示与管理，盘点效率提升300%，既缩短了整车场内盘点所需时间，又提升了盘点数据的准确性和可靠性。"长安民生物流相关负责人介绍。而现在通过无人机巡检，不到 5 个小时即可完成盘点，盘点准确率达到 100%。

案例小思考：RFID 技术在物流中发挥了哪些作用？

思考解析要点：①提高盘点效率，缩短盘点时间；②提升盘点数据的准确性和可靠性。

 课堂实训活动2-1

活动题目：举例说明条码识别技术在跨境电子商务中的应用

活动步骤：

1. 对学生进行教学分组，每个小组 3～5 人，以小组为单位进行讨论；
2. 说明条码识别技术在跨境电子商务中的应用并举出实例，将结果填入表 2-2 中；
3. 每个小组将讨论结果做成 PPT，派 1 名代表进行演示；
4. 教师给予评价。

表 2-2　　　　　　　　条码识别技术在跨境电子商务中的应用

项目	实例 1	实例 2	实例 3
仓储管理与物流跟踪			
数据自动录入（二维条码）			

2.2 EDI技术、GNSS技术和GIS技术

2.2.1 EDI技术

1. EDI的概念

《物流术语》中将 EDI（Electronic Data Interchange，电子数据交换）定义为：采用标准化的格式，利用计算机网络进行业务数据的传输和处理。

在物流领域，企业间往来的单证都属于 EDI 报文所适用的范围。其相关作业包括订购、进货、接单、出货、送货、配送、对账及转账等。近年来，EDI 在物流中被广泛应用，称为物流 EDI。所谓物流 EDI，是指货主、承运业主以及其他相关单位之间，通过 EDI 进行物流数据交换，并以此为基础实施物流作业活动的方法。物流 EDI 参与单位有货主（如生产厂家、

贸易商、批发商、零售商等）、承运业主（如独立的物流承运企业等）、实际运送货物的交通运输企业（如铁路企业、水运企业、航空企业、公路运输企业等）、协助单位（如政府有关部门、金融企业等）和其他物流相关单位（如仓库业者、专业报关业者等）。数据标准化、EDI软件及硬件、通信网络是构成 EDI 系统的 3 个要素。

2. EDI的特点

EDI 具有以下特点：使用对象是具有固定格式的业务信息和具有经常性业务联系的单位；传送的资料是一般业务资料，如发票、订单等，而不是一般性通知；采用共同标准化的格式，例如，联合国 EDIFACT 标准；尽量避免人工的介入操作，由收送双方的计算机系统直接传送、交换资料。EDI 与传真或电子邮件之间存在显著区别：传真与电子邮件需要经过人工阅读判断处理才能进入计算机系统，且传真与电子邮件需要人工将资料重复输入计算机系统，浪费人力资源，也容易发生错误；EDI 则不需要。

3. EDI的分类

根据功能的不同，EDI 可分为以下 4 类。

第一类是贸易数据互换（Trade Data Interchange，TDI）系统，它用电子数据文件来传输订单、发货票和各类通知。

第二类是电子金融汇兑（Electronic Fund Transfer，EFT）系统，即在银行和其他组织之间实行电子费用汇兑。EFT 系统虽然已使用多年，但仍在不断改进，其最大的改进是同订货系统联系起来，形成一个自动化水平更高的系统。

第三类是交互式应答（Interactive Query Response，IQR）系统。它可被旅行社或航空公司用作机票预订系统。这种 EDI 在应用时要询问目的地，然后显示航班的时间、票价或其他信息，最后根据旅客的要求确定所要的航班，并打印机票。

第四类是带有图形资料自动传输的 EDI，常用于计算机辅助设计（Computer Aided Design，CAD）图形的自动传输。如美国一个厨房用品制造公司——Kraft Maid 公司，在 PC 端用 CAD 设计厨房的平面布置图，再用 EDI 传输设计图纸、订货单、收据等。

4. EDI在跨境电子商务物流中的应用

在区域、全国乃至国际物流系统及物流与供应链管理中应用 EDI 的主要目的是：简化工作程序，大量削减纸质单证、单据的使用量，实现无纸化贸易；消除重复和交接作业中可能造成的错误，提高单证、单据作业质量。EDI 通过把商务文件的数据标准化，使其具有统一的格式和规定的顺序，从而使各个单位的计算机都能识别和处理，并使物流业务程序与贸易、运输和后勤保障等方面更加紧密地联系起来，满足便利性、快捷性、可靠性等要求。

EDI 通过减少不必要的冗余操作，满足了低成本、高效率的运作要求，从而降低了物流全过程的作业成本，并将因政府机关监控措施（如"一关三检"）和其他时间间隔所造成的时间延误尽可能地缩短至最低水平。EDI 可以帮助物流企业与用户建立长期贸易伙伴关系，从而使物流经营者与供应商、生产商、消费者（用户）的关系变得相对稳定，使货源和市场能得到一定程度的保障。这点对于不了解货主，也不了解消费者（用户）的第三方物流经营者是极为重要的。

EDI 建立和使用全球范围的统一标准，用户无须了解多种标准，就能进行国际化的电子数据交换。目前，世界上影响最大的跨行业 EDI 标准组织是认证标准委员会 X12 组织与行政、商业和运输业电子数据交换代码表（Electronic Data Interchange For Administration, Commerce and Transport, EDIFACT）组织。EDIFACT 为 EDI 提供了一系列综合性标准，并得到了全世界的广泛认可。

EDI 中心能提供电子数据交换的主要服务。其核心功能是对 EDI 报文进行存储和转发。另外，EDI 中心还能提供专门的 EDI 服务及网关功能。任何一个增值网系统原则上都是一个 EDI 中心，因为所有增值网系统都可以为 EDI 提供延伸服务。从最终用户来看，EDI 中心的最大优点是能提供一系列可选用的服务，以更好地满足用户的具体要求。

2.2.2 GNSS技术

1. GNSS的概念

全球导航卫星系统（Global Navigation Satellite System, GNSS），又称全球卫星导航系统，是在全球范围提供定位、导航和授时服务的卫星系统的统称。如美国全球定位系统（GPS）、俄罗斯格洛纳斯（GLONASS）、欧盟伽利略（Galileo）和中国北斗（BeiDou）等导航卫星系统。

GNSS 能对静态、动态对象进行动态空间信息的获取，其特点是快速、精度高、不受天气和时间的限制。

GNSS 主要用于船舶和飞机导航、对地面目标的精确定时和精密定位、地面及空中交通管制、空间与地面灾害监测等。20 世纪 90 年代后，以美国 GPS 为代表的全球导航卫星系统在物流领域得到了越来越广泛的应用。

课堂小贴士 2-2

北斗卫星导航系统

北斗卫星导航系统（以下简称"北斗系统"）（BeiDou Navigation Satellite System, BDS），是我国自行研制的全球卫星导航系统，也是继 GPS、GLONASS 之后第三个成熟的卫星导航系统。北斗系统和美国 GPS、俄罗斯 GLONASS、欧盟 GALILEO，是经联合国全球卫星导航系统国际委员会认定的供应商。

北斗系统是我国着眼于国家安全和经济社会发展需要，自主建设、独立运行的卫星导航系统，是为全球用户提供全天候、全天时、高精度的定位、导航和授时服务的国家重要空间基础设施。

随着北斗系统建设水平和服务能力的发展，相关产品已被广泛应用于交通运输、海洋渔业、水文监测、气象预报、测绘地理信息、森林防火、通信时统、电力调度、救灾减灾、应急搜救等领域，逐步渗透到人类社会生产、生活的方方面面，为全球经济和社会发展注入新的活力。

卫星导航系统是全球性公共资源，多系统兼容与互操作已成为其发展趋势。我国始终秉持和践行"中国的北斗，世界的北斗"的发展理念，服务"一带一路"建设发展，积极推进北斗系统国际合作。北斗系统与其他卫星导航系统携手，与各个国家（地区）和国际组织一起，共同推动全球卫星导航事业发展，促使北斗系统更好地服务全球、造福人类。

北斗系统由空间段、地面段和用户段 3 部分组成。

空间段由若干地球静止轨道卫星、倾斜地球同步轨道卫星和中圆地球轨道卫星组成。

地面段包括主控站、时间同步/注入站和监测站等若干地面站，以及星间链路运行管理设施。

用户段包括北斗及兼容其他卫星导航系统的芯片、模块、天线等基础产品，以及终端设备、应用系统与应用服务等。

2. GNSS的主要特点

下面以美国 GPS 为例介绍全球导航卫星系统的特点。GPS 是当今世界精度最高的星基无线电导航系统之一，是利用分布在约 2 万千米高空的 24 颗卫星对地面目标的状况进行精确测定以实现定位、导航的系统。它可以全天候在全球范围内为海、陆、空各类用户连续提供高精度的三维位置、三维速度与时间信息。GPS 具有下面 6 个主要特点。

GNSS 的主要特点

（1）定位精度高

GPS 的定位精度很高，单机定位精度优于 10 米，若采用差分定位，精度可达厘米级和毫米级。应用实践证明，GPS 相对定位精度在 50 千米范围内可达 6～10 米，在 100～500 千米范围内可达 7～10 米，在 1 000 千米范围内可达 9～10 米。

（2）全球、全天候工作

GPS 可以在任何时间、任何地点、任何气候条件下连续地覆盖全球范围，这大大提高了 GPS 的使用价值。

（3）导航定位能力强

用户被动接受 GPS 信号，GPS 导航定位方式隐蔽性好，不会暴露用户位置，用户数也不受限制，接收机可以在各种气候条件下工作，系统的机动性强。

（4）定位时间短

随着 GPS 的不断完善，软件的不断更新，目前 20 千米以内相对静态定位仅需 15～20 分钟；快速静态相对定位测量时，若每个流动站与基准站相距在 15 千米以内，流动站观测只需 1～2 分钟，然后即可随时定位，每站观测只需几秒钟。

（5）操作简便

随着 GPS 接收机的不断改进，其自动化程度越来越高，有的已达"傻瓜化"的程度；接收机的体积越来越小，重量越来越轻，这极大地减轻了测量工作者的工作紧张程度和劳动强度，使野外工作变得轻松愉快。

（6）功能多、应用广

当初，设计 GPS 的主要目的是导航、收集情报等。随着 GPS 在商用和民用领域的普及，其不仅可用于测量、导航，还可用于测速、测时。

3. GNSS在跨境电子商务中的应用

GNSS 主要用于定位、导航、授时、校频及高精度测量等，特别是在物流领域，可以广泛用于海空导航、实时监控、动态调度、路线优化和智能运输等。

（1）海空导航

GNSS 的出现克服了旧有航海导航系统的局限性，用户利用其定位精度高、可连续导航的特点，可有效地开展海洋、内河及湖泊的自主导航、港口管理、进港引导、航路交通管理等。而在海空导航方面，GNSS 的精度远优于先前的任何航空航路用导航系统，GNSS 可实现最佳的空域划分和管理、空中交通流量管理及飞行路径管理，为空中运输服务开辟了广阔的应用前景，同时也降低了运营成本，保证了空中交通管制的灵活性。可以说，从航空进场或着陆、场面监视和管理、航路监视、飞行试验与测试到航测等各个领域，GNSS 都发挥着巨大的作用。

（2）实时监控

应用 GNSS 技术，可以建立起运输监控系统，这样在任何时刻都能查询运输工具所在地理位置和运行状况（经度、纬度、速度等），并将其在电子地图上显示出来。同时该系统还可自动将信息传到运输作业的相关单位，如中转站、接车单位、物流中心、加油站等，以便工作人员做好相关准备，提高运输效率。应用它还可监控运输工具的运行状态，了解运输工具是否有故障先兆并及时发出警告、是否需要进行较大的修理并安排修理计划等。

（3）动态调度

通过应用 GNSS 技术，调度人员能在任意时刻发出调度指令，并得到确认信息。操作人员通过在途信息的反馈，可进行运输工具待命计划管理，能在运输工具返回车队前即做好待命计划，提前下达运输任务，减少等待时间，加快运输工具周转速度。应用 GNSS 技术，调度人员还可对运输工具的运能信息、维修记录信息、车辆运行状况登记信息、司机人员信息、运输工具的在途信息等多种信息进行采集与分析，辅助调度决策，尽量减少空车时间、缩短空车距离，充分利用运输工具的运能。

（4）路线优化

路线优化即根据 GNSS 数据获取路网状况，如通畅情况、是否有交通事故等，应用运输数学模型和计算机技术，进行路线规划及优化，设计出车辆的优化运行路线、运行区域和运行时段，合理安排车辆运行通路。

（5）智能运输

智能运输（Intelligent Transportation System，ITS）就是通过采用先进的电子技术、信息技术、通信技术等高新技术，对传统的交通运输系统及管理体制进行改造，从而形成一种信息化、智能化、社会化的新型现代交通系统。ITS 强调运输设备的系统性、信息交流的交互性及服务的广泛性。在智能交通系统中，应用 GNSS 技术可以建立起视觉增强系统、汽车电子系统、车道跟踪/变更/交汇系统、精确停车系统、车牌自动识别系统、实时交通/气象信息服务系统、碰撞告警系统等。

2.2.3　GIS技术

1. GIS的概念与特征

地理信息系统（Geographic Information System，GIS）是以地理空间数据库为基础，采用地理模型分析方法，适时提供多种空间的和动态的地理信息，为地理研究和地理决策服务的计算机技术系统。

GIS 具有以下 3 个方面的特征：首先，具有采集、管理、分析和输出多种地理空间信息的能力，具有空间性和动态性；其次，以地理研究和地理决策为目的，以地理模型分析方法为手段，具有区域空间分析能力、多要素综合分析能力和动态预测能力，易于产生高层次的地理信息；最后，由计算机系统进行空间地理数据管理，并由计算机程序模拟常规的或专门的地理分析方法，作用于空间数据，产生有用信息，完成人类难以完成的任务。

通俗地讲，GIS 是整个地球或部分区域的资源、环境在计算机中的缩影。严格地讲，GIS 是反映人们赖以生存的现实世界（资源或环境）的形势与变迁的各类空间数据及描述这些空间数据特征的属性，在计算机软件和硬件的支持下，以一定的格式输入、存储、检索、显示和综合分析应用的技术系统。它是一种特定而又十分重要的空间信息系统，是以采集、储存、管理、处理分析和描述整个或部分地球表面（包括大气层在内）与空间和地理分布有关数据的空间信息系统。

2．GIS的功能

（1）输入。地理数据在输入 GIS 之前，必须转换成适当的数字格式。将地理数据转换成计算机文件的过程叫作数字化。目前，许多地理数据已经是 GIS 兼容的数据格式，这些数据可以从数据提供商那里获得并直接输入 GIS，无须数字化。

（2）处理。处理是指将数据转换成或处理成某种形式以适应 GIS 的要求。这种处理可以是为了显示而做的临时变换，也可以是为了分析所做的永久变换。GIS 提供了许多工具来处理地理数据和去除不必要的数据。

（3）数据管理。在小的 GIS 项目中，把地理数据存储成简单的文件就足够了。但是，当数据量很大且用户数很多时，最好使用一个数据库管理系统（Database Management System，DBMS）来帮助存储、组织和管理数据。

（4）查询分析。GIS 提供简单的查询功能和复杂的分析工具，可为管理者提供及时的、直观的信息。

（5）可视化。许多类型的地理操作的最终结果都能以地图或图形显示。

3．GIS在跨境物流中的应用

GIS 应用于物流分析，主要通过 GIS 强大的地理数据功能来完善物流分析技术。

完整的 GIS 物流分析软件集成了车辆路线模型、网络物流模型、分配集合模型和设施定位模型。

（1）车辆路线模型。车辆路线模型用于解决在一个起点、多个终点的货物运输中，如何降低物流作业费用并保证服务质量的问题，包括决定使用多少车辆、每辆车的行驶路线等。

（2）网络物流模型。网络物流模型用于解决寻求最有效的分配货物路径的问题，也就是物流网点布局问题。如将若干货物从 N 个仓库运往 M 个商店，每个商店都有固定的需求量，因此需要研究确定从哪个仓库提货送给哪个商店的运输成本最小。

（3）分配集合模型。分配集合模型可以根据各个要素的相似点把同一层的所有或部分要素分为几个组，从而解决服务范围和销售市场范围等方面的问题。如某一公司要设立 X 个分销点，要求这些分销点覆盖某一个地区，而且每个分销点的顾客数目大致相同，就要使用分配集合模型。

（4）设施定位模型。设施定位模型用于研究一个或多个设施的位置。在物流系统中，仓库和运输线共同组成了物流网络，仓库处于物流网络的节点上，节点决定着运输路线。设施定位模型可根据供求的实际需要并结合经济效益等原则明确在既定区域内设立多少个仓库，每个仓库的位置、规模以及仓库之间的物流关系如何等。

📖 **课堂实训活动2-2**

活动题目：举例说明 GNSS 技术在跨境电子商务中的应用

活动步骤：

1. 对学生进行教学分组，每个小组 3～5 人，以小组为单位进行讨论；
2. 举例说明 GNSS 技术在跨境电子商务中的应用，并将结果填入表 2-3；
3. 每个小组将讨论结果做成 PPT，派 1 名代表进行演示；
4. 教师给予评价。

表 2-3　　　　　　　　GNSS 技术在跨境电子商务中的应用

GNSS 技术在跨境电子商务中的应用	实例 1	实例 2	实例 3
海空导航			
实时监控			
动态调度			
路线优化			
智能运输			

2.3 大数据技术、云计算技术和人工智能技术

2.3.1 大数据技术

1. 大数据的概念

大数据（Big Data）是指无法在一定时间范围内用常规软件工具进行捕捉、管理和处理的数据集合，是在新处理模式下才具有更强的决策力、洞察发现力和流程优化能力的海量、高增长率和多样化的信息资产。

2. 大数据在跨境电子商务物流中的应用

在信息时代，越来越多的数据成为资产，成为具有竞争力的因素。大数据使企业直接了解和掌握物流活动，消除物流领域所谓的"黑大陆"。企业充分分析和挖掘海量数据的价值，就能够找到物流市场的潜力所在，也就是未来物流领域的"新蓝海"。大数据的特点是：数据体量（Volume）大、数据种类（Variety）繁多、价值（Value）密度低、处理速度（Velocity）快，即"4V"。

大数据的价值在于从海量的数据中发现新的知识，创造新的价值。将数据转化为信息，并通过提炼的信息总结规律，运用规律来预测未来状态或事件，便于采取相应的措施为企业创造利润。这使得市场对数据分析与挖掘的需求与日俱增。大数据分析还能帮助企业做出正确的决策。通过大数据分析，企业可以看到业务具体的运行情况，能够看清楚哪些业务利润率较高、增长较快，进而把主要精力放在真正能够给企业带来高回报的业务上，避免无端的浪费，从而实现高效的运营。

电子商务物流与大数据结合是电子商务物流发展的必然趋势。在大数据时代，物流业的应用特点与大数据技术有较高的契合度，在主客观条件上也有较高的应用可能性。因此，物流企业特别是电子商务物流企业要高度关注大数据时代隐藏的机遇。

跨境电子商务物流企业在大数据时代要想有更好的发展，需要关注以下两个方面的建设。

（1）物流仓储平台布局。国际产业布局调整完以后，物流仓储平台在国际上如何布局将成为增强企业竞争力的决定性因素。

（2）物流信息平台建设。物流信息平台将成为基于大数据的中转中心或调度中心、结算中心。物流信息平台会根据以往快递公司的表现、各个阶段的报价、即时运力等信息，进行相关的大数据分析，得到优化线路选项，并对集成物流商主导的物流链进行优化组合配置，引用系统将订单数据发送到各个环节，由相应的物流企业去完成。

快速、准确、及时的物流服务，对突发事件的预测、评估和处理，这些都需要大数据技术的支持。因此，如何获得所需要的数据、如何处理所获得的数据、如何应用所处理的数据，是大数据应用于物流与供应链时需要解决的重要问题。

2.3.2　云计算技术

1. 云计算的概念

云计算（Cloud Computing）是分布式计算的一种，其通过"云"将巨大的数据计算处理程序分解成无数个小程序，然后通过多部服务器组成的系统对这些小程序进行处理和分析，得到结果以后返回给用户。早期的云计算，简单地说就是简单的分布式计算，用于解决任务分发问题，并进行计算结果的合并，因而云计算又称网格计算。这项技术可以在很短的时间内（几秒钟）完成对数以万计的数据的处理，从而提供强大的网络服务。

2. 云计算服务

云计算基于互联网相关服务的增加、使用和交付，通常通过互联网来提供动态、易扩展且虚拟的资源。"云"是对网络、互联网的一种比喻的说法。过去往往用"云"来表示电信网，后来也用它来表示互联网和底层基础设施。云计算拥有每秒10万亿次的运算能力，可以用来模拟核爆炸、预测气候变化和市场发展趋势。用户可以通过计算机、手机等接入数据中心，按自己的需求进行运算。

云计算提供以下几个层次的服务：基础设施即服务、平台即服务和软件即服务。

基础设施即服务是指用户通过互联网可以从完善的计算机基础设施中获得服务，如硬件服务器租用。

平台即服务（Platform as a Service，PaaS）实际上是指将软件研发的平台作为一种服务，以软件运营服务（Software as a Service，SaaS）的模式提交给用户。因此，PaaS也是SaaS模式的一种应用。但是PaaS的出现可以加快SaaS的发展，尤其是加快SaaS的开发速度，如软件的个性化定制开发。

软件即服务是一种通过互联网提供软件的模式，用户无须购买软件，而是租用基于Web的软件来管理企业经营活动，如阳光云服务器。

有了云计算技术，物流企业不必再购买并建立独自的服务器和软件，也不需要按照自己的规划来建立数据处理中心、信息安全管理中心和服务于运营的服务器中心，而是向云服务商购买自己所需要的服务，具体的服务器搭建都由云服务提供商负责解决。这种服务模式在很大程度上降低了物流企业因信息建设、管理、维护所花费的成本。

云计算是一种变化的、动态的计算服务体系，根据用户动态的服务要求，按一定的要求部署及分配服务资源，可实时监控资源的使用状况。云计算服务避免了重复建设及高维护成本，物流企业只需支付较低的服务费用就能够获得相应服务，可提高信息处理的效率。云计算的计算机集群能够提供强大的在线计算和数据处理服务，并根据企业需求存储计算结果，而且速度快，稳定性高。与物流企业原有的服务信息一体化系统相比，云计算在信息的计算处理、数据的安全维护和成本的消耗等方面具有显著的优势。云计算已经从炙手可热的概念大步走向了实际应用，技术变革正给物流行业的发展带来深远影响。

3. 云计算在跨境电子商务物流中的运用

（1）云计算为跨境电子商务物流行业有效整合信息资源

我国跨境电子商务物流企业资源整合是实现物流企业规模化与集约化的重要途径，可有效提高物流企业资源利用率，服务于社会。物流企业的资源整合包括对物流企业的客户资源、信息资源、物流流程、能力资源、组织资源等进行整合。

云计算对信息资源的统一整合提升了物流企业对整个系统中的信息资源的有效管理能力，同时也大大增强了对业务的支撑性。云计算架构随着整个系统信息资源和需求的部署而动态扩展。云计算的基础就是虚拟化，其旨在把单个物理资源整合起来划分给更多的用户使用。云计算高效的资源整合能力为物流企业带来的成本优势也是非常明显的。IT设备的淘汰率比较高，更新周期较短，导致物流企业后期的运维成本也较高。采用云计算的理念来整合资源后，物流企业的投资会相对减少很多，不需多占建筑资源，设备更新的费用也相对较少，人员也将减少。

（2）云计算为物流行业构建云平台

物流行业具有全球化的特点，其以服务为核心业务的网络遍布全球。其中，国际货代、报关行、仓储和集卡运输等类型的物流企业以及相关链条上的企业，由于与国外机构的紧密合作，信息化平均水平已经有了较大提高，但是企业间的信息服务尚未能通过互联网来实现全程流程化、标准化协同。

云平台可以帮助解决这样的问题。云平台利用云计算核心集成技术实现"单点登录、统一认证、数据同步、资源集成"和云计算物联网互融技术的"端、传、网、计、控五联"，将一切变得简单、便捷、高质、低价、有效、安全；实现物流企业生意全程电子化，提供在线询价、在线委托、在线交易、在线对账和在线支付等功能，让物流生意中的买卖双方尽享电子商务门到门服务的便捷性，并降低成本、提升效率、降低差错率，还可实现国际物流各类服务商和供应商之间订单的数据交换、物流信息的及时共享，以及交易的支付和信贷融资等一条龙服务。

（3）云计算为物流行业提供云存储

云存储为物流企业提供数据存储空间租赁服务。随着物流企业自身的不断发展，企业的数据量也会不断增长。数据量的增长意味着更多硬件设备、机房环境设备、运行维护成本和人力成本的投入。高性能、大容量云存储系统可以满足物流企业不断增加的业务数据存储和管理服务需求；同时，由大量专业技术人员进行的日常管理和维护可以有效地保障云存储系统的运行安全，确保数据不会丢失。

云存储为物流企业提供远程数据备份和容灾。数据安全对于物流行业来说是至关重要的，大量的客户资源、平台资源、应用资源、管理资源、服务资源、人力资源不仅要有足够的容量空间去存储，还需要实现安全备份和远程容灾。它不仅要保证本地数据的安全性，还要保证当本地发生重大的灾难时，可通过远程备份或远程容灾快速恢复。高性能、大容量的云存储系统和远程数据备份软件可以为物流企业提供空间租赁和备份业务租赁服务，物流企业也可租用互联网数据中心（Internet Data Center，IDC）提供的空间服务和远程数据备份服务功能，建立自己的远程备份和容灾系统。

云存储为物流企业提供视频监控系统。物流企业通过云存储、物联网等技术建立的视频监控平台，让所有监控视频集中托管在数据中心，在远程服务器上运行应用程序，应用客户端通过互联网访问，并在服务器层级通过数据处理的计算能力和存储端的海量数据承载能力将相关数据整合到单一的监控中心或多个分级监控中心。物流企业通过网络登录管理网页，即可及时、全面、准确地掌握物品的可视化数据和信息，随时远程查看已录好的监控录像。

2.3.3 人工智能技术

1. 人工智能的概念

人工智能（Artificial Intelligence，AI）是研究、开发用于模拟、延伸和扩展人的智能的理论、方法、技术及应用系统的一门新的技术科学。

人工智能在电子商务物流领域的应用场景主要有 5 种。场景 1 为智能运营规划管理，是未来将通过机器学习，使运营规则引擎具备自学习、自适应的能力，能够在感知后进行自主决策，如人工智能根据"双 11"与一般情况的不同场景订单，自主设置商品的不同生产方式、交付时效、异常订单处理等运营规则，实现人工智能处理。场景 2 为仓库选址，是人工智能根据现实环境的各种约束条件，如客户、供应商和生产商的地理位置、运输经济性、劳动力可获得性、建筑成本、税收制度等，进行充分学习和优化，从而决策出最优的选址。场景 3 为决策辅助，是利用机器学习等技术自动识别场院内外的人、物、设备的状态和学习优秀的管理及操作人员的指挥调度经验，逐步实现辅助决策和自动决策。场景 4 为图像识别，是利用计算机图像识别、地址库、神经网络等来提升手写运单机器有效识别的准确率，大幅度减少人工输单的工作量和出错率。场景 5 为智能调度，是通过对商品数量、体积等数据进行分析，对包装、运输车辆等各环节进行智能调度，如通过测算百万 SKU 商品的体积数据和包装箱尺寸，由人工智能系统计算并推荐耗材和打包顺序，从而合理安排箱型和商品摆放方案。

2. 人工智能在跨境电子商务物流中的运用

（1）人工智能技术在跨境电子商务运输中的应用

人工智能技术在跨境电子商务运输中的应用集中在无人卡车和运输车辆管理系统两个方面。运输是物流产业链条中的核心环节，也是物流成本构成的重要内容，运输费用在跨境电子商务物流总费用中的占比始终在 50%以上。由于运输环境及运输设备具有复杂性，现阶段人工智能在物流运输中的应用尚处于起步阶段。目前国内人工智能在跨境电子商务物流运输环节的应用集中在公路干线运输方面，主要有两大方向：一个是以自动驾驶技术为核心的无人卡车；另一个是基于计算机视觉与 AIoT（人工智能物联网）[即 AI（人工智能）+IoT（物联网）]的产品技术，它为运输车辆管理系统提供实时感知功能。人工智能赋能跨境电子商务物流运输的最终形态必将是无人卡车替代人工驾驶卡车，尽管近两年自动驾驶在卡车研发生产领域进展顺利，无人卡车在港区、园区等相对封闭的场景中已经进入试运行阶段，但与实际投入运营相距尚远。未来数年内，人工智能在物流运输中的商业化价值主要体现在车辆状态监测、驾驶行为监控等方面。

① 自动驾驶技术的应用——无人卡车。

自动驾驶技术将使道路运输更经济、更高效、更安全。自动驾驶是指让汽车自身拥有环境感知、路径规划并且自主实现车辆控制等功能的技术，也就是用电子技术控制汽车进行仿人驾驶或自动驾驶。美国汽车工程师协会（Society of Automotive Engineers，SAE）根据系统对车辆操控任务的把控程度，将自动驾驶技术分为 L0~L5 6 个等级，系统在 L1~L3 级主要起辅助作用；当达到 L4 级时，车辆驾驶将全部交由系统进行，而 L4 级和 L5 级的区别在于 L4 级是在特定场景中使用，而 L5 级是全场景应用。在跨境电子商务物流运输领域，配备 L4 级别自动驾驶技术的无人卡车既可以满足港口、园区、高速公路等多种运输场景的运输需求，又能在人力资源、能源费用、设备损耗、保险费用等多个层面大幅降低运输整体成本。

在跨境电子商务物流领域，港口、物流园区、高速公路等运输主要场景的封闭性较高，运输路线相对较为固定，测试数据的获取与积累也更容易。从商业化的进程来看，以图森未来为代表的 L4 级别自动驾驶卡车已经率先进入试运营阶段，无人卡车的商业化正逐渐推进，但这只是无人卡车在物流运输中的初步尝试，目前仍然存在技术稳定性有待验证、可测试路段较少、国内甩挂运输份额较小等诸多还未解决的问题，无人卡车距离大规模商业化应用尚待时日。

② 基于计算机视觉技术与 AIoT 技术的应用——运输车辆管理系统。

目前，国内人工智能赋能物流运输的主要形式基于计算机视觉技术与 AIoT 技术，其在车队管理系统中实现车辆行驶状况、司机驾驶行为、货物装载情况的实时感知功能，使系统在车辆出现行程延误、线路异常和司机危险行为（疲劳驾驶、看手机、超速、车道偏离等）时进行风险报警、干预和取证判责，并最终达到提升车队管理效率、减少运输安全事故的目的。与无人卡车的"替代性"功效不同，车队管理系统中所应用的计算机视觉技术是对原有物联网功能的补充与拓展，但依然是从辅助者的角度来帮助司机和车队管理者，其感知设备是后装形式的车载终端，决策来自系统平台，对车辆的控制和动作执行要通过司机手动完成。

（2）人工智能技术在跨境电子商务仓储中的应用

① 入库识别技术。

● RFID

RFID 是一种现代通信技术，该技术在 20 世纪 90 年代兴起，其由于可以通过远距离无线射频进行数据识别而不需要进行实际接触，被广泛应用于企业生产及社会生活中。

在仓储管理商业化发展的过程中，将 RFID 运用到物流仓储管理中是由美国的大型零售商沃尔玛集团率先开始的。早在 2003 年，沃尔玛集团就开始为其供货商提供 RFID 标签，同时引进 RFID 系统对所有零售商品进行分类，其便捷的商品提取、商品定位、商品确认为沃尔玛集团在其后 10 年内的突飞猛进、获得零售业领先位置奠定了坚实的基础。正是基于对 RFID 的应用，沃尔玛集团的物流仓储成本被大大降低，同时沃尔玛集团在零售商品存储中的信息化、机械化、自动化、准时化水平也得到提升。从商品的生产加工、运输、储存到入库管理、在库管理、出库管理，沃尔玛集团的水平都得到了显著提升，并且在此基础上从集团内部到外部管理实现了良性循环。

传统物流仓储管理通常将商品送至指定位置，再通过人工的方式对商品的具体信息进行记录，最后以信息汇总的方式来完成初步的商品入库。这种管理方式未能对仓储仓库的空间利用进行提前规划，而商品的信息一般通过传统的手工记录或者扫描条码的方式进行管理，这些方式都不能完全确保商品信息的准确性和完整性。入库前未对商品运输方式及物流运输路径等进行合理规划，入库后查验方式落后，记录信息过程的时间成本过高，且错误率高，针对以上传统入库流程中的问题，在物流仓储管理流程中引入 RFID 后可以对入库流程进行革命化改进，在提升管理效率的同时降低固定成本。

然而，RFID 也有其缺点。例如，相对于传统的条码技术，RFID 标签成本较高，不适合为每一种产品都贴上 RFID 标签，对多个 RFID 标签进行读取的时候可能发生标签冲突，多个读写器读写同一个 RFID 标签时也可能发生标签冲突。标签冲突是指读写器同时读取多个标签时有可能发生冲突的问题，多个读写器读取同一个标签有可能发生数据不统一的问题。成本上的劣势以及其他方面的问题使得 RFID 不可能完全替代其他标签识别技术，如条码识别技术。

- 计算机视觉识别技术

计算机视觉识别技术在智能仓储中的应用场景之一是仓储现场管理场景，其实现途径是以高清摄像头为硬件载体，通过计算机视觉识别技术监测并识别仓储现场中人员、货物、车辆的行为与状态。根据作业环境，计算机视觉识别技术在仓储现场管理中的具体应用可分为仓内现场管理与场院现场管理。

② 货物搬运技术。

- AGV

自动导引车（Automated Guided Vehicle，AGV）指装备了电磁或光学等自动导引装置，能够沿规定的导引路径行驶，具有安全保护以及各种移载功能的，在工业应用中不需要驾驶员的搬运车。它以可充电蓄电池为动力来源，一般可通过计算机来控制行进路线及行为，或利用电磁轨道来设立行进路线。电磁轨道铺设在地板上，AGV 则依循电磁轨道所带来的信息进行移动。

- AMR

在仓储环境下的各类智能设备中，自主移动机器人（Automatic Mobile Robot，AMR）是发展速度较快的一种；一般被用于搬运与拣货。与传统 AGV 不同的是，AMR 的运行不需要地面二维码、磁条等预设装置，而是依靠同步定位与地图构建（SLAM）系统定位导航。如果把 AGV 比作仓内轨道交通，那么 AMR 可以被视为"类自动驾驶"机器人。在灵活性与适应性方面，AMR 不仅可以与仓储环境进行交互，一旦仓内布局发生变化，还能够通过 SLAM 系统迅速重新构建地图，节省重新部署环境的时间与成本。AMR 采用的导航方式主要有激光 SLAM 与视觉 SLAM（VSLAM）两种。激光 SLAM 起步较早，但成本高且应用场景有限。而随着人工智能算法与算力的不断进步，基于计算机视觉的 VSLAM 快速发展起来。AMR 通过 VSLAM 能够实现地图构建、自主定位、环境感知，具备自主路径规划、智能避障、智能跟随等能力。

尽管 AMR 具备柔性部署、自主灵活等优势，但 AMR 技术门槛较高，国内能够实现量产且推动项目落地的企业相对较少，AMR 市场尚处于起步阶段，还需要经过一段时间的市场验证。而随着落地项目带来的数据积累及算法的不断优化打磨，AMR 将会逐步得到更为广泛的应用，其市场发展前景极为可观。

（3）人工智能技术在跨境电子商务配送中的应用

配送是跨境电子商务物流中的最后环节，也是跨境物流链条上人力资源投入最多的一个环节。以国内快递业为例，全国快递员数量在 2019 年就已突破 320 万。对于旨在降低人力成本和提高人力效能的人工智能而言，配送领域的应用前景相当广阔，且场景清晰明确。从"替代人工"的角度来看，配送中的人工智能主要应用于无人配送领域，实现形式是无人配送车与配送无人机；从"辅助管理"的角度来看，人工智能主要应用在即时配送领域的订单分配系统中，可为系统提供订单数量预估、订单实时匹配、订单路径规划等功能。人工智能在跨境电子商务物流配送领域的施展空间极大，但受限于技术稳定性不足、各国各地区配送行业发展不均衡、成本与收益不匹配、监管政策严格等因素，无人配送在商业落地层面尚处于萌芽阶段。

① 无人配送车。

无人配送车是应用在快递快运配送与即时物流配送中低速自动驾驶的无人车，其核心技术架构与汽车自动驾驶系统的基本一致，都是由环境感知、车辆定位、路径规划决策、车辆控制、车辆执行等模块组成。由于无人配送车的运行环境中有大量的非机动车与行人，路面复杂程度要高于机动车道，因此无人配送车对超声波雷达、广角摄像头等近距离传感器的依赖度更高，其环境感知算法的侧重点与汽车、卡车等的机动车自动驾驶系统也有所不同。

然而，在人口、车辆密集的城市环境中，无人配送车无疑是比无人驾驶乘用车更加适合自动驾驶技术落地的载体。首先，无人配送车的体积小、车速低，出现事故的风险与造成人身伤害甚至死亡的概率较低；其次，无人配送的场景非常多元，落地初期可以选择边界相对清晰、环境相对简单、对新技术接受度较高的高科技园区等配送场景，在技术成熟度提升和政策支持的前提下逐步向写字楼、小区等复杂环境扩张，从而为自动驾驶算法的迭代与进化积累大量的数据资源。

② 配送无人机。

无人驾驶飞行器简称"无人机"，是利用无线电遥控设备和自备程序控制装置操纵的不载人飞行器。无人机起源于军事领域，早期的发展驱动力是为了减少飞行员伤亡以及应对极端情况，近年来消费级无人机市场也迅速崛起。最早将无人机引入物流领域的是亚马逊在2013 年提出的 Prime Air 业务，国内以顺丰、京东为代表的快递、电商巨头也纷纷跟进，推出物流无人机。人工智能技术在配送无人机领域的应用原理与自动驾驶基本相同，主要区别有两点：第一，无人机搭载的传感器种类更为繁杂，环境感知算法对数据融合技术的要求更高；第二，无人机配送中可选择的路径明显多于车辆，路径中的海拔、地貌、气候等客观约束条件都会对无人机的配送行为产生影响。此外，出于安全考虑，规划路径时还需要尽量避开人群聚集区与关键设施，因此配送无人机的路径规划算法更加复杂。

2015 年至今，快递、电商巨头以及无人机产品技术供应商们通过大量的试验与测试不断打磨和提升物流无人机的技术稳定度，探索科学的运营模式。根据我国的人口密度、居住条件、政策限制等现实条件，配送无人机目前较为可行的应用场景为偏远山区配送、医药资源紧急配送、应急保障物资配送等。而随着国内外物流巨头对物流无人机运营模式开始进行不断的探索，跨境电子商务物流领域离实现无人机配送服务又近了一步。

课堂小案例 2-2

物流科技赋能海外仓

近年来，我国物流业在互联网经济的推动下迅速发展起来，然而成本的攀升速度已超过效率的提升速度。对于物流业来说，亟待解决的问题是如何做到降本增效。人工智能技术及相关软硬件产品的加入能够在运输、仓储、配送、客服等各个物流环节中有效降低物流企业的人力成本，提高人员及设备的工作效率，这些技术的开发和应用同样能够为全球跨境电子商务提供物流服务，尤其是跨境电子商务物流中重要的组成部分——海外仓。有了各类型科技的赋能，海外仓在未来的发展中必然能够提升物流效率，在降低自身成本的同时还能够帮助客户企业节省成本和缩短商品的流通时间。

智能仓储属于高度集成化的综合系统，一般包含立体货架、有轨巷道堆垛机、出入库输送系统、信息识别系统、自动控制系统、计算机监控系统、计算机管理系统以及其他辅助设备。因此在智能仓储中，商品的入库、存取、拣选、分拣、包装、出库等一系列流程中都有各种类型物流设备的参与，同时需要物联网、云计算、大数据、人工智能、RFID 等技术的支撑。目前看来，人工智能在智能仓储系统中的应用还不够成熟，仍以货物体积测算、电子面单识别、物流设备调度、视觉引导、视觉监控等多种类型的点状应用散布于整个系统的各个环节当中。

案例小思考：

1. 你知道智能仓储由哪几部分构成吗？

思考解析要点： 立体货架、有轨巷道堆垛机、出入库输送系统、信息识别系统、自动控制系统、计算机监控系统、计算机管理系统以及其他辅助设备。

2. 智能仓储应用了跨境电子商务物流的哪些先进技术？

思考解析要点： 物联网、云计算、大数据、人工智能、RFID 等技术。

课堂实训活动2-3

活动题目： 举例说明云计算技术在跨境电子商务中的应用

活动步骤：

1. 对学生进行教学分组，每个小组 3～5 人，以小组为单位进行讨论；

2. 举例说明云计算技术在跨境电子商务中的应用，并将结果填入表 2-4 中；

3. 每个小组将讨论结果做成 PPT，派 1 名代表进行演示；

4. 教师给予评价。

表 2-4   云计算技术在跨境电子商务中的应用

云计算技术在跨境电子商务中的应用	实例 1	实例 2	实例 3
云计算为跨境电子商务物流行业有效整合信息资源			
云计算为物流行业构建云平台			
云计算为物流行业提供云存储			

操作重点

- 本章操作重点为区分跨境电子商务物流信息技术。

技能实训

举例说明跨境电子商务智能技术在跨境电子商务物流中的应用

【实训目的】

（1）加强学生的团队合作意识，发挥学生作为团队成员的能力，让学生掌握团队讨论、分析的方法。

（2）培养学生自主学习和独立思考的能力。

【实训内容】

分别列举物联网技术、云计算技术、大数据技术、人工智能技术等在跨境电子商务物流中的实际案例。

【实训步骤】

（1）教师带领学生学习相关知识，按照每组 3 人进行教学分组。每个小组设组长 1 名，负责确认每个团队成员的任务。

（2）学生根据教师教授的内容，整理出跨境物流智能技术的相关知识点。

（3）每个小组派 1 名组员根据自己的报告上台演讲，教师和其他学生对其演讲进行评价、讨论。

【实训成果与检测】

成果要求

（1）提交案例讨论记录：每个小组 3 名学生，设组长 1 名、记录员 1 名。每个小组必须有小组讨论、工作分工的详细记录，该记录会被作为考核的依据。

（2）能够在规定的时间内完成相关讨论，学习团队合作方式，撰写总结。

评优标准

（1）上课时能积极配合教师，独立思考、踊跃发言。

（2）能认真阅读案例、积极参加小组讨论、拓宽分析问题的思路。案例分析基本完整，能结合所学理论知识解答问题。

（3）团队配合意识较好，积极参加小组活动，分工合作表现较好。

复盘反思

1. 知识盘点：通过对本章的学习，你掌握了哪些知识？请画出思维导图。

2. 方法反思：在完成本章的知识与实训学习后，你学会了哪些分析和解决问题的方法？

3. 行动影响：在完成本章知识与实训学习的过程中，你认为自己还有哪些地方需要改进？

第 3 章
跨境电子商务采购

【教学目标】

知识目标	❖ 了解跨境电子商务采购的概念 ❖ 了解跨境电子商务的多种采购模式 ❖ 掌握跨境电子商务选品策略
能力目标	❖ 能够运用多种方法实现跨境电子商务采购的成本控制 ❖ 能够运用跨境电子商务策略正确选品
素质目标	❖ 掌握跨境电子商务物流的先进技术，培养勇于创新的精神

【导入案例】

供应链已成为跨境电子商务卖家的核心竞争力

截至 2022 年 5 月 7 日，Marketplace Pulse 数据显示，中国跨境电子商务快时尚巨头 SHEIN 在美国地区的 App 下载量已超过 TikTok 等社交媒体，登上所有类别排行榜的第一位，加之其在数十个国家购物类应用程序位列第一，已成为全球下载量最高的购物 App。同时，SHEIN 2022 年的估值据报道已达 1 000 亿美元，相较于快时尚领域 ZARA 母公司 Inditex Group 市值约 660 亿美元，堪称全球瞩目的独角兽公司。随着高增长、高估值爆发的光芒，SHEIN 悉心打造的"小单快返"柔性供应链模式，越来越受到跨境电子商务业界的关注。SHEIN 相当长时间在国内十分低调，在国外则大声量快速发展，连年缔造销售增长神话。其切合近年跨境电子商务时代红利、卡位电商女装类目，面向全球超 150 个国家地区的消费者，每天上新量近 6 000 款，定价多在 5～25 美元，成功开拓海外快时尚消费蓝海，其从 2020 年营收近 100 亿美元到 2021 年实现翻番至约 200 亿美元。

"上新快""选择多""超便宜"是海外消费者在评价 SHEIN 时出现的高频词汇。在业内，SHEIN 被称作中国版 ZARA 与拼多多模式的综合体。分析其快速崛起的原因，一是高效供应链打造既快又平价的时尚，二是在营销上对社交媒体的提前布局。SHEIN 的供应链优势，在上新速度方面远超其他竞争者。这种供应链体系，是源于强大"中国制造"所演进出的、被称作"小单快返"（首单小批量，多次数返单）的柔性供应链模式，成为 SHEIN 的核心竞争力。分析 SHEIN 的"小单快返"柔性供应链模式，有 3 个要素值得跨境电子商务业界作为参考，升级供应链体系以应对不断变化的海外消费市场环境。

（1）数字化的供应链系统。业界称道的 SHEIN "小单快返"柔性供应链模式，有着一套成熟的数字化 IT 管理系统，可以通过软件系统与供应商共享客户数据，并以此为依据进行设计、生产上的快速调配与跟踪，实现销售端与制造端的高效、弹性对接。

（2）深挖产业重地的优势。SHEIN 的核心供应商据报道超过 300 家，合作工厂超过 4 000 家，主要集中在服装产业重地广州一带。其"小单快返"柔性供应链模式的成功，正是得益于广州发达的服装制造业，涵盖了制衣工厂、纺织材料供应、大型仓储、空港物流等各板块。

（3）注重供应链的持续优化。快时尚领域不乏 ZARA、优衣库等传统重量级玩家，而跨境电子商务领域亦不乏其他平台的竞争，SHEIN 何以成为高速度增长巨头？在销售端的不断发力是显要层面，其内在对供应端的多年持续优化，是建立快速、平价核心竞争优势之重点。

案例小思考：你知道什么是跨境电子商务采购吗？它的主要特征是什么？

3.1 跨境电子商务采购概述

跨境电子商务采购是全球物流供应链中的重要环节，企业对采购进行合理的控制，不仅能够提高供应链对市场需求的响应速度，而且还对整个供应链的优化起着重要作用。

3.1.1 跨境电子商务采购认知

1. 跨境电子商务采购的概念

跨境电子商务采购是指在跨境电子商务环境下，相关企业或个体借助一定的手段从资源市场获取资源的整个过程，通常表现为企业或个体购买货物与服务的行为。

当前跨境电子商务采购方式主要包括集中型采购、准时化采购、双赢型采购 3 种。

集中型采购是指企业或个体整合各个生产经营单位的零散采购计划，通过合并同类物资，增加境外采购的数量，并以此为筹码与境外供应商洽谈，实现采购成本控制目的的采购方式。

准时化采购是指企业或个人在合适的时间、地点，购买数量、质量合适的货品，以消除不必要的存货，并进一步提高存货质量，确保双方获利的采购方式。

双赢型采购是强调供应商、生产商之间的合作关系，为实现两者的共赢寻找平衡点，实现资源和信息共享的采购方式。

拓展知识

ERP 软件的选择

课堂小贴士 3-1

某些国家或地区禁止进口的部分商品种类如表 3-1 所示。

表 3-1　　　　某些国家或地区禁止进口的部分商品种类

国家/地区	商品（英文）	商品（中文）
美国	Hair Dryers	吹风机
	Hoodies & Sweatshirts	儿童帽衫（带有抽绳的儿童帽衫因安全隐患禁止运送）
	Pharmaceutical Machineries	药片压片机、药片数片机
	Laboratory Heating Equipments	实验室加热设备

国家/地区	商品（英文）	商品（中文）
欧盟	Hoodies & Sweatshirts	儿童帽衫（带有抽绳的儿童帽衫因安全隐患禁止运送）
	Laser Pointer/Laser pens	激光笔
	Kitchen Lighters	点火器
	Lighters	打火机
俄罗斯	Lighters	打火机
	Plant Seeds	种子
	Pharmaceutical Machineries	药片压片机、药片数片机
	Laboratory Heating Equipments	实验室加热设备
	Smoking Accessories	烟斗
	Loose Gemstones	裸宝石
	Bow & Arrow	弓箭
澳大利亚	Plant Seeds	种子
	Pharmaceutical Machineries	药片压片机、药片数片机
	Laboratory Heating Equipments	实验室加热设备
加拿大	Walkers	学步车
新加坡	Gun Accessories	枪支配件
	Toy Guns	玩具枪

2．跨境电子商务采购的主要特征

（1）库存周转速度快

跨境电子商务采购要即时响应用户需求，降低库存，加快物流速度和提高库存周转率，使跨境电子商务企业由"为库存而采购"转变为"为订单而采购"。

（2）多批次、小批量、快速响应

跨境电子商务采购要提高库存周转速度，就必须做到多批次、小批量和快速响应。这就对供应商提出了更高的要求，增加了供应商的生产成本。

（3）采购的广泛性

所有的供应商都可以向采购方投标，采购方也可以调查所有的供应商。这样可以扩大供应商范围，产生规模效益。

（4）采购的互动性

在跨境电子商务采购的过程中，采购方与供应商可以通过电子邮件或聊天等方式进行信

微课堂

跨境电子商务采购
的主要特征

息的实时交流，既方便又迅速，而且成本较低。

（5）采购效率高

跨境电子商务采购可以突破时间和空间的限制，有效地收集、处理和应用采购信息。

（6）采购的透明性

跨境电子商务采购公开、公平、公正，杜绝采购过程中的腐败。将采购信息在网站上公开，由计算机根据设定标准自动完成供应商的选择，有利于实现实时监控，使跨境电子商务采购更透明、更规范。

（7）采购流程的标准化

跨境电子商务采购按规定的标准流程进行，可以规范采购行为，规范采购市场，减弱采购过程的随意性。

（8）采购管理向供应链管理转变

采购方可以及时将数量、质量、服务、交货期等信息通过商务网站或 EDI 传送给供应商，并根据需求及时调整采购计划，使供应商严格按要求提供产品。

3.1.2 跨境电子商务采购作业流程

跨境电子商务采购作业流程如下。

1. 市场评估

企业要开发物美价廉、适销对路、具有竞争力的商品，以赢得顾客、占领市场、获取经济效益。在商品开发方面，企业不仅要考虑目标市场的需求和技术上的可能性，还要考虑商品各构成部件的供应成本和供应风险。

2. 企业自制与外购决策

企业所需商品既可以由企业内部供应，也可以通过外购获得。最终如何获得主要由商品是否涉及企业的竞争优势或对企业业务是否重要来决定。与此同时，环境分析结果也会为此提供依据。如果所需商品涉及企业的竞争优势或对企业业务至关重要，而企业又有充足的能力，那么企业可以采取自制方式来实现内部供应。如果商品不涉及企业的竞争优势或对企业业务不是至关重要的，那么企业应尽量采用外购方式，以便将有限的资源集中在主要的经营活动中。

3. 编制采购计划

采购计划是企业进行采购的基本依据，所以企业应该根据采购需求、资金状况、采购时机等编制合理的采购计划并严格执行。

4. 选择供应商

企业可以通过网络将采购计划传输给供应链中的供应商，并要求他们执行。而对于非供应链中的供应商，采购部门可以将提供所需物品的供应商编成一览表，选择质量好、价格低、货物交付及时、服务周到的供应商。

5. 商务谈判

在与供应商进行谈判时，企业要做到知己知彼，明确下列问题：对方希望得到什么？对方的要求是什么？为了使谈判成功，自己能做出怎样的让步？

6. 签订采购合同

谈判成功之后就是签订采购合同，明确双方的权利、义务以及对违规方的处理办法。

7. 商品通关

以我国跨境电子商务进口通关为例，跨境电子商务企业主要采用快件清关、集货清关和备货清关三种模式进行进口通关，完成跨境电子商务采购作业。

课堂小贴士 3-2

进出口货物通关的环节

进出口货物通关分为 5 个基本环节，即申报、查验、征税、放行、结关，具体如下。

1. 申报

申报是指进口货物的收货人、出口货物的发货人或者他们的代理人在进出口货物时，在海关规定的期限内以书面或者 EDI 的方式向海关申报其进出口货物的情况，随附相关货运和商业单证，申请海关审查放行，并对所申报内容的真实性、准确性承担法律责任的行为。

进出口企业向海关申报时必须提供发票、装箱单、提运单、报关单、出口收汇核销单（出口）、进出口批文、减免税证明及加工贸易备案手册等单证。其中，进口货物的收货人或其代理人应自运输工具申报进境之日起 14 日内向海关申报，逾期申报的，由海关按规定征收滞报金。出口货物的发货人除海关特许的外，应当在货物运抵海关监管区后、装货的 24 小时之前，向海关申报。

2. 查验

查验是指海关在接受申报后，依法为确定进出境货物的性质、原产地、货物状况、数量和价值是否与货物申报单上已填报的内容相符，对货物进行实际检查的行政执法行为。海关查验进出口货物时，报关人员必须在场，并按照海关的要求搬移货物、开拆和重封货物的包装等。

3. 征税

征税是指海关根据国家（地区）的有关政策、法规对进出口货物征收关税及进口环节税费的行为。

4. 放行

放行是指海关接受申报，并审核报关单据、查验货物、依法征收税款后，对进出口货物做出结束海关现场监管决定的工作程序。

5. 结关

结关是指对经口岸放行后仍需继续实施后续管理的货物，海关在规定的期限内进行核查，对需要补证、补税的货物做出处理，直至完全结束海关监管的工作程序。

3.1.3 跨境电子商务的采购模式

我国跨境电子商务的采购模式主要有品牌授权代理、经销商采购、散买集货、代理采购、OEM[1]模式下的采购和分销平台采购 6 种，如图 3-1 所示。

---

[1] 原始设备制造商 Original Equipment Manufacturer，简称为"OEM"。

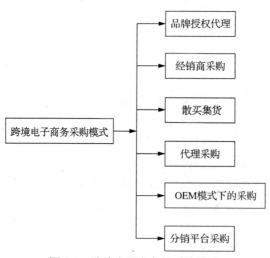

图 3-1　跨境电子商务的采购模式

1. 品牌授权代理

品牌授权代理是指跨境电子商务企业从拥有品牌版权的企业处获得授权，成为其代理商，然后按合同规定，代为运作线上市场的一种采购模式。品牌授权代理是跨境电子商务中避免假货的一个有效途径。例如，美妆商品的渠道和货源问题一直是行业的隐忧，没有品牌的授权，即便直采直邮，仍屡现以次充好的现象。获得品牌商或大型国际零售商授权的跨境电子商务企业，通过直采减少了中间的流通环节，从而获得了较低的采购价格，定价优势大，具备品牌背书，既保证了货源的质量，又保证了货源的稳定性。未来，规模领先的跨境电子商务企业更容易与境外品牌商直接对接，也就更容易拿到一手货源，商品资源分化也将逐步显现。跨境供应链端已经开始由原来存在巨大的信息差变得透明化，跨境电子商务企业和境外货源供应商直接对话的机会正在增多。

2. 经销商采购

经销商采购是指跨境电子商务企业从境外品牌经销/代理商处获取优质货源的采购模式。跨境电子商务企业直接获得品牌方授权的难度较大，因此与境外品牌经销/代理商合作是切实可行的途径。境外品牌经销/代理商在保证境内商品供给充足的情况下，会将商品分拨给跨境电子商务企业。通常经销商渠道的采购价格相对于品牌方直供的价格偏高，有时会出现品牌方不承认商品资质的情况。这种采购模式难以保证商品供应，容易导致卖方市场的出现，从而在价格和货源稳定性上对采购端形成冲击，增加采购成本。为了甄别商品品质，很多跨境电子商务企业采用"聚焦战略"，即专注于几个国家或地区，锁定可靠的渠道。另外，也有的跨境电子商务企业从品牌方的境内总代分销商处采购。

3. 散买集货

散买集货是指跨境电子商务企业在没有能力和国际品牌商直接合作，拿不到代理权限和找不到上级渠道，只能选择"最末端包抄"时，从境外小批发商或零售商处买货的采购模式。这种采购模式增加了成本，拉长了周期。只有在缺口较大或临时性采购时，企业才会采用这种采购模式。散买集货要求跨境电子商务企业在当地有一定的人脉、仓库及资金等资源，不限于厂家拿货、渠道批发等途径。对于箱包服饰等轻奢类商品，跨境电子商务企业可组建境外精英买手团队，积累进货经验，掌握境外市场运作模式，与经销商建立合作关系，及时以促销价锁定"爆款"。

4. 代理采购

代理采购又称跨境进口供应链 B2B 供货。这类采购模式多被上市公司、国际物流企业和转型的跨境电子商务企业采用，其要求采购方资金雄厚，集中体现为批量采购货物。在早期传统贸易中，代理采购方熟悉贸易规则和境外渠道或货源，在转运供货中积累了资源。代理采购方具有如下特点：一是采购能力强，积累了丰富的上游资源，可以保证正品质量，完成代理谈判、采购计划、快速补单、规模集采、订单履行等工作；二是代理品牌有一定知名度，是境外二三线品牌分销商，因此能降低提高和建立品牌知名度和分销网络的成本；三是物流执行效率高，可打通从境外到境内终端的资料备案、报关检疫、打包代发、物流仓储、配送等所有环节，满足单品小批量发货需求，降低下游库存。例如，海豚供应链主要为中小型跨境电子商务企业提供正品进口货源，以及商品采购和代理发货服务，拥有多个海外仓及保税仓，自建欧美采购中心。由于业态延展性强、现金流水惊人，B2B 供应链服务正受到跨境电子商务企业的持续关注。

5. OEM模式下的采购

OEM 模式是指一家公司（委托方）将产品的设计、生产和组装环节的工作外包给另一家公司（代工方）来完成。

OEM 模式下的采购的特点如下。

（1）小批量、多批次：由于市场多变，商品更新速度快，品种繁杂，因此订单大都表现为小批量、多批次。

（2）交货期短：由于品牌商客户多是短期消费行为，所以客户要求的交货期通常都很短。

（3）商品质量要求差异大：即使是对同一个商品，每个客户的要求也可能是不同的，因而不方便进行规模化采购。

（4）很难设置库存：由于商品会有更新，客户也可能有更替，不通用的物料不方便设置库存，否则会造成呆料，给仓储部门带来压力。

6. 分销平台采购

分销平台采购是中小型电子商务企业采用的，在分销平台获得零库存、零成本的供应链支持，将跨境贸易的风险降到最低的采购模式。由于境外采购的保税门槛较高，规模较小的电子商务企业虽然想发展跨境电子商务，但因自身渠道、资源等的限制，无法开展此项业务。分销平台采购在跨境电子商务的环境下，打破了时间、地域的限制，依托互联网建立销售渠道，不仅能满足中小型跨境电子商务企业追逐红利的需求，还能帮助其扩大分销渠道、丰富商品形态、对接境外市场。

分销平台采购模式主要有大商家旗下的分销平台采购、物流商旗下的分销平台采购、软件服务商旗下的分销平台采购 3 种形式。

课堂实训活动3-1

活动题目：韩国牙膏的采购作业
活动步骤：
1. 对学生进行分组，每个小组 3~5 人，以小组为单位进行讨论；
2. 绘制韩国牙膏采购作业流程图；
3. 每个小组将讨论结果做成 PPT，派 1 名代表进行演示；
4. 教师给予评价。

3.2 跨境电子商务采购管理与成本控制

3.2.1 跨境电子商务采购管理

跨境电子商务采购管理是跨境电子商务企业战略管理的重要组成部分，其目的是保证跨境电子商务的供应，满足生产经营的需要。跨境电子商务采购管理既包括对采购活动的管理，也包括对采购人员和采购策略的管理。

1. 选品策略

选品即选择要卖的商品。选品决定了跨境电子商务企业的运营方向，是跨境电子商务业务中非常重要的一个环节。跨境电子商务的选品策略主要有以下 4 种。

（1）目标市场调研

市场分为蓝海市场和红海市场两种。红海市场是指竞争激烈、竞争对手众多、利润空间有限的市场。蓝海市场是指竞争程度较低、需求和利润空间较大的市场。企业在选品时要尽量避开红海市场，寻找蓝海市场。

商品包含核心商品、有形商品、附加商品、期望商品和潜在商品 5 个层次，如图 3-2 所示。跨境电子商务企业可以研究"爆款"商品的期望商品和潜在商品层次，寻找市场空白，开发新品。例如，企业对于 eBay 平台上热卖的一款蓝牙耳机，通过分析该"爆款"商品的用户评价，发现很多用户反馈其电池容量不足。从期望商品层次分析，该"爆款"商品在电池容量上没有满足用户的期望。因此，企业可以开发电池容量更大的升级版耳机来吸引原本要购买这款耳机但苦于电池容量不足的用户。

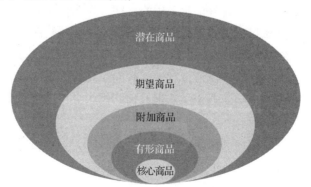

图 3-2　商品的 5 个层次

（2）商品趋势分析

① 以跨境电子商务平台作为搜索平台确定热销商品。进入跨境电子商务平台，输入某个关键词，之后搜索框内就会出现"热门搜索"关键词，再结合第三方数据工具就可以确定热销商品。

② 浏览境外网站选择热销商品。浏览境外相关行业的网站，确定热销商品。例如，通过 Google 搜索境外相关行业的网站，单击进入热销排行榜，可查看热销商品，需特别关注新商品。

③ 社交媒体热词。跨境电子商务的核心是抓住终端顾客。现在市场需求信息最大的聚集地就是社交媒体。跨境电子商务企业应该培养参与境外社交媒体的习惯和兴趣，关注社交媒体的热词，了解社交媒体中谈论较多的款式和品类，通过社交媒体抓住真正的市场风向。

（3）商品生命周期

商品生命周期（Product Life Cycle）指商品从投入市场到更新换代，再到退出市场所经历的全过程，一般分为导入期、成长期、成熟期、衰退期 4 个阶段。

跨境电子商务企业在选品时，还需要考虑商品生命周期。建议跨境电子商务企业在商品的成长期进入市场，因为在导入期，顾客对商品不太了解，销量低，扩展销路需要大量的促销费用；而在成熟期和衰退期，销售额增长缓慢甚至转为下降，竞争激烈，利润空间有限。

跨境电子商务企业可以通过销售历史、价格趋势和排名趋势来了解商品所处的生命周期。例如，一款商品的价格越来越低，排名也越来越低，销售历史显示上一年才有交易记录，说明该款商品已经步入衰退期了。

（4）商品组合策略

每个跨境电子商务企业不可能只出售一件商品，因此在选品的时候要有商品组合思维。商品组合策略主要有以下两种。

① 确定店铺的引流款和利润款商品。引流款商品即为店铺提供流量的商品，其曝光度高，点击率高，利润一般比较低，不是跨境电子商务企业利润的主要来源。建议每间店铺设置 5 件左右的引流款商品，将期望利润率设置为 0～1%。利润款商品即能为店铺提供利润的商品，该类商品流量不多，但是利润高，预留折扣空间应设置为 5%～20%。商家采用这种组合方式时，需要做好引流款商品与利润款商品的关联销售。

② 捆绑销售。以 eBay 平台上销售很火爆的一款游戏机为例，该款游戏机的单价是 20～35 美元。部分商家将该款游戏机的配件（包括充电器、游戏卡、配件等）组合在一起售卖，经过组合系列低价的配件后，商品单价达到了 55 美元。便捷、实惠的优势往往能够吸引大量用户，因此售卖这类组合商品的跨境电子商务企业通常能赚取可观的利润。

2．跨境供应商管理

（1）跨境供应商的分类

根据供应商提供的商品和服务在跨境电子商务采购环节的影响程度以及供应商本身在行业和市场中竞争力的高低，跨境供应商一般可以分为普通供应商、竞争性供应商和有影响力的供应商 3 类。

① 普通供应商。普通供应商是指那些为企业或组织提供产品或服务，但在某些方面并

不具有特殊优势或特色的供应商。比较适宜的管理方法是与普通供应商签订短期协议。

② 竞争性供应商。竞争性供应商的商品和服务在某一方面具有专有性、特殊性、难以替代性，属于低价值的商品和服务，在整个采购总量中所占的比重相对较低。

③ 有影响力的供应商。有影响力的供应商对于跨境电子商务企业来说通常具有较大的增值作用。这类供应商的商品具有较高的增值率，或者处于某个行业的较高地位，其他供应商想要进入较难。由于此类供应商的商品通常已经建立了质量和技术标准，对于跨境电子商务企业而言，合理的管理方法主要包括根据需求形成采购规模和签订长期协议。跨境电子商务企业与这类供应商建立合作关系，重点在于降低成本和保证材料的可获得性。

（2）跨境供应商选择

跨境供应商选择是指跨境电子商务企业对现有的跨境供应商和准备发展的跨境供应商进行大致的选择，把不符合标准的跨境供应商排除在外的过程。从狭义上讲，跨境供应商选择是指跨境电子商务企业在研究了所有供应商的建议书和报价之后，选出一个或几个跨境供应商的过程。从广义上讲，跨境供应商选择包括跨境电子商务企业从确定需求到最终确定跨境供应商及评价跨境供应商的整个过程。

大多数跨境电子商务企业选择跨境供应商遵循的基本准则是"Q.C.D.S"原则，也就是质量（Quality）、成本（Cost）、交付（Delivery）与服务（Service）相结合的原则。

选择跨境电商
供应商遵循的原则

① 质量原则。在跨境供应商选择应遵循的原则中，质量原则是最重要的。在质量方面，主要考察跨境供应商控制质量的能力、稳定质量体系的能力。跨境电子商务企业不仅要确认跨境供应商是否具有一套稳定、有效的质量保证体系，还要确认跨境供应商是否具有生产特定商品所需的设备和工艺。

② 成本原则。跨境电子商务企业要运用价值工程的方法对涉及的商品和服务进行成本分析，并与跨境供应商商议双赢的价格以节约成本。此外，跨境电子商务企业还要从跨境供应商的核算能力、稳定能力上看是否有降价的空间。

③ 交付原则。跨境电子商务企业一要看跨境供应商的交付能力，二要看跨境供应商在意外情况下的紧急供货能力。同时，跨境电子商务企业还要了解跨境供应商是否拥有足够的生产能力、是否有充足的人力资源、有没有扩大产能的潜力。

④ 服务原则。跨境供应商的售前、售后服务也是非常重要的考虑因素。

在跨境供应商选择的流程中，跨境电子商务企业要对特定的细分市场进行竞争分析，了解谁是市场的领导者、目前市场的发展趋势如何、各大跨境供应商在市场中如何定位，从而对潜在供应商有一个大概的了解。

3. 跨境电子商务的采购决策

（1）采购决策的作用

跨境电子商务企业在经营活动中面临着大量的决策问题，这也是管理者花费时间和精力最多的工作之一。科学的决策可以帮助企业把握正确的经营方向，趋利避害，扬长避短，对增强跨境电子商务企业的生存和竞争能力具有积极的作用。采购决策除了具有规避风险、增强活力等作用外，还具有以下重要作用。

① 实现准时制采购。准时制采购是一种基于供应链管理思想的先进采购管理模式。跨境电子商务企业的准时制采购就是只在需要的时候（既不提前，也不延迟），按需要的数量，将企业生产所需要的合格的原材料、外购件或产成品采购回来。跨境电子商务企业只有采用合理的采购决策才能使准时制采购成为可能。

② 提高经济效益。在商品的规格、质量以及相关服务等一定的情况下，准确采购可降低进价，减少库存，增强跨境电子商务企业的竞争力。采购活动受到诸多因素的影响，这些因素之间存在特定的关系，任何因素处理不好，都可能影响经济效益的提高，而正确处理这些影响因素的前提是制定合理的采购决策。

③ 优化采购活动。为了保证实现各项目标，跨境电子商务企业必须优化采购活动，实现采购方式、采购渠道、采购过程的最佳化和采购资源的最佳配置。显然，优化采购活动必须对采购活动涉及的诸多重大问题进行科学的谋划，做出最佳的选择。没有科学的采购决策就不可能产生理想的采购活动。

拓展知识

采购决策的特点

（2）采购决策方法

采购决策方法有很多，既有定量的方法，也有定性的方法。这里结合跨境电子商务采购工作的实际情况，介绍两种采购决策方法。

课堂小案例 3-1

福特汽车公司：配置全球资源的策略

福特汽车公司目前大约有60%的成本是原材料和零部件的采购成本。在全球资源配置中，福特汽车公司主要在加拿大、日本、墨西哥、德国、巴西及其他一些国家和地区进行原材料和零部件的采购。福特汽车公司在全球范围的采购已经有很长的历史了，从20世纪70年代开始，福特汽车公司注重评价全球范围内的供应商，以获得一流的质量、较低的成本和较先进的技术提供者。福特汽车公司致力于将这种策略扩展成集成化的"福特2000"采购战略，它的目标是创建一个适合全球制造的汽车生产环境，使零部件的设计、制造、采购以及组装都在全球范围内进行。为此，福特汽车公司建立了一个"日报交货"系统并将其应用于它的17个分厂中。该系统反映了各厂每天生产原材料大致的需求量。

尽管福特汽车公司不要求世界各地的供应商在美国开设仓库，但是能否从当地仓库实现准时供货仍然是福特汽车公司评价选择供应商的关键标准。这也是决定福特汽车公司全球资源配置成功与效率的关键所在。福特汽车公司与供应商保持紧密合作，并在适当的时候根据不同地区及公司的不同需求，为供应商提供一定的技术培训。一般而言，发达地区的供应商需要的技术支持比不发达地区的供应商少。不少国外供应商都与福特汽车公司在工程、合作设计等方面保持良好的合作关系。因此，对于很多关键部件，福特汽车公司都有当地供应商提供的有力技术支持，其与全球供应商之间的技术交流困难也得到了缓解。

案例小思考：在采购决策中，进行跨境供应商选择决策要考虑哪些标准？

思考解析要点：质量原则、成本原则、交付原则、服务原则。

① 采购人员估计法。

采购人员估计法是召集一些采购经验丰富的采购人员，征求其对某一决策问题的看法，然后将其意见综合起来，形成决策结果的一种方法。

【例 3-1】某跨境电子商务企业计划采购儿童帽衫，需先预测儿童帽衫的采购量，特召集小张、小李两名采购人员，征求他们对采购量的建议。小张、小李的采购预测结果如表 3-2 所示。请根据小张、小李两名采购人员的预测，为下月儿童帽衫的采购量做出决策。

表 3-2   采购预测表

采购人员	可采购数量/件		概率
小张	最低采购量	800	0.4
	最可能采购量	1 000	0.4
	最高采购量	1 200	0.2
小李	最低采购量	1 200	0.3
	最可能采购量	1 500	0.2
	最高采购量	2 000	0.5

解：

第一步，根据公式 $E=PQ$，求出采购人员小张、小李的采购期望值。其中，E 代表采购期望值，P 代表概率，Q 代表可采购数量。

小张：$E_1=0.4×800+0.4×1\,000+0.2×1\,200=960$（件）

小李：$E_2=0.3×1\,200+0.2×1\,500+0.5×2\,000=1\,660$（件）

第二步，综合两人意见。

采购量：$(E_1+E_2)÷2=（960+1\,660）÷2=1\,310$（件）

综合两名采购人员的意见，可以预测下月儿童帽衫的采购量为 1 310 件。

【变式仿学 3-1】

某跨境电子商务企业计划采购口红，需先预测口红的采购量，特召集小郭、小刘、小赵 3 名采购人员，征求他们对采购量的建议。小郭、小刘、小赵的采购预测结果如表 3-3 所示。请根据小郭、小刘、小赵 3 名采购人员的预测，为下月口红的采购量做出决策。

表 3-3   采购预测表

采购人员	可采购数量/支		概率
小郭	最低采购量	900	0.4
	最可能采购量	1 100	0.4
	最高采购量	1 200	0.2
小刘	最低采购量	1 000	0.3
	最可能采购量	1 300	0.2
	最高采购量	2 000	0.5
小赵	最低采购量	1 300	0.3
	最可能采购量	1 600	0.3
	最高采购量	2 400	0.4

② 期望值决策法。

期望值决策法是根据历史资料做出决策，通过计算各方案的期望值，选择期望值高的方案为最优方案的一种方法。

【例 3-2】某家蔬菜电子商务企业在冬季销售一种蔬菜：每盒进价为 15 元，售价为 25 元；若当天卖不出去，第二天则降价处理，每盒只能卖 5 元。具体销售情况如表 3-4 所示。试为该企业的进货批量做出采购决策。

表 3-4　　　　　　　　　　　　　　　销售情况

日销量/盒	30	40
达成日销量的天数/天	28	84

解：

第一步，分别求出日销 30 盒与 40 盒的概率。

日销 30 盒的概率=28÷（28+84）=0.25

日销 40 盒的概率=84÷（28+84）=0.75

第二步，编制收益表，如表 3-5 所示。

表 3-5　　　　　　　　　　　　　　　收益表

日销量/盒	30	40
概率	0.25	0.75
日进 30 盒的收益值/元	300	300
日进 40 盒的收益值/元	200	400

温馨提示：收益表计算的相关公式

1. 销售总收入=当天售出盒数×售价+未售出盒数×降价处理售价

2. 收益值=当天售出盒数×（售价-进货成本）-未售出盒数×（进货成本-降价处理售价）

第三步，分别求出日进 30 盒和日进 40 盒的期望值。

日进 30 盒的期望值 E_1=0.25×300+0.75×300=300（元）

日进 40 盒的期望值 E_2=0.25×200+0.75×400=350（元）

第四步：做出决策，选择最佳采购方案，$E_2 > E_1$，因此日进 40 盒为最佳采购方案。

【变式仿学 3-2】

某家水果电子商务企业在冬季销售一种水果：每盒进价为 30 元，售价为 50 元；若当天卖不出去，第二天则降价处理，每盒只能卖 15 元。具体销售情况如表 3-6 所示。试为该企业的进货批量做出采购决策。

表 3-6　　　　　　　　　　　　　　　销售情况

日销量/盒	35	56	80
达成日销量的天数/天	20	30	40

3.2.2 跨境电子商务采购成市控制

跨境电子商务企业应对采购环节中的诸要素进行科学的规范和有效的管理，通过确定最优性价比做出采购决策，实现减少采购支出、提高采购效率、扩展利润空间、提升经济效益的目的。下面讲解 ABC 分类法、经济订货批量法、按需订货法、定量采购控制法和定期采购控制法等跨境电子商务采购成本控制方法。

 课堂思考

跨境电子商务采购成本包含哪些内容？

答案要点提示：与跨境电子商务采购有关的商品买价、采购管理成本、物流费用等。

---

1. ABC分类法

（1）ABC 分类法的定义

ABC 分类法是指将采购库存的所有物资，按照全年货币价值从大到小排序，并划分为 A 类、B 类和 C 类 3 类。A 类物资价值最高，受到高度重视；处于中间的 B 类物资受重视程度稍低；C 类物资价值低，仅进行例行控制管理。跨境电子商务企业利用 ABC 分类法可以更好地预测采购量、降低对供应商的依赖程度及减少库存方面的投资。

（2）ABC 分类法的划分标准

ABC 分类法的划分标准及各级物资在总消耗金额中应占的比重没有统一的规定，要根据企业、各仓库的库存品种的具体情况和企业经营者的意图来决定。但是根据众多企业运用 ABC 分类法的经验，一般可按各级物资在总消耗金额中的比重来划分级别，示意图如图 3-3 所示。

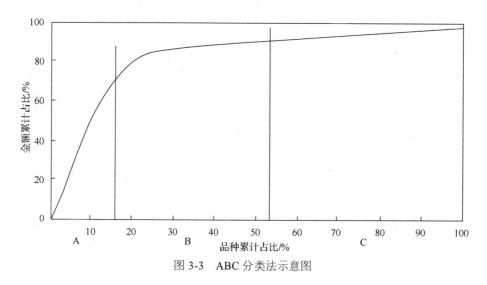

图 3-3　ABC 分类法示意图

〽️ **课堂小贴士 3-3**

ABC 分类法的基本法则如表 3-7 所示。

表 3-7 　　　　　　　　　　　　　　　　　ABC 分类法的基本法则

基本法则	具体内容
控制程度	1. 对 A 类物资尽可能严加控制。 2. 对 B 类物资进行正常控制。 3. 对 C 类物资进行最简单的控制
采购记录	1. 对 A 类物资进行准确、完整与详细的记录，频繁或实时地更新记录。 2. 对 B 类物资进行正常记录、成批更新等。 3. 对 C 类物资进行简单记录，成批更新
优先级	1. 对 A 类物资给予高优先级，压缩其提前期并减少库存。 2. 对 B 类物资进行正常处理，仅在关键时给予高优先级。 3. 对 C 类物资给予低优先级
订货过程	1. 对 A 类物资，确定详细、准确的订货量。 2. 对 B 类物资，在每季度或发生主要变化时进行一次经济订货批量与订货点计算。 3. 对 C 类物资，不要求做经济订货批量或订货点计算，存货还相当多时就按上一年的供应量进行订货

（3）ABC 分类法的具体应用

使用 ABC 分类法进行库存分析一般包括以下 5 个步骤。

第一步，收集、整理并计算相关数据

第二步，制作 ABC 分类表

第三步，根据计算结果确定分类

第四步，绘制相应的 ABC 分析图

第五步，进行结果分析。

ABC 分类法的具体应用详见【例 3-3】。

【例 3-3】A 海外仓的仓储部文员在系统中公布了近一个月的家居小商品进出货流水账。与此同时，采购部向供应商 B 百货有限公司订货，需要收货组、叉车组等配合做好收货准备。经查询可知，B 百货有限公司的商品属于百货类别，海外仓的仓储主管需要安排人员对近一个月（5 月 3 日—5 月 30 日）商品进出货流水账报表中的百货类别进行分类，根据分类结果对入库商品进行合理的储位安排。经过对商品进出货流水账的数据筛选，A 海外仓得到的百货类别商品的相关数据如表 3-8 所示。请使用 ABC 分类法进行分析。

表 3-8 　　　　　　　　　　　　　　　　　百货类别商品的相关数据

序号	商品名称	出库量/件	品项数
1	棉签	353	1
2	特厚抽绳垃圾袋	7 450	1
3	木浆抽纸	52 707	1
4	居家加厚洗碗布	7 624	1
5	免打孔浴室置物架	32 753	1
6	强力挂钩	54 601	1

续表

序号	商品名称	出库量/件	品项数
7	天然木浆洗碗棉	648	1
8	搓澡巾	23 701	1
9	一次性手套	5 550	1
10	海绵拖布头	58 992	1
11	洁厕宝	11 882	1
12	马桶坐垫	4 830	1
13	布魔百洁布	1 021	1
14	无痕鱼鳞抹布	685	1
15	中号保鲜袋	721	1
16	食品保鲜膜	3 301	1
17	多功能花洒	6 055	1
18	小鹿牙线	39	1
19	粘毛器	2 283	1
20	钢丝球	344	1
	合计	275 540	20

使用 ABC 分类法的步骤如下。

A. 收集、整理并计算相关数据。

先将表 3-8 中的商品数据按照出库量从大到小依次排序，再分别计算每种商品近一个月的出库量占总出库量的百分比和累计百分比，最后计算出每种商品的品项数占总品项数的百分比和累计百分比。

B. 制作 ABC 分类表。

根据案例背景，对商品的储位安排是根据近 1 个月的出库量进行的，出库量越大的商品会安排在越方便快捷的储位，因此该 ABC 分类表应包括商品名称、出库量、出库量百分比、出库量累计百分比、品项数百分比、品项数累计百分比及分类等 7 栏内容（见表 3-9）。

C. 根据计算结果确定分类。

观察表 3-9 中的计算结果，将出库量累计百分比为 0～72.24%、品项数累计百分比为 0～20%的商品归为 A 类，出库量累计百分比为 80.84%～94.84%、品项数累计百分比为 25%～50%的商品归为 B 类，其余归为 C 类。

表 3-9　　　　　　　　　　ABC 分类表

商品名称	出库量/件	出库量百分比/%	出库量累计百分比/%	品项数百分比/%	品项数累计百分比/%	分类
海绵拖布头	58 992	21.41	21.41	5.00	5.00	A 类
强力挂钩	54 601	19.82	41.23	5.00	10.00	
木浆抽纸	52 707	19.13	60.36	5.00	15.00	
免打孔浴室置物架	32 753	11.89	72.25	5.00	20.00	

续表

商品名称	出库量/件	出库量百分比/%	出库量累计百分比/%	品项数百分比/%	品项数累计百分比/%	分类
搓澡巾	23 701	8.60	80.85	5.00	25.00	
洁厕宝	11 882	4.31	85.16	5.00	30.00	
居家加厚洗碗布	7 624	2.77	87.93	5.00	35.00	B 类
特厚抽绳垃圾袋	7 450	2.70	90.63	5.00	40.00	
多功能花洒	6 055	2.20	92.83	5.00	45.00	
一次性手套	5 550	2.01	94.84	5.00	50.00	
马桶坐垫	4 830	1.75	96.59	5.00	55.00	
食品保鲜膜	3 301	1.20	97.79	5.00	60.00	
粘毛器	2 283	0.83	98.62	5.00	65.00	
布魔百洁布	1 021	0.37	98.99	5.00	70.00	
中号保鲜袋	721	0.26	99.25	5.00	75.00	C 类
无痕鱼鳞抹布	685	0.25	99.50	5.00	80.00	
天然木浆洗碗棉	648	0.24	99.74	5.00	85.00	
棉签	353	0.13	99.87	5.00	90.00	
钢丝球	344	0.12	99.99	5.00	95.00	
小鹿牙线	39	0.01	100.00	5.00	100.00	
合计	275 540	100	—	100	—	—

D. 绘制相应的 ABC 分析图（见图 3-4）。

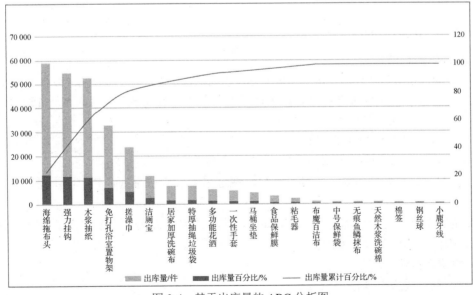

图 3-4　基于出库量的 ABC 分析图

E. 结果分析。

根据以上数据及图表可知，A类商品出库数量较大，为了提高订单的拣选速度、优化拣选路径、提高出库效率，应当将该类商品放置在离出入口和通道最近的货位，在同一货架上应当将其放置在最容易拿到的货位，并且要及时检查库存量，避免缺货造成的损失；C类商品出库量最小，可推测出其近期的出库频率较低，应当将其放置在货位中离出入口和通道较远的货位，对于多层货架，将其安排在较高处较为合理；B类商品的货位介于A类与C类之间即可。

2. 经济订货批量法

（1）经济订货批量法的含义

经济订货批量（Economic Order Quantity，EOQ）法是指按使订单处理成本和存货成本最小的订货批量（按单位数计算）进行订货的一种方法。订单处理成本包括使用计算机的时间成本、处理订货表格的时间成本、新到商品的处置费用等。存货成本包括仓储成本、存货投资成本、保险费、税收、货物变质及失窃造成的损失等。无论订单规模，跨境电子商务企业都可采用经济订货批量法。订单处理成本随每次订货数量的增加而下降，而存货成本随每次订货数量的增加而增加（因为有更多的商品必须作为存货保管，且平均保管时间也更长）。将这两种成本相加即可得到总成本。

由于需求、价格、数量、折扣及订单处理成本和存货成本等方面经常发生变化，因此我们必须经常修订经济订货批量。

（2）经济订货批量计算

经济订货批量的计算公式为：

$$EOQ = \sqrt{\frac{2 \times 一定时期的需求量 \times 单位订货成本}{库存管理费率 \times 单价}}$$

【例3-4】 亚马逊某数码店铺估计每季度能销售12 000台手机。这些手机每台成本为3 500元。损坏费用、保险费、呆账及失窃等费用占手机成本的9%，单位订货成本为100元，那么其经济订货批量的计算如下：

$$EOQ = \sqrt{\frac{2 \times 12\,000 \times 100}{0.09 \times 3\,500}} \approx 87 （台）$$

【变式仿学3-3】

全球速卖通某店铺估计每季度能销售13 500个电动剃须刀。每个电动剃须刀成本为600元。损坏费用、保险费、呆账及失窃等费用是刮胡刀成本的10%。单位订货成本为150元。请问这种刮胡刀的经济订货批量是多少？

（3）经济订货批量法的适用范围

经济订货批量法的适用范围如下。

① 企业需要采购的商品是成批的，可以通过采购或制造得到补充，而不是连续地生产出来的。

② 企业需要采购的商品销售或使用的速率是均匀的，而且同该商品的正常生产速率相比较低，因而产生显著数量的库存。

3. 按需订货法

（1）按需订货法的概念

按需订货法是一种订货技术，是指生成的计划订单在数量上等于每个时间段的净需求量，从而有效避免采购过多或采购不足导致采购成本增加的一种方法。

（2）净需求量的计算公式

净需求量的计算公式为：

$$净需求量=订单需求量-（现有库存量+在途采购量）$$

【例3-5】亚马逊某童装店铺的订单需求量情况如表3-10所示。

表3-10　　　　　　　　　　　　亚马逊某童装店铺的订单需求量情况

订单名称	商品名称	需要量/件	下单时间	交货时间
WZ1214	连体睡衣	1 800	2 月 5 日	2 月 27 日
WZ1235	口水巾	700	2 月 5 日	2 月 27 日
QW2325	四季包屁衣	2 500	2 月 5 日	2 月 27 日

该童装店没有生产线，因此所有商品需要外购。目前，相关商品的库存量为：连体睡衣1 500件、口水巾900件、四季包屁衣2 000件，则净需求量的相关计算如下。

1. 连体睡衣需求量

WZ1214订单（1 800件）-目前库存量（1 500件）=300件，因此连体睡衣的净需求量是300件。

2. 口水巾需求量

WZ1235订单（700件）-目前库存量（900件）=-200件，因此没有必要实施口水巾采购。

3. 四季包屁衣需求量

QW2325订单（2 500件）-目前库存量（2 000件）=500件，因此四季包屁衣的净需求量是500件。

上面的例子比较简单，在实际操作中，订单每时每刻都在增加，采购需求也在不断变化。实施按需订购是应对复杂情况的一种比较科学的方式。

【变式仿学3-4】

全球速卖通某店铺的订单需求量情况如表3-11所示。

表3-11　　　　　　　　　　　　全球速卖通某店铺的订单需求量情况

订单名称	商品名称	需要量/件	下单时间	交货时间
QA3476	手机链	1 000	2 月 1 日	2 月 8 日
QA8594	手机支架	500	2 月 1 日	2 月 8 日
QS3729	手机膜	2 000	2 月 1 日	2 月 8 日
QW2874	手机壳	4 000	2 月 1 日	2 月 8 日

该店铺没有生产线，因此所有商品需要外购。目前，相关商品的现有库存量为手机链1 500件、手机支架300件、手机膜2 500件、手机壳150件，在途采购量均为10件，计算各商品的净需求量。

（3）实施按需订货法的前提

为了保证数据的准确性，实施按需订货法需要满足以下两个前提。

① 库存数据必须准确。采购需求量是订单总需求量与库存量的差值。订单总需求数据是来自订单的直接数据，而库存数据来自企业仓储内部。库存数据的准确性不高是目前大多数企业的一个弱点。企业利用良好的仓库管理技术，可以保证库存数据的准确性。

② 确定采购阶段时间。实施按需订货法必须确定采购阶段时间，也就是常说的采购周期。

4. 定量采购控制法

（1）定量采购控制法的定义

定量采购控制法是指当库存量下降到预定的最低库存数量（采购点）时，按规定数量（一般以经济订货批量为标准）进行补充采购的一种采购成本控制法。定量采购控制法常用于零售企业。

（2）定量采购控制法的优点

① 及时掌握库存量。由于每次订货之前都要详细检查和盘点库存（看是否降到经济订货点以下），因此企业能及时了解和掌握商品库存的状况。因为每次订货数量固定，且是预先确定好的经济订货批量，所以该方法操作简便。

② 保证流动资金。由于企业定量采购商品不会一次性积压太多资金，从而保证了现金流的畅通。

（3）定量采购控制法的缺点

① 存货成本高。企业需要经常对商品进行检查和盘点，工作量大且需花费大量时间，从而增加了存货成本。

② 订货成本和运输成本高。该方式要求企业对每个品种单独进行订货作业，这样会增加企业订货成本和运输成本。定量采购控制法适用于品种少且占用资金大的商品。

（4）定量采购控制法的实施

企业采用定量采购控制法进行采购管理时必须预先确定订货点和订货量。

① 订货点。订货点的确定主要取决于每年的需求量和订货/到货间隔时间这两个要素。在每年的需求量固定和订货/到货间隔时间不变的情况下，不需要设定安全库存。订货点的计算公式为：

$$订货点=订货/到货间隔时间×每年的需求量÷365$$

当每年的需求量发生变动或订货/到货间隔时间非固定时，订货点的确定方法则较为复杂，且往往需要安全库存。

② 订货量。订货量通常通过经济批量法来确定，即以总库存成本最低时的经济订货批量为每次的订货数量。

5. 定期采购控制法

（1）定期采购控制法的含义

定期采购控制法是按预先确定的订货间隔进行采购以补充库存的一种方法。企业根据过去的经验或经营目标预先确定一个订货间隔期，每经过一个订货间隔期就订货，每次订货数量都不同。在定期采购控制法下，库存按特定的频率盘点，如每周一次或每月一次。零售企业常采用定期采购控制法。

（2）定期采购控制法下的订购量

在定期采购控制法下，不同时期的订购量不尽相同。这时，订购量主要取决于各个时期采购商品的使用率。定期采购控制法一般比定量采购控制法要求更高的安全库存。定量采购是对库存进行连续盘点，一旦库存水平到达再订购点，立即进行订购。标准的定期采购是仅在盘点期进行库存盘点。这样有可能在刚订完货后就出现由于大批量的需求而使库存降至零的情况，而这种情况只有在下一个盘点期才会被发现，新订的货需要一段时间才能到达。这样一来，企业有可能在整个盘点期和提前期都缺货。因此，安全库存应当保证在盘点期和提前期都不缺货。

（3）定期采购控制法的优点

① 控制库存。只要订货周期控制得当，既可以不造成缺货，又可以控制最大库存，从而降低采购成本，达到控制成本的目的。

② 降低运输成本。由于订货间隔期确定，因此对多种商品可同时采购。这样不仅可以降低订单处理成本，还可以降低运输成本。

③ 节省盘查费用。这种方法不需要经常盘点库存，可节省相应的费用。

（4）定期采购控制法的缺点

① 不能掌握库存动态。由于在定期采购控制法下不需要经常检查和盘点库存，企业就不能及时掌握商品的库存动态，遇到突发性商品需求时，就容易出现缺货现象，造成损失。因此，企业为了应对订货间隔期内的突然需求，往往会保持较高的库存水平。

② 耗用流动资金。一旦采购数量少、占用资金多的商品，企业的流动资金就会变得紧张。

（5）定期采购控制法的实施

① 适用范围。定期采购控制法仅适用于数量大、占用资金较少的商品。

② 计算订货量。订货量需根据采购周期变换情况进行调整。例如，根据自然日历习惯，以月、季、年等来确定采购周期；根据供应商的生产周期或供应周期进行调整等。

课堂小贴士 3-4

定量采购控制法和定期采购控制法的区别

1. 适用商品不同

定量采购控制法适用于品种数量少、平均占用资金多、需重点管理的 A 类商品；而定期采购控制法适用于品种数量大、平均占用资金少、只需一般管理的 B 类、C 类商品。

2. 对商品的控制程度不同

定量采购控制法对商品库存的控制比较松，检查较少；定期采购控制法需要经常检查商品库存，对库存的控制较严。

3. 订货批量不同

定量采购控制法的订货批量较小，定期采购控制法的订货批量较大。

定期采购控制法的公式为：

$$订货量 = 最高库存量 - 现有库存量 - 订货未到量 + 消费者延迟购买量$$

课堂实训活动3-2

活动题目： 法国美妆产品采购成本优化与控制
活动步骤：

1. 对学生进行教学分组，每个小组3～5人，以小组为单位进行讨论；
2. 使用ABC分类法对法国美妆产品采购成本进行优化与控制，并将结果填入表3-12；
3. 每个小组将讨论结果形成PPT，派1名代表进行演示；
4. 教师给予评价。

表 3-12　　　　　　　　　　　　法国美妆产品采购成本控制表

基本法则	具体内容
控制程度	
采购记录	
优先级	
订货过程	

操作重点

- 本章操作重点为跨境电子商务采购管理与成本控制。

技能实训

跨境电子商务商品采购

【实训目的】
（1）能够熟练掌握跨境电子商务的采购流程。
（2）能够运用选品策略适当选品，并且选择合适的供应商。

【实训内容】
（1）查询并选择需要进行采购的商品，并且选择合理的供应商。
（2）制订合理的采购计划，并依据计划进行采购。

【实训步骤】
（1）搜索相关信息。可以通过跨境电子商务平台进行搜索选品，如利用全球速卖通、Wish等进行选品。
（2）登录这些网站或App，查看相关产品信息，分析采购成本和选择合适的供应商。

【实训成果与检测】

成果要求

（1）提交案例讨论记录：每个小组 3 名学生，设组长 1 名、记录员 1 名。每个小组必须有小组讨论、工作分工的详细记录，该记录会被作为考核的依据。

（2）能够在规定的时间内完成相关讨论，学习团队合作方式，撰写总结。

评优标准

（1）上课时能积极配合教师，能独立思考、踊跃发言。

（2）能认真阅读案例、积极参加小组讨论、拓宽分析问题的思路。案例分析基本完整，能结合所学理论知识解答问题。

（3）团队配合意识较好，积极参加小组活动，分工合作表现较好。

复盘反思

1. 知识盘点：通过对本章的学习，你掌握了哪些知识？请画出思维导图。

2. 方法反思：在完成本章的知识与实训学习后，你学会了哪些分析和解决问题的方法？

3. 行动影响：在完成本章知识与实训学习的过程中，你认为自己还有哪些地方需要改进？

第4章
跨境电子商务仓储

 【教学目标】

知识目标	❖ 了解跨境电子商务物流仓储的概念与性质 ❖ 理解跨境电子商务物流仓储的作业流程 ❖ 掌握跨境电子商务物流仓储管理的相关内容
能力目标	❖ 能够掌握跨境电子商务物流仓储的作业流程与操作方法 ❖ 能够灵活运用仓储入库和出库管理的相关知识 ❖ 能够掌握跨境电子商务库存管理的方法
素质目标	❖ 在仓储管理中培养收集和筛选信息的能力，提升制订工作计划、独立决策和实施的能力

【导入案例】

货之家跨境电子商务保税仓储服务

广州货之家仓储服务有限公司（以下简称"货之家"）成立于2015年，是专业经营跨境电子商务进口保税仓储业务的公司。该公司目前在广州、烟台、厦门、郑州、青岛、威海、重庆、深圳、天津、北京、南京、宁波、大连设有分公司及保税仓库，在仁川、莫斯科、悉尼、墨尔本、奥克兰、温哥华、东京、洛杉矶设有海外仓。货之家专业服务团队具备成熟的保税仓储、国际物流、进出口清关经验，业务流程清晰，操作经验丰富，熟悉跨境电子商务进口业务的商流、信息流、资金流、物流等全部流程，能为跨境电子商务企业量身定制业务发展方案，助力跨境电子商务企业开拓全球买卖市场。

货之家在全国有1万平方米的保税仓，为超过1000家跨境电子商务客户提供各项服务，分拣打包出错率低于万分之三；能够全国联网、数据共享、仓内货物互转；当天订单，当天处理，当天出仓，可灵活应对各种促销节日，满足发货出仓时效需求，为各口岸城市购买者快速收到全球商品提供优质服务。

货之家的保税仓储是指使用海关核准的保税仓库存放保税货物的仓储行为。保税货物主要是暂时进境后还需要复运出境的货物，或者海关批准暂缓纳税的进口货物。保税仓储受到海关的直接监控，虽然货物也是由存货人委托保管，但保管人要对海关负责，入库或者出库单据均需要由海关签署。保税仓储一般在进出境口岸附近进行。货之家能够提供的保税服务项目包括商品备案、仓库出租、装卸搬运、入仓报关、报检、入仓查验、理货验货、快递分拣等。

货物从进入保税仓再到出仓，一共需要经过三大步骤七道环节。

三大步骤包括：①向海关申报和向出入境检验检疫机构申请报检；②商品进入库区的理货区，清点商品，办理核注信息；③仓库的作业人员将商品运输到存储区域的仓位上，并将数据维护进公司的仓库管理系统（Warehouse Management System，WMS）。

七大环节包括：①入库后要对商品进行清点识别。就是将不同商品分开，打开外包装，核实实物的条码是否准确，包装是否有脏污、破损或变形的情形。②将商品摆放到不同的仓位上储存。一般按照不同的货号或条码进行摆放，以便能快速识别。③当有订单进来后，需要到指定的仓位上去分拣出所需要的商品，将其运送至包装区域。④拿出相应规格的包装材料，将对应的商品按照订单放入包装箱，再用胶带进行封箱。⑤将打印的快递面单粘贴到对应的纸箱上。⑥将包裹放行。碰到被布控查验的包裹，则拿到监管部门的查验办公区进行查验。⑦放行完毕后，将包裹交接，进行配送。

案例小思考：你知道货之家保税仓储跨境电子商务的主要环节有哪些吗？

4.1　跨境电子商务仓储概述

4.1.1　跨境电子商务仓储认知

1. 跨境电子商务仓储的概念与性质

在物流系统中，仓储是一个不可或缺的构成要素。仓储业是随着物资储备的产生和发展而产生并逐渐发展起来的。仓储是商品流通的重要环节之一，也是物流活动的重要支柱。

仓储是指通过仓库对暂时不用的物品进行储存和保管。"仓"即仓库，是保管、存储物品的建筑物和场所的总称，是进行仓储活动的主体设施，可以是房屋建筑、洞穴、大型容器或特定的场地等，具有存放和保护物品的功能。"储"即储存、储备，表示收存以备使用，具有收存、保管、交付使用的意思。

仓储具有静态和动态两种，当物品不能被及时消耗掉，需要专门场所存放时，静态的仓储就产生了；而将物品存入仓库以及对存放在仓库里的物品进行保管、控制、交付使用等的管理时，动态的仓储则形成了。因此仓储也可以说是为有形物品提供存放场所，并在这期间对存放物品进行保管、控制的过程。

尽管仓储具有生产性质，但其与物质资料的生产活动却有很大的区别，主要表现为以下3点。

（1）仓储不创造使用价值，不增加价值。

（2）仓储具有不均衡性和不连续性。

（3）仓储具有服务性质。

2. 仓储在供应链中的作用

供应链是物流领域的重要概念之一，仓储则是供应链中必不可少的环节。一般来说，仓储在供应链中的作用包括销售和生产的后援、运输的驿站、库存的校准点、物品的保管场所，具体内容如下。

（1）销售和生产的后援

仓储是销售和生产的后援，对促进生产效率的提高起着重要的辅助作用。

（2）运输的驿站

运输是点对点的运动，仓库就是运输路线中的点。

（3）库存的校准点

企业日常会不断发生销售、退换货等情况，商品的进出非常频繁，库存也在随时发生变化。财务做账需要一个校准点，而仓储就是很好的库存校准点。

（4）物品的保管场所

仓储承担的是物品的保管工作。保管工作是一项精细的工作。仓储管理做到位对企业形象的提升起着积极的作用。

3. 仓储的功能

自人类社会生产有了剩余之后，仓储活动就产生了。随着技术的进步和社会生产力的增强，社会化大生产方式逐步出现，产品空前丰富，人民生活水平逐步提高。社会生产和人民生活对仓储的需求无论是在数量上还是在质量上均有了较大提升，仓储的功能也有了较大扩展。其具体有以下5个功能。

仓储的功能

（1）储存和保管

储存和保管是仓储最基本的功能。由于储存和保管的需要，仓储得以产生和进一步发展。仓库容量是仓储的基本参数之一。在保管过程中仓库应保证物品不丢失、不损坏、不变质，并且需要有完善的保管制度、合格的装卸搬运设备和正确的操作方法，确保物品在装卸搬运过程中不会被损坏。

（2）调节供需、创造时间价值

从生产资料的角度来分析，生产和消费的连续性规律因产品不同而有较大的差别，生产节奏和消费节奏也不可能完全一致。从生活资料的角度来分析，居民消费水平的提高使其对生活用品需求的季节性规律逐步减弱，这样许多食品生产的季节性问题就必须通过仓储来解决。

仓储在物流系统中起着缓冲、调节和平衡的作用，与运输共同构成物流的中心环节。与运输相对应，仓储是以改变物品的时间状态为目的的活动，通过克服产需之间的时间差异以获得更好的效用。物品进入生产领域之前、在生产领域中、从生产领域进入流通领域之前，或在流通领域中，均可能需要停留一定时间，这就形成了仓储。仓储对社会再生产具有重要作用。

（3）调节运输能力

各种运输工具的运量、运力相差较大，水路运输、铁路运输、公路运输、航空运输和管道运输5种运输方式都有着自己的特色和要求，各运输方式之间或运输方式内部的转运都可能产生与运输能力不匹配的情况，这种运量、运力的差异等都要通过仓储（仓库或货场等）来调节和衔接。

（4）降低物流成本

科学合理的仓储决策和仓储管理可以有效地降低整体仓储成本和物流成本，从而实现企业或社会仓储体系的合理化。

（5）配送和流通加工

现代仓储除以保管和储存为主要功能外，还向着流通加工和配送的方向发展，逐步演化为集流通加工和配送于一体的多功能配送中心。现代仓储不仅具备了储存和保管货物设施的功能，也增加了分拣、配送、包装、流通加工、信息处理等功能。这既扩大了仓储的功能范围，又提高了物品的综合利用率，同时还促进了物流合理化，方便了客户，提高了服务质量。

4.1.2 跨境电子商务仓储作业

仓储作业是指货物从入库开始到出库必须经过的、按一定顺序相互连接的作业环节。仓储按其作业顺序主要分为接运、卸车、理货、检验、入库、储存、保管保养、装卸搬运、分拣、包装及发运等环节。每个环节并不是孤立的，它们既相互联系，又相互制约。后一作业环节的开始要依赖于前一作业环节的顺利完成，前一作业环节的完成效果则直接影响着后一作业环节是否能顺利完成。由于在仓储作业过程中，各环节内部存在着联系，且需要耗费一定的人力、物力，仓储成本在物流成本中占很大比重，因此企业必须对仓储各个作业环节进行深入细致的分析和合理的组织。

不同的货物，由于其特性不同，仓储作业流程所包含的作业环节、各作业环节的内容以及作业顺序可能不尽相同。因此，企业在组织仓储作业时，应当对具体的作业流程进行分析，目的是尽可能减少作业环节，缩短货物的搬运距离及作业时间，提高货物入库、出库效率，降低仓储成本。

具体来说，跨境电子商务仓储作业主要分为 4 个部分：入库流程、存储流程、出库流程和退（换）货作业，如图 4-1 所示。

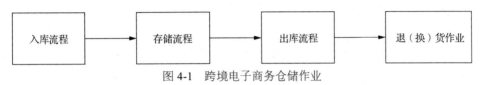

图 4-1　跨境电子商务仓储作业

1．入库流程

入库流程包括入库预约、运输送货、验单登记、卸货作业、交接签单、搬运作业、入库签收、收货抽检、扫码清点、货品上架等，如图 4-2 所示。

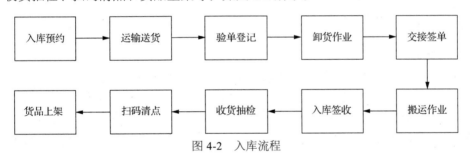

图 4-2　入库流程

（1）入库预约

入库前，存货人应与保管人签订仓储合同，并向保管人提供入库信息。入库信息至少应包括存货人信息、入库日期计划、存入货品信息、运输信息（包括承运人、运输工具、运输施封信息）和储存条件要求。保管人应根据经存货人确认的入库通知书做好准备工作，以便货品抵达后及时入库，并根据货品特性和管理需要确定储存货位。正常情况下，存货人需要提前 3 个工作日预约，预计有超量的部分且需较长时间完成入库的需提前更长时间预约。

（2）运输送货

送货上门应提供送货单或货运单，其中包含收货单位、收货地址、发货地点等内容；货站自提应提供提货单及提货授权书。运输工具抵达仓库时，保管人应确认入库通知书及相关证明文件，检查运输工具外观情况。

（3）验单登记

保管人应根据送货方式审核单据的完整性和有效性，详细登记包括车牌号、供应商信息、送货人信息、运单号等信息，并且根据仓库情况安排卸货地点。

（4）卸货作业

卸货前，保管人应检查货品的包装外观，并记录结果，无外包装、外包装破损、明显残次或已被污染的货品不得入库。卸货作业应在卸货区进行，由运输方负责卸货作业的，应使用符合仓库规定的卸货方式；由保管人进行卸货作业的，运输方应及时有序卸载货品，并对卸货时间予以记录。而对于退仓货品，保管人应按正常入库检查程序履行检查。

（5）交接签单

签单的要求是采用仓库打印的一式三联单作为有效交接凭证，凭证上须加盖仓库专用章以及由责任人签字。

（6）搬运作业

卸货后保管人根据货品性质和数量，使用相应的搬运工具，将货品及时搬运至相关库位储存。

（7）入库签收

入库签收要注意以下几点。

第一，在入库检查、卸载和搬运入库过程中，保管人应逐项核对货品信息、储存条件信息等，发现差异应及时联系存货人或运输方。实际货品如果与货品信息不符，则不得入库。

第二，经存货人提前 3 个工作日预约的到库货品，保管人应在到货当天清点完毕。

第三，入库验收均应在监控可视区域内进行，货品数目核对好并分类完毕后，方能进入库区。入库完毕后，保管人应将入库信息结果通知存货人。

第四，货品应张贴编码，货品编码应对应至最小单位的货品。

第五，抽样检查货品编码能否扫描录入，无法扫描录入的不得入库。

（8）收货抽检

收货抽检内容包括货品的数量和外观，抽检比例是：当入库批量在 30 件以内时，应对全部货品进行件数清点和外观质量检验；对于超过 30 件的部分，按 5%～15%的比例抽检且最低不得低于 1 件。抽检时，若不合格率超过《计数抽样检验程序 第 1 部分：按接收质量限（AQL）检索的逐批检验抽样计划》（GB/T 2828.1—2012）的规定，保管人有权拒收或进行收费全检。

（9）扫码清点

扫码清点类别如表 4-1 所示。

表 4-1　　　　　　　　　　　　　　扫码清点类别

类别	扫码	清点
A	有	有
B	有	无
C	无	无

注：A、B、C 类别的划分应由保管人和相关人员协商决定。

（10）货品上架

货品上架需遵循以下原则。

第一，库内分区，每区由指定仓管员负责货品的分拣。

第二，仓管员应对货品及时复核上架，核对无误后，上架签字确认，并更新数据；如复核数据不符，应进行内部复核，或者与存货人协商处理。

第三，应将每个 SKU 放置于同一处。

第四，上架时如果出现货品型号、体积、颜色等相近的货品，应分开放置，以免发生混货现象；对于散发性或吸附性的货品，应隔离分区放置。

第五，遵循同一 SKU 同一批次集中原则，同时遵循就近原则。摆放时若无特殊要求，应遵循从左至右、从里至外的原则，部分货品也可遵循先进先出的原则。

2. 存储流程

存储流程包括储位分配、货品流通加工、保管作业、盘点作业、移库作业等，如图 4-3 所示。

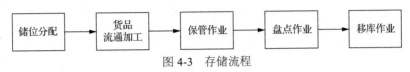

图 4-3　存储流程

（1）储位分配

缺乏信息系统支持的仓库，一个储位只能存放一个 SKU。

（2）货品流通加工

仓库应具备货品组装、货品拆分、预包装、贴条码、换包装、贴标签、质量全检等业务能力。

（3）保管作业

库区实施封闭式管理，非本库区仓管员未经允许不得进入库区。存货人来访应有专人陪同，未经允许严禁触碰在架货品。对有保质期要求的货品，保管人应按协商的期限及时向存货人发出通报；对临近保质期的货品，保管人应及时向存货人发出预报；对超出保质期的货品，保管人应做好标识，通知存货人尽快处置并做好相关记录。

（4）盘点作业

盘点方式为动态盘点，盘点方法为实盘实点。盘点时注意货品的摆放，盘点后需要对货品进行整理，保持原来的或合理的摆放顺序。保管人应对库存货品按批次盘点结清，并定期盘点，将盘点记录存档。盘点完毕后，参加盘点的保管人应在盘点表上签字。

（5）移库作业

所有的理库、移库作业必须记录，保证作业的可追溯性。移库作业需遵循相邻库位优先、就近优先、相同货物优先、拼托时同区域优先的原则。大批量移库时，保管人应先找好目的库位，经过审核后方可作业。

3. 出库流程

出库流程包括生成波次、订单打印及处理、拣选作业、包装作业、称重作业、终检作业、分拣作业、出库交接等，如图 4-4 所示。

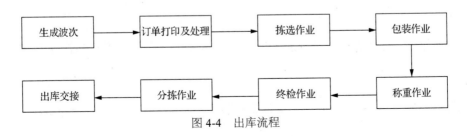

图 4-4　出库流程

（1）生成波次

保管人根据不同的业务需求匹配相应的生产工艺，按照既定规则，包括是否加急、批量拣选、按最小存货单位（Stock Keeping Unit，SKU）拣选、拣选区域等进行任务管理。

（2）订单打印及处理

订单打印包括快递单、发票、装箱单、拣选单等单据的打印；订单处理包括存货人拆单、加单、撤单等异常订单的处理。

（3）拣选作业

第一，拣选指令至少应显示储位、货品编码、货品名称、货品规格、货品数量等；还应根据需要显示批号、序号等信息，使拣选作业满足先入先出原则及可追溯要求。

第二，批量拣选宜拣选对应货品数量较多的储位，单件拣选宜拣选对应货品数量较少的储位，并应遵循路径最短原则。

第三，采用机械化作业，减少手工操作，避免无快递单的验货。

第四，核查货品是否与拣货单一致。

（4）包装作业

货品的包装应根据特性、大小等因素来选择。对具有特殊属性的货品，应根据货品的实际需要，在包装纸箱上标注防潮、防雨、不可倒置等运输标识。

（5）称重作业

称重分为人工称重和自动称重两种。人工称重即手工操作，手工填写包裹重量；自动称重则是采用自动化设备进行称重，自动输入包裹重量。

（6）终检作业

终检主要通过图片比对和重量比对进行。

（7）分拣作业

分拣作业是指将货物按品种、出入库先后顺序进行分门别类堆放的作业。

（8）出库交接

接收人和保管人现场清点交接，以出库单作为交接凭证，出库单一式三份，接收人和保管人签字确认后留底保存，接收人和保管人签字后货物交接完成。

4．退（换）货作业

退（换）货作业包括退件响应、外观检查、快递签收、销退关联、货品质检、货品上架等，如图4-5所示。

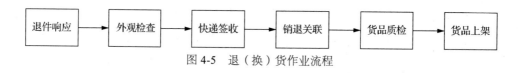

图4-5 退（换）货作业流程

（1）退件响应

客户应凭快递面单及实物进行退（换）货。食品类货品的退换应按国家有关法律法规执行。

（2）外观检查

对退回货品的外观进行检查，如果外观有破损、变形等情况时，应拒绝接收。

（3）快递签收

外观检查合格后，由负责人进行快递签收。

（4）销退关联

退（换）货品签收后，应及时关联销售记录，避免销售数据不实。

（5）货品质检

退（换）货品应经质检核查及仓储部审核确认。

（6）货品上架

货品收回后，根据货品情况应及时办理货品入库。不合格品退货由仓管员统一集中，退回至相应的存货人，并开具不合格退货单，进行出库。仓库在接收退货指令后，及时将退货指令以可记录形式传递至配送商处，并在配送商退件到仓后，在规定时间内处理完。

4.1.3　跨境电子商务仓储操作方法

1. 货架位信息规范化

货架位信息规范化是指对库存商品存放场所按照位置的排列，采用统一、明显的标识标上顺序号码。科学合理的货架位信息有利于对库存商品进行科学的管理，在商品的出入库过程中可快速、准确、便捷地完成操作，提高效率，减少误差。

编写货架位信息应确保同一个仓库的货架位采用同一种编号方式，以便查找及处理。货架位编号通常有区段式编号、品项群式编号和地址式编号 3 种形式。

（1）区段式编号

区段式编号是把仓库区分成几个区段，再对每个区段进行编号的方式。这种方式以区段为单位，使每个号码代表一个储存区域，可以将储存区域划分为 A1、A2、A3……若干区段。

（2）品项群式编号

品项群式编号是把相关性强的商品集合后，分成几个品项群，再对每个品项群进行编号的方式。这种方式适用于容易将商品分群保管和所售商品差异大的跨境电子商务企业，如泛品类经营的跨境电子商务企业。

（3）地址式编号

地址式编号是按仓库、区段、排、行、层、格等进行编号的方式。在地址式编号下，可采用 4 组数字来表示商品所在的位置，4 组数字分别代表仓库的编号、货架的编号、货架层数的编号和每一层中各格的编号。例如，编号 2-14-2-6 的含义是：2 号库房，第 14 个货架，第 2 层的第 6 格。根据地址式编号，我们可以迅速确定某种商品具体存放的位置。

以上是常用的货架位信息编号形式，各种形式之间并不是相互独立的，跨境电子商务企业可以根据实际情况结合使用。

课堂小贴士 4-1

无人仓的概念

无人仓是指货物从入库、上架、拣货、补货，到包装、检验、出库等物流作业流程全部实现无人化操作的高度自动化、智能化仓库。

2．商品信息规范化

商品信息规范化主要是指商品的 SKU 信息、规格尺寸和中英文报关信息的条理化、明晰化。商品信息规范化有利于对库存商品进行精细化管理，有利于及时、准确地拣货，提高效率，避免失误。

SKU 是商品管理中最为重要、最为基础的数据，但很多跨境电子商务企业存在缺少 SKU 或 SKU 不完善的情况。例如，裤子 A 有 3 种颜色、5 个尺码，那么针对这条裤子就需要 15 个 SKU 码，以落实到具体颜色的具体尺码。如果 SKU 不完善，跨境电子商务企业将无法有效监控库存商品，从而不利于分析销售数据和及时补货，且配货时订单信息也无法准确显示拣货信息。

3．先进先出原则

先进先出原则（First In First Out，FIFO）指在仓储管理中，按照商品入库的时间顺序将商品整理好，在出库时按照"先入库的商品先出库"原则进行操作。由于大多数商品都有一定的保质期，如果不按照先进先出的原则，则可能导致很多商品过期。该原则在海外仓的仓储管理中尤为重要。

先进先出原则在操作过程中最重要的一点是进行商品存放规划，使管理人员能够很清楚、方便地找到不同时期入库的商品。

 课堂思考

你能举出先进先出原则在跨境电子商务仓储中的实例吗？

答案要点提示：某跨境电子商务企业的某商品仓储存货情况如下。

1 月 1 日，进货 15 个，单价 10 元/个，小计 150 元。

5 月 1 日，进货 15 个，单价 9 元/个，小计 135 元。

9 月 1 日，进货 15 个，单价 8 元/个，小计 120 元。

12 月 1 日，进货 15 个，单价 7 元/个，小计 105 元。

假设 12 月 31 日的存货数量是 25 个，按照先进先出的原则，期末库存的价值是多少？

解：按照先进先出的原则可知，12 月 31 日的存货，其中 15 个应按照 12 月 1 日的单价计算，即每个 7 元，小计 105 元；10 个应按照 9 月 1 日的单价计算，即每个 8 元，小计 80 元。二者加在一起得出期末库存价值为 185 元。

4．拣货方式

跨境电子商务仓储的拣货方式有摘果法和播种法两种。

（1）摘果法

摘果法指针对每一份订单单独进行拣选，拣货人员或设备巡回于各个商品储位，将所需商品取出，形似摘果。摘果法拣选的作业流程如下。

① 补货：从仓储区向拆零拣选区送货，并且将其逐个放上货架。

② 沿线拣选：周转箱沿着分拣流水线移动，分拣人员从货架上取货，将其放入周转箱。

③ 复核装箱：核对已经装入周转箱的货物（品种、数量等），有时还需要换箱装货。

④ 集货待运：把已经复核装箱完毕的货箱送到发货区，等待运出。

摘果法的优缺点及应用范围如表 4-2 所示。

表 4-2　　　　　　　　　　　　　摘果法的优缺点及应用范围

优点	缺点	应用范围
1. 作业方法简单。 2. 订单处理前置时间短（从收到订单到拣选的时间间隔短）。 3. 作业人员责任明确，派工容易、公平。 4. 拣货后不必再进行分拣作业，适用于数量大、品种少的订单的处理。 5. 对机械化、自动化没有严格的要求，不受设备水平的限制	1. 商品品种多时，拣货路线过长，拣取效率低。 2. 拣取区域大时，搬运困难。 3. 少量、多批次拣取时，会造成拣货路径重复费时，效率降低	1. 不能相对稳定地按订单分配货位的情况。 2. 订单之间共同需求差异较大的情况。 3. 订单所涉及的种类较多，统计和共同取货难度较大的情况。 4. 订单配送时间要求不一的情况。 5. 传统的仓库改造为配送中心或新建的配送中心刚投入运营的情况

（2）播种法

播种法指把多个订单需求集合成一批，先把其中每种商品的数量分别汇总，再按品种对所有订单进行分货，形似播种。播种法分拣的作业流程如下。

① 汇总拣货：从仓储区将该波次所需货物全部拣出送到拆零分拣区，逐个放到分拣线上。

② 沿线分货（含复核装箱）：分货箱沿着流水线移动，分拣人员从箱中取货并放入货架箱内；同时伴随间歇性复核、装箱。

③ 集货待运：把已经复核装箱完毕的货箱送到发货区，等待运出。

播种法的优缺点及应用范围如表 4-3 所示。

表 4-3　　　　　　　　　　　　　播种法的优缺点及应用范围

优点	缺点	应用范围
1. 可以缩短拣取时的行走搬运距离，增加单位时间的拣取数量。 2. 对于少量、多批次的配送十分有效	由于必须等订单达到一定数量时才做一次处理，因此订单处理前置时间长	1. 订单稳定且订单数量较多的情况。 2. 适用于订单需求种类有限、易于统计和不至于分货时间太长的情况。 3. 订单配送时间没有严格限制或轻重缓急的情况

课堂实训活动4-1

活动题目：总结跨境电子商务仓储操作方法

活动步骤：

1. 对学生进行教学分组，每个小组 3～5 人，以小组为单位进行讨论；

2. 调研跨境电子商务仓储的操作方法，归纳总结每种方法的主要操作要点及注意事项，并将结果填入表 4-4；

3. 每个小组将讨论结果形成 PPT，派出一名代表进行演示；

4. 教师给予评价。

表 4-4　　　　　　　　　　　　　跨境电子商务仓储

操作方法	主要操作要点及注意事项

4.2 跨境电子商务仓储管理

4.2.1 跨境电子商务货物入库管理

跨境电子商务货物入库管理涉及供应商、承运商、保险公司及收货单位等当事人的权利和义务关系。其货物入库管理主要包括货物到库方式和货物入库验收。

1. 货物到库方式

（1）供货单位送货到库

仓库保管员直接与送货人在收货现场办理接货手续，凭送货单或订货合同、订货协议等当面点验所送货物的品名、规格、型号、数量，以及有关单证、资料，并查看货物的外观；无法当面完成全部验收项目的，要在送货单回执联内注明具体待验内容。

仓库保管员在验收、检验过程中如发现短缺损坏等问题，要会同送货人查实，由送货人出具书面证明、签章确认，留作处理问题时的依据。

（2）承运单位送货到库

承运单位送货到库是指交通运输等承运部门受供货单位或货主委托送货到仓库。仓库保管员的接货要求与供货单位送货到库的要求基本相同，不同的是发现货物存在错误、缺损等问题后，除了送货人要当场出具书面证明、签章确认，仓库保管员还要及时向供货单位和承运单位发出查询函电并做好有关记录。

（3）到供货单位提货

供货单位包括生产厂和流通企业。提运人员到供货单位提货时要遵循下列要求。

① 提运人员在提货前要了解和掌握提货入库验收的有关要求和注意事项。当供货单位点交所提货物时，提运人员要查看货物的外观情况，点验数量和重量，并验看供货单位的质量合格证等有关凭证。

② 现场点交，办理签收手续。货物提运到库后，仓库保管员、提运人员、随车装卸人员要密切配合，逐件清点交割；同时核对各项凭证，以确定资料是否相符和齐全，最后由仓库保管员在送货单上签字。仓库保管员收到货物后要及时组织复检。

（4）到承运单位提货

承运单位包括车站、码头、民航、邮局等，提运人员提货时要遵守下列要求。

① 了解货物情况，做好各项准备。提运人员要了解和掌握所提货物的特性、单件重量、外形尺寸及搬运注意事项，根据了解到的信息安排好相应的吊装运输设备、人力和存储货物的货位。

② 提货时认真进行核对和检验。提运人员根据提单、运单及有关凭证在承运单位现场详细核对所提货物的品名、规格、型号、数量等，认真查看货物的包装、封印、标志以及货物是否出现受潮、玷污、受损等情况。若有短缺、损坏、货票不符等问题，提运人员必须当场要求查验并索取相关证明。

③ 注意货物安全。随车装卸人员要时刻注意货物的安全，严防混号、碰损、丢失等情况发生。腐蚀性物品、易燃易碎物品和放射性物品等应严格遵守有关规定搬运，精密仪器仪表、贵重物品、易潮物品、怕冻物品等不宜露天卸货。若受条件所限必须露天卸货，则要采

取必要的保护措施并严加管理。

④ 办理货物的内部交接手续。货物到库后，随车装卸人员和司机要将货物逐一点清交给仓库保管员，并配合做好卸车工作，确保货物不受损。如发生数量、质量方面的问题，随车装卸人员和司机应签名作证，不得拒签。

提运人员在承运单位提运货物时应按车开具三联单，随车装卸人员和司机均要凭三联单提送货物，仓库保管员也要凭三联单接收货物。企业应严格执行无三联单不发货、不送货、不收货制度，杜绝错发、错运和错收等差错事故的发生。

（5）过户

过户是指对已存入仓库的货物通过购销业务使货物所有权发生转移，但仍要求存储于原处的一种入库业务。办理过户入库手续，收下双方的调拨单和入库单，更换户名就可以了。

（6）转库

转库是货物因故需要出库，但未发生购销业务的一种入库形式。仓库凭转库单办理出入库手续。

（7）零担到货

零担到货是指托运一批次货物数量较少时，占用一节货车车皮（或一整辆运输汽车）进行运输在经济上不合算，而由运输部门安排和其他托运货物同时进行运输到货的情况。

2．货物入库验收

（1）验收的意义

待入库货物的进货渠道、运输方式、出厂日期、包装材料、货物品质及供应商的信誉等因素，都会给货物的数量和质量带来不同程度的影响。把好入库验收关，对确保入库商品数量准确、质量完好，维护企业合法权益，处理货损货差等有着十分重要的意义。

（2）仓库保管员上岗服务要求

① 整理好个人仪容，穿戴整齐（工作服），准时上岗。

② 规范热情接待客户，待客要一视同仁，主动为客户排忧解难和提供方便。

③ 热爱本职工作，有强烈的事业心和责任感。严格照章办事，讲信用，维护企业信誉和客户利益。

④ 爱护商品，熟悉商品，避免货损，减少差错。

⑤ 端正行业作风，不弄虚作假，不刁难客户，不接受或索取客户提供的"好处"。

⑥ 重视各个作业环节的安全，严格遵循有关安全规范及作业规范，避免意外事故的发生。

（3）货物验收程序

① 验收准备

● 为了配合仓库有计划地安排仓位，合理调配装卸作业所需劳力及器具，货主单位或承运商需在货物到达对应仓库前，将批量供货计划、到货时间告知对应仓库负责人，仓库负责人根据供货计划提前做好接货准备。

● 仓库负责人根据当日送货信息及供货计划，根据货物类别、数量、保管特性等评估货物占用面积并安排进货仓位，提前做好腾仓清扫及卸货准备。对特殊商品，仓库负责人需根据卸货堆码要求，配备相应的装卸堆码工具及必要的防护用具。

② 核对验收单证

核对验收单证主要涉及以下两个方面的内容。

- 核对供货单位提供的验收凭证，包括订单、交接协议、质量保证书、装箱单、码单等。
- 核对承运单位提供的运输单证，包括提货通知单和货物残损清单的货运记录、普通记录和公路运输交接单等。

仓库负责人在核实、查对以上凭证时，如果发现证件不齐或不符等情况，要与货主、供货单位、承运单位和有关业务部门及时联系。对与单据不符的部分货物（超出数量、串货、收货地点不符等），仓库不予收货。

③ 确定验收比例

由于仓库条件和人力的限制，对于某些批量很大，在短时间内难以全部接收或全部打开包装会影响储存和销售的货物，可采用抽验方法。抽验比例首先以合同规定为准；合同没有规定的，确定抽验比例时一般应考虑以下因素。

- 货物价值。货物价值高的，抽验比例大，反之则小。有些价值特别大的货物应全验。
- 货物性质。货物性质不稳定的或质量易变化的，验收比例大，反之则小。
- 气候条件。在雨季，怕潮货物抽验比例大；在冬季，怕冻货物抽验比例大，反之则小。
- 储存时间。入库前，储存时间长的货物抽验比例大，反之则小。

在抽验时，若发现货物存在变质、短缺、残损等情况，应考虑适当提高验收比例，直至全验，彻底查清货物的情况。

④ 实物验收

实物验收包括对货物的内在质量、外观质量、数量、重量和精度的验收。当货物入库交接后，应将货物置于待检区域，仓库保管员及时进行货物的外观质量、数量、重量和精度验收，并进行质量送检。

- 外观质量验收。外观质量验收主要采用看、听、摸、嗅等感官检验方法。要准确进行外观质量检验，仓库保管员就要拥有较强的识货能力和丰富的判断经验。外观质量验收的内容包括外包装完好情况、外观缺陷、外观受损情况和受潮、霉变、锈蚀情况等。
- 数量验收。

数量验收的方法主要有如下 3 种。

点件法：指逐件清点。

抽验法：指按一定比例开箱点检的验收方法。

检斤换算法：指通过重量过磅换算该货物的数量。

- 重量验收。货物的重量一般有毛重、净重之分。毛重是指货物重量加包装重量的实重。净重是指货物本身的重量。我们通常所说的货物重量，是指货物的净重。重量合格与否，是通过验收磅差率与允许磅差率范围的比较来判断的，若验收磅差率未超出允许磅差率范围，说明该货物合格；反之，说明该货物不合格。磅差是指由于不同地区的地心引力差异、磅秤精度差异及运输装卸损耗的因素造成的重量过磅数值的差异。

重量验收的相关方法如下。

检斤验收法，是指对非定量包装的、无码单的货物，进行打捆、编号、过磅和填制码单的验收方法。

平均扣除皮重法，是指按一定比例将货物包装拆下过磅，求得包装的平均重量，然后将未拆除包装的货物过磅，从而求得该批货物的毛重和皮重。使用这种方法时，一定要合理选择应拆的包装物，以使净重更趋于准确值。

约定重量法，是指存货方与保管方在签订仓储保管合同时，双方对货物的皮重已按习惯数值有所约定，则可遵从该数值来约定货物净重值。

整车复衡法，是指大宗无包装的货物，如煤炭、生铁、矿石等，检验时将整车引入专用地磅，然后扣除空车的重量，即可求得货物净重。此方法适用于散装的块状、粒状、粉状货物。

仓库要根据合同规定的方法进行重量验收。为防止人为因素造成磅差，一旦验收方法确定后，出库时必须用同样的方法检验货物，这就是出库货物检验方法一致性原则的要求。

● 精度验收。精度验收主要包括仪器仪表精度检验和金属材料尺寸精度检验两个方面。仪器仪表精度检验，除简易的指标在仓库验收时检验外，一般由质检部门检验或厂方负责检验，仓库免检。而金属材料尺寸精度检验是仓库一项十分重要的工作。下面介绍金属材料尺寸精度检验的有关内容。

金属材料的尺寸分公称尺寸和实际尺寸两种。公称尺寸是指国标中规定的名义尺寸，即在生产过程中希望得到的理想尺寸。公称尺寸是生产、储运和使用金属材料的基础。但在实际生产中，产品的实际尺寸与理想尺寸总存在着一定的差距。实际尺寸就是在验收中所直接测得的长、宽和直径。

尺寸精度用公称尺寸与实际尺寸之间的差异范围来表示，包括偏差和公差。偏差又分为正偏差和负偏差。若实际尺寸大于公称尺寸，两者差数为正数，则称为正偏差；若实际尺寸小于公称尺寸，两者差数为负数，则称为负偏差。公差是指尺寸允许的误差。

金属材料在交货时，都有一定的允许偏差范围，凡经检验，其尺寸偏差在允许偏差范围内，则符合尺寸精度检验要求。

（4）货物验收中发生问题的处理

① 凡属承运部门造成的货物数量短缺、外观破损等，仓库保管员应凭接运时索取的"货运记录"向承运部门索赔。

② 如发生无进货合同、无任何进货依据，但运输单据上明确标明本库为收货人的货物，仓库收货后应及时查找该货的产权部门，并主动与发货人联系，问清该批货物的来龙去脉，并将其作为待处理货物，不得动用。仓库保管员依其现状做好记载，待查清来龙去脉后做出处理。

③ 凡必要的证件不齐全时，到库货物应作为待验货物处理，堆放在待验区，待证件到齐后进行验收。

④ 凡有关证件已到库，但在规定时间内货物尚未到库的，仓库应及时向存货单位反映，以便查询处理。

⑤ 供货单位提供的质量证书与存货单位的进库单、合同不符时，仓库应将货物作为待

处理货物，不得动用，并通知存货单位，按存货单位提出的办法处理。

⑥ 凡数量差异在允许磅差率范围以内，仓库可按应收数入账，若超过允许磅差率范围，应查对核实，做好验收记录，并提出意见，送存货单位再行处理。

⑦ 当规格、质量，包装不符合要求或错发时，仓库可先验收合格品，将合格品与不合格品或错发部分分开并进行查对，查对后将不合格情况和错发程度做好记录，单独存放保管，由存货单位与供货单位交涉处理。

⑧ 若货物的价格不符，仓库应按合同规定价格承付，对多收部分予以拒付。如果是总额计算错误，应通知供货单位更正。

⑨ 进口货物在订货合同上均规定索赔期限。仓库发现问题必须在索赔期内申报国家市场监督管理总局检验出证，并提供验收报告及对外贸易标准等单证资料，以供出入境检验检疫局审核复验。若缺少必要的单证技术资料，仓库应分别向外贸有关公司和外运公司索取，以便出入境检验检疫局复验出证和向外办理索赔手续。

⑩ 对于需要对外索赔的货物，未经出入境检验检疫局检验出证的，或经检验提出退货或换货的，仓库应妥善保管，并保留好货物原包装，供出入境检验检疫局复验。

（5）办理入库手续

货物检验合格后，即应办理入库手续，进行上账、立卡、建档，这是货物验收入库阶段的最后环节。货物入库上账，除仓库的财务部门有货物明细账凭以结算外，仓库要建立详细反映库存货物进、出和存的保管明细账，用以记录库存货物的动态，并为对账提供主要依据。

① 上账。上账应遵循以下规则。

• 使用管理信息系统的仓库。上账必须以正式合法的凭证为依据，如货物入库单和调拨单、存料单等。仓库保管员对入库货物检查清点后，经复核后在管理信息系统中调出对应仓库验收单据，按实收货物品项及数量做收货审核，系统数据成功生成后，打印一联仓库验收单据，加盖仓库收货专用章交厂商送货人作结算凭证，仓库保管员打印一联留底保存。

• 未使用管理信息系统的仓库。上账必须以正式合法的凭证为依据，如货物入库单和调拨单、存料单等。一律使用蓝、黑色墨水笔登账，用红色墨水笔冲账。当发现登账错误时，不得刮擦、挖补、涂抹或用其他药水更改字迹，应在错处画一红线，表示注销，然后在其上方填上正确的文字或数字，并在更改处加盖更改者的印章，红线划过后原来的字迹必须仍可辨认。

记账应连续、完整，依日期顺序不能隔行、跳页，账页应依次编号，年末结存后转入新账，旧账页入档妥善保管。

• 记账时，数字书写应占空格的 2/3 空间，便于改错。

② 立卡。货卡又叫料签、料卡、保管卡。它是一种实物标签，上面标明货物的名称、规格、数量或出入状态等内容，一般挂在上架货物的下方或放在堆垛货物的正面。货卡包括货物标识卡和储存卡等。

货物标识卡用于表明货物的名称、规格、供应商和批次等。仓库保管员根据 ISO 9000 质量管理体系认证的要求，在仓库中应根据货物不同的供应商和入库批次，按可追溯性要求，分别设置货物标识卡，以及待检、待处理、不合格和合格等状态标识。

储存卡是用于表明货物入库、出库与库存等动态的标识，如表 4-5 所示。

货卡采用何种形式，应根据仓储业务需要来确定，设置货物保管员的基本要求是一货一卡。

表 4-5　　　　　　　　　　　　　　储存卡

品名_____　　　　　规格_____

年		入库数量	发出数量	结存数量	摘要
月	日				

③ 建档。建档即建立商品档案，是指对商品出入库凭证和技术资料进行分类归档保存。建立商品档案的目的是更好地管理商品的凭证和资料，防止凭证和资料丢失，以便查阅，同时便于了解商品入库前后的活动全貌，有助于总结和积累仓库保管经验，研究管理规律，提高科学管理水平。建立商品档案的要求如下。

• 商品档案应一物一档，主要包括以下内容。

商品出厂时的各种凭证和技术资料，如商品技术证明、合格证、装箱单、发货明细表等；

商品运输单据、普通记录或货运记录、公路运输交接单等；

商品验收的入库通知单、验收记录、磅码单、技术检验报告；

商品入库保管期间的检查、保养、损益、变动等情况的记录；

库内外温湿度的记录及对商品的影响情况；

商品出库凭证。

• 商品档案应统一编号，妥善保管；在商品保管期间，可根据仓库情况，由业务机构统一管理或直接由仓库保管员管理。某种商品全部出库后，除必要的技术证件必须随货同行不能抄送外，其余均应留在档案内，并将商品出库证件、动态记录等整理好一并归档。商品档案部分资料的保管期限应根据实际情况酌定，一般保管期限为 3 年。其中有些资料，如库区气候资料、商品储存保管的试验资料，应长期保留。

④ 签回单据。商品验收入库后，相关人员应及时按照"仓库商品检验记录"的要求签回单据。签回单据有两个作用：一是向供货单位和货主表明收到商品的情况；二是如有短少等情况，可作为货主向供货方交涉的依据。所以，单据必须准确无误。

⑤ 入库单证流转。货物验收工作由仓库保管员、计量员、复核员、业务受理员分工负责。仓库保管员负责作业的组织与货物的数量和外观质量的验收、计量、堆码、记录等，并向业务受理员提交货物验收的结果和记录。

• 业务受理员接收存货人的验收通知（也可由存货人委托仓库开具）、货物资料（如质保书、码单、装箱单、说明书和合格证等），登建货物档案，并将存货人验收通知单以《货物储存保管合同》附件的形式进行管理，将其信息录入计算机中生成验收通知单，然后将存货人验收通知单作为验收资料和收货单及其他验收资料一并交仓库保管员。

- 仓库保管员根据业务受理员提供的收货单、验收资料、计量方式等确定验收方案、储存货位、堆码方式，所需人力、设备等，为验收做好准备工作。
- 仓库保管员进行作业安排，进行验收入库作业，做好有关记录和标识。
- 货物验收完毕后，仓库保管员手工出具验收单一式一联，一并交给复核员，同时负责作业现场与货位的清理和货牌的制作、悬挂。
- 复核员依据收货单、验收码单对实物的品名、规格、件数、存放货位等逐项核对，签字确认后返回给仓库保管员。
- 仓库保管员在经复核员签字的收货单、验收码单诸联上加盖货物验收专用章后，将验收码单录入计算机，据此生成仓单附属码单，根据验收结果填写存货人验收通知和收货单，并将其与其他验收资料一并转回业务受理员处。
- 业务受理员对仓库保管员返回的单据和验收资料审核无误后，由计算机打印相关单据，报经主管领导或授权签字后，连同存货人验收通知、收货单、仓库附属码单联转给收费员。
- 收费员依据仓单、《货物储存保管合同》约定的收费标准，结算有关入库费用并出具收费发票。
- 业务受理员将仓单正联、存货人验收通知、仓单附属码单联及收费单据等一并转交（寄）给存货人，将其余单证资料留存并归档管理。

4.2.2 跨境电子商务商品保管与养护

1. 商品保管的基本要求

商品保管是商品储存过程中的一项重要工作，是保证商品在储存期间质量完好的关键环节。

商品保管的基本要求

商品在储存过程中，由于其本身的自然属性及外界因素的影响，随时会发生各种各样的变化，从而降低其使用价值，甚至使其丧失使用价值。商品保管就是研究商品性质及商品储存期间的质量变化规律，积极采取各种有效措施和科学的保管方法，创造一个适宜商品储存的条件，维护商品在储存期间的安全，保护商品的质量和使用价值，最大限度地减少商品的损耗。这就要求仓储保管员熟悉和掌握储存商品的原料、性能、结构、成分、规格、品种等方面的知识，同时熟悉和掌握同商品保管有关的物理学、化学、昆虫学、气象学等自然科学的基础理论知识。

"以防为主，以治为辅，防治结合"是商品保管工作的方针。要想做好商品保管，具体应做好以下几个方面的工作。

（1）严格验收入库商品

在商品入库时就要严格验收，弄清商品及其包装的质量状况，以防止商品在储存期间发生各种不应有的变化。对吸湿性较强的商品要检测其含水量是否超过安全标准，对其他有异常情况的商品要查清产生异常的原因，针对具体情况进行处理并采取救治措施，做到防微杜渐。

（2）适当安排储存场所

由于不同商品的性能不同，保管要求也不同。例如，怕潮湿和易霉变、易生锈的商品，应存放在较干燥的库房里；怕热，易熔化、发黏、挥发、变质或易发生燃烧、爆炸的商品，应存放在温度较低的阴凉场所；一些既怕热又怕冻，且需要较高湿度的商品，应存放在冬暖夏凉的楼下库房或地窖里。此外，性能相互抵触或易串味的商品不能在同一库房中混存，以免相互产生不良影响。尤其对于化学危险物品，要严格按照有关部门的规定，分区分类安排储存场所。

（3）妥善进行堆码苫垫

潮气、阳光和雨雪对商品质量的影响很大，要切实做好货垛下垫的隔潮工作和货垛的遮苫工作，如利用石磁、枕木、垫板、苇席、油毡或采用其他防潮措施。存放商品的货场四周要有排水沟，以防积水流入垛下；货垛周围要遮盖严密，以防日晒雨淋。

货垛的垛形与高度应根据各种商品的性能和包装材料，结合季节气候等情况妥善堆码。含水率较高的易霉商品，热天应码通风垛；容易渗漏的商品，应码间隔式的行列垛。此外，库内商品堆码应留出适当的距离，俗称"五距"，即顶距、灯距、墙距、柱距、垛距。平顶楼库顶距为 50cm 以上，"人"字形屋顶以不超过横梁为准；照明灯应为防爆灯，灯头与商品的平行距离不小于 50cm；墙距为外墙 50cm，内墙 30cm；柱距一般为 10～20cm；垛距通常为 10cm，针对易燃商品还应留出适当的防火距离。

（4）控制好仓库的温度和湿度

仓库的温度和湿度对商品质量的影响极大。各种商品由于其本身特性，对温度和湿度一般都有一定的可接受范围，超过这个范围，商品质量就会发生不同程度的变化。因此，仓库保管员应根据商品的性能要求，适时采取密封、通风、吸潮和其他控制与调节温度和湿度的办法，力求把仓库温度和湿度保持在符合商品储存条件的范围内，以维护商品的质量。

（5）认真进行商品在库检查

做好商品在库检查对维护商品质量具有重要作用。对库存商品质量的变化，仓库保管员如不能及时发现并采取措施进行挽救，就会造成或扩大损失。因此，仓库保管员对库存商品的质量情况应进行定期或不定期的检查。检查时应特别注意库存商品的温度、含水量、气味，包装物的外观、堆垛状态等。

（6）搞好仓库清洁卫生

储存环境不清洁，易引起微生物、虫类的滋生，影响商品质量。因此，仓库保管员对仓库内外环境应经常清扫，彻底铲除仓库周围的杂草、垃圾等，必要时使用药剂杀灭微生物和潜伏的害虫。

对容易遭受虫蛀、鼠咬的商品，仓库保管员要根据商品性能和虫、鼠生活习性及危害途径，及时采取有效的防治措施。

2．商品养护概述

所谓商品养护，主要是指商品在储存过程中所进行的保养和维护工作。商品养护是一项综合性、科学性应用技术工作。商品由生产部门进入流通领域后，仓库保管员需要分别对不同性质的商品，在不同储存条件下采取不同的技术措施，以防止其质量劣化。由于构成商品的原料不同、性质各异，商品受到相关自然因素影响而发生质量变化的规律与物理、化学、生物、微生物、气象、机械、电子、金属学等多门学科有密切的联系，所以仓库保管员要掌握相关知识才能保护好库存商品。

商品养护的目的就是通过认识商品在储存期间发生质量劣化的因素和变化规律，研究采取相应的控制技术，以维护其使用价值不变，避免遭受损失，保障企业经济效益的实现。同时还要研究制定商品的安全储存期限和合理的损耗率，以提高企业管理水平。

3. 商品的质量变化

商品在库存过程中的质量变化归纳起来有物理机械变化、化学变化、生理生化变化及其他生物引起的变化等。

（1）商品的物理机械变化

物理变化是指只改变物质本身的外表形态，不改变其本质，没有新物质的生成，并且有可能反复进行的质量变化。机械变化是指商品在外力的作用下，发生形态变化。物理机械变化会造成商品数量损失和质量降低，甚至使商品失去使用价值。商品常发生的物理机械变化有挥发、熔化、溶化、渗漏、串味、沉淀、沾污、破碎与变形等。

① 挥发是指低沸点的液体商品经汽化而散发到空气中的现象。商品挥发的速度与气温的高低、空气流动速度的快慢、液体表面接触空气面积的大小成正比。防止商品挥发的主要措施是加强包装密封性。此外，仓库保管员要注意控制仓库温度，在高温季节采取降温措施，使商品在较低温度条件下储存，以防挥发。

② 熔化是指低熔点的商品受热后发生软化以致化为液体的现象。商品的熔化除受气温高低的影响外，还与商品本身的熔点、商品中杂质的种类和含量密切相关。熔点越低，越易熔化；杂质种类越多、含量越高，越易熔化。熔化有的时候会造成商品流失、粘连包装、玷污其他商品；有的时候会因产生熔解热而体积膨胀，使包装爆破；有的时候会因商品软化而使货垛倒塌。为预防商品熔化，仓库保管员应根据商品的熔点高低，选择阴凉通风的库房储存商品。在保管过程中，一般可采用密封和隔热措施，加强库房的温度管理，防止日光照射，尽量减少温度对商品的影响。

③ 溶化是指有些固体商品在保管过程中会吸收空气和环境中的水分，当吸收数量达到一定程度时，就会溶化成液体。易溶性商品具有吸湿性和水溶性两种性能。商品溶化与空气温度、湿度及商品的堆垛高度有密切的关系。商品溶化后本身的性质并没有变化，但由于形态改变，给储存带来很大的不便。对易溶性商品应按性能分区分类存放在干燥阴凉的库房内，避免与含水分较大的商品储存在一起。仓库保管员在堆码时要注意底层商品的防潮和隔潮，垛底要垫得高一些，并采取吸潮和通风相结合的温度、湿度管理方法来防止商品吸湿溶化。

④ 渗漏是指液体商品，特别是易挥发的液体商品，由于包装容器不严密、包装质量不符合商品性能的要求及在搬运装卸时碰撞震动破坏了包装，而使商品发生跑、冒、滴、渗的现象。商品渗漏与包装材料性能、包装容器结构及包装技术优劣有关，还与仓储温度变化有关。因此，仓库保管员对液体商品应加强入库验收和在库商品检查及温度、湿度的控制和管理。

⑤ 串味是指吸附性较强的商品吸附其他气体、异味，从而改变本来气味的现象。商品串味与其表面状况、与异味物质接触面积的大小、接触时间的多少，以及环境中异味的浓度有关。为预防商品串味，仓库保管员应对易被串味的商品尽量采取密封包装，不得将其与有强烈气味的商品同库储存，同时还要注意仓储环境的清洁卫生。

⑥ 沉淀是指含有胶质和易挥发成分的商品，在低温和高温等因素影响下，引起部分物质的凝固，进而发生沉淀和膏体分离的现象。为预防商品沉淀，仓库保管员应根据不同商品的特点，防止阳光照射，做好商品的冬季保温工作和夏季降温工作。

⑦ 沾污是指商品表面沾有其他脏物、染有其他污秽的现象。其主要原因是生产、运输、

储存中卫生条件差以及包装不严。尤其是一些对外观质量要求较高的商品，如服装、仪器等要特别注意。

⑧ 破碎与变形是常见的机械变化，是指商品在外力作用下所发生的形态上的改变。对于容易破碎和变形的商品，仓库保管员要注意妥善包装，轻拿轻放，确保堆垛高度不能超过一定的压力限度。

（2）商品的化学变化

商品的化学变化与物理机械变化有本质上的区别。化学变化不仅改变了商品的外表形态，也改变了商品的本质，并且有新物质生成，且不能恢复原状。商品的化学变化过程即商品的质变过程，严重时会使商品失去使用价值。商品的化学变化形式主要有氧化、分解、水解、化合、聚合等。

① 氧化是指商品与空气中的氧气及其他能释放氧元素的物质所发生的与氧元素结合的现象。商品发生氧化不仅会降低商品的质量，有的还会在氧化过程中产生热量、自燃，有的甚至会发生爆炸事故。容易发生氧化的商品品种比较多，仓库保管员要将此类商品储存在干燥、通风、散热和温度比较低的库房，这样才能保证其质量安全。

② 分解是指某些性质不稳定的商品，在光、热、电、酸、碱及潮湿空气的作用下，由一种物质生成两种或两种以上物质的现象。商品分解后，不仅数量会减少、质量会降低，有的还会在反应过程中产生一定的热量和可燃气体，从而引起事故。

③ 水解是指某些商品在一定条件下遇水发生分解的现象。如硅酸盐和肥皂，其水解产物是酸和碱，分解后就与原来的商品具有不同的性质。

④ 化合是指商品在储存期间，在外界条件的影响下，由于两种或两种以上的物质相互作用而生成一种新物质的反应。此种反应一般不是单一存在的，而是两种反应（分解和化合）依次先后发生的。如果不了解这种情况，就会对保管和养护此类商品造成损失。

⑤ 聚合是指某些商品在外界条件的影响下，能使同种分子互相加成，而形成一种更大分子的现象。储存和保管养护此类商品时，仓库保管员要特别注意日光和储存温度的影响，以防发生聚合反应，造成商品质量的降低。

（3）商品的生理生化变化及其他生物引起的变化

生理生化变化是指有生命活动的有机体商品在生长发育过程中为了维持其生命，本身所进行的一系列生理变化。这些变化主要有呼吸、发芽、胚胎发育、后熟。其他生物引起的变化有霉腐、虫蛀等。

① 呼吸。有机体商品在生命活动过程中不断地呼吸，分解体内有机物质，产生热量，以维持其本身的生命活动。呼吸可分为有氧呼吸和无氧呼吸两种类型。无论是有氧呼吸还是无氧呼吸，都要消耗营养物质，降低商品的质量。保持正常的呼吸是有机体商品的基本生理活动，商品本身也具有一定的抗病性和耐储存性。因此，仓库保管员对于有机体商品的储藏，应保证它们能正常呼吸，利用它们的生命活性，减少商品损耗、延长储藏时间。

② 发芽。有机体商品在适宜条件下会冲破"休眠"状态，出现发芽、萌发等现象。发芽会使有机体商品的营养物质转化为可溶性物质，供给有机体本身需要的物质，从而降低有机体商品的质量。有机体商品发芽过程通常伴有发热、生霉等情况，不仅增加损耗，而且降低质量。因此，仓库保管员对于能够发芽的商品，必须控制它们的水分，并加强温度与湿度管理，防止发芽现象的发生。

③ 胚胎发育，主要是指鲜蛋的胚胎发育。在鲜蛋的保管过程中，当温度和供氧条件适宜时，胚胎会发育成血丝蛋、血环蛋。经胚胎发育的禽蛋新鲜度和食用价值将大大降低。为抑制鲜蛋的胚胎发育，仓库保管员应加强温度和湿度管理，最好是低温储藏或减少供氧，也可采用石灰水浸泡、表面涂层等方法。

④ 后熟，是指瓜果、蔬菜等食品在脱离母株后继续其成熟过程的现象。瓜果、蔬菜等的后熟能改进色、香、味以及适口的硬脆度等食用性。但当后熟作用完成后，食品则容易腐烂变质，难以继续储藏甚至失去食用价值。因此，对于这类食品，仓库保管员应在其成熟之前采收并采取控制储藏条件的办法来调节其后熟，以达到延长储藏期限、均衡上市的目的。

4. 影响库存商品质量变化的因素

商品在储存期间发生的质量变化是由一定的因素引起的。为了确保商品的安全，了解商品质量变化的规律，仓库保管员必须找出影响其质量变化的因素。通常引起商品质量变化的因素有内因和外因两种，内因是变化的根据，外因是变化的条件。

（1）商品质量变化的内因

商品质量变化的内因主要涉及商品的物理性质、商品的机械性质和商品的化学性质3个方面。

① 商品的物理性质主要包括吸湿性、导热性、透水性等。吸湿性是指商品吸收和放出水分的特性，很多商品质量变化都与其含水的多少以及吸水性有直接关系；导热性是指商品耐温度变化而不致被破坏或显著降低强度的性质；透水性是指商品能被水透过的性质。

② 商品的机械性质是指商品的形态、结构在外力作用下的反应。商品的这种性质与其质量关系极为密切，是体现其适用性、坚固耐久性和外观的重要内容，涉及商品的弹性、可塑性、强度等。商品的机械性质对商品的外形及结构变化有很大的影响。

③ 商品的化学性质是指商品的形态、结构以及商品在光、热、氧、酸、碱、温度、湿度等作用下，发生本质改变的性质。与商品储存密切相关的商品的化学性质包括化学稳定性、毒性、腐蚀性、燃烧性、爆炸性等。

（2）商品质量变化的外因

商品质量变化的外因主要涉及空气中的氧气、日光、微生物和害虫、温度、空气的湿度、卫生条件及有害气体6个方面。

① 空气中氧气的体积分数约为21%。氧气是非常活跃的，能和许多商品发生作用，对商品质量变化的影响很大。因此在商品养护中，仓库保管员对受氧气影响比较大的商品要采取各种方法隔绝氧气对它的影响。

② 日光中含有热量、紫外线、红外线等，它对商品起着正、反两方面的作用：一方面，日光能够加速受潮商品的水分蒸发，杀死或杀伤微生物和害虫，在一定条件下，有利于商品的养护；另一方面，某些商品在日光的直射下，又会发生破坏性现象，如挥发、褪色、老化等。因此，仓库保管员要根据各种不同商品的特性，注意增加或减少日光的照射。

③ 微生物和害虫的存在是商品霉腐、虫蛀的前提条件。微生物可使商品产生腐臭味和色斑霉点，影响商品的外观，同时使商品破坏、变质、丧失其使用或食用价值；害虫在仓库里不仅会蛀蚀动植物性商品和包装，有些害虫还会危害塑料、化纤等化工合成商品。此外，白蚁和老鼠还会蛀蚀仓库建筑物和纤维质商品。

④ 温度是影响商品质量变化的重要因素，会直接影响物质微粒的运动速度。一般商品

在常温或常温以下都比较稳定。高温能够促进商品的挥发、渗漏、熔化等物理机械变化及各种化学变化；而低温又容易引起某些商品的冻结、沉淀等变化；温度忽高忽低会影响商品质量的稳定性。此外，温度适宜会给微生物和仓库害虫的生长繁殖创造有利条件，加速商品腐败变质和虫蛀。因此，控制和调节仓储的温度是商品养护的重要工作之一。

⑤ 空气湿度的改变能引起商品含水量、化学成分、外形或体态结构的变化。湿度降低将使商品因放出水分而降低含水量，减轻重量。所以在商品养护中，仓库保管员必须掌握各种商品适宜的湿度要求，尽量创造适宜商品保管的空气湿度。

⑥ 卫生条件及有害气体。卫生条件不良，不仅会使灰尘、油垢、垃圾等污染商品，造成商品外观瑕疵和感染异味，而且还会为微生物、仓库害虫创造活动条件。因此在商品储存过程中，仓库保管员一定要搞好储存环境的卫生，保持商品本身的卫生，防止商品之间的感染。大气中的有害气体主要来自燃料燃放时放出的烟尘以及工业生产过程中的粉尘、废气。商品被储存在有害气体浓度大的空气中，其质量变化明显，特别是金属商品必须远离二氧化硫发源地。

4.2.3　跨境电子商务商品包装

1. 包装概述

包装起源于原始社会末期，当时的人们将自然界提供的植物作为最早的包装材料。早期包装的目的单一，就是保护商品。随着科学技术的进步和商品经济的发展，人们对包装的认识不断深化，赋予了包装新的意义。

包装是跨境电子商务末端环节的工作。由于跨境电子商务的物流时间长，中转环节较多，甚至需要经常变换运输工具，而跨境电子商务商品包装的水平直接影响客户体验，因此对跨境商品的包装必须严格要求。

2. 包装的分类

（1）按包装功能分类

按包装功能，包装可以分为运输包装和销售包装。

① 运输包装又称大包装或外包装，指在商品运输时将一件或数件商品装入容器或以特定方式加以包扎的二次包装。运输包装必须牢固，它的作用是保护商品的品质完好与数量完整，以便运输、储存、检验、计数和分拨。

运输包装的方式主要有两种：单件运输包装和集合运输包装。

- 单件运输包装。它是根据商品的形态或特性将一件或数件商品装入一个较小容器内的包装方式。单件运输包装使用的材料有纸、塑料、木材、金属及陶瓷等。
- 集合运输包装。它是指将若干单件运输包装物品组合成一件大的包装或装入一个大的包装容器内的包装方式。集合运输包装使用的材料主要有集装箱、集装袋、托盘等。

② 销售包装又称小包装或内包装。它是随着商品进入零售环节并和消费者直接见面的包装。销售包装实际上是一种零售包装。

（2）按包装形态分类

按照包装形态分类，包装可分为逐个包装、内部包装和外部包装。

① 逐个包装指交到使用者手里的最小包装，是把商品全部或部分装进袋子或其他容器里并予以密封的状态和技术。

② 内部包装指将逐个包装归并为一个或两个以上的较大单位并放进中间容器里的状态

和技术，也包括为保护容器里的商品而在容器里放入其他材料的状态及技术。

③ 外部包装指从运输作业的角度考虑，为了对商品加以保护且便于搬运，将商品放入箱子、袋子等容器的状态和技术，包括缓冲、固定、防湿、防水等措施。

（3）按贸易中有无特殊要求分类

按贸易中有无特殊要求，包装可以分为一般包装、中性包装和定牌包装。

① 一般包装就是普通包装，用于货主对包装没有任何特殊要求的情况。

② 中性包装指在商品和商品的内外包装上不注明生产地和生产厂名，也不注明原有商标和牌号，甚至没有任何文字的包装。中性包装包括无牌中性包装和定牌中性包装。

③ 定牌包装指卖方在商品及其包装上采用买方指定的商标或者牌号，且均注明生产地的包装。一般对于境外大量、长期、稳定的订货，可以接受买方指定的商标。有的时候为了利用买方的销售渠道和品牌的声誉，卖方也可以采用这种做法。

此外，按包装技术的不同，包装还可分为充气包装、真空包装、防潮包装、防锈包装、防虫包装、脱氧包装、防震包装、防腐包装、危险品包装等。

3. 跨境电子商务包装原则

（1）适应商品和运输特性

由于运输时间长，涉及的运输环境和各国的要求不同，包装必须适应商品和运输的特性，必须考虑到不同国家对包装材料的要求。例如，阿拉伯国家规定进口商品的包装禁用六角星图案。若海关发现货物使用了本国禁止的包装图案或包装材料，轻则禁止货物入境，重则当场销毁，由此产生的一切费用由卖家承担。

（2）运输包装的标志要标准、清晰

运输包装的标志按用途可分为运输标志、指示性标志和警告性标志 3 种。

① 运输标志，通常是为了在集散地区别不同客户的货物而贴的标志，由一个简单的几何图形及一些字母、数字和简单的文字组成，如图 4-6 所示。运输标志一般包括收货人代号、目的港（地）名称、参考号（信用证号、合同号）、件数、批号。此外，有的运输标志还包括原产地、合同号、许可证号、体积与重量等内容。运输标志的内容繁简不一，由买卖双方根据商品特点和具体要求商定。

图 4-6 运输标志示例

② 指示性标志又称安全标志，是指根据商品的特性，对一些容易破碎、残损、变质的商品，用图形或文字表示在运装卸工作和存放保管条件方面所提出的要求和注意事项，如图 4-7 所示。一些国际组织，如国际标准化组织（International Organization for Standardization, ISO）制定了包装储运指示性标志，并建议各会员予以采纳。

图 4-7　指示性标志示例

③ 警告性标志又称危险品标志，是指在装有爆炸品、易燃物品、腐蚀物品、氧化物和放射物质等危险货物的运输包装上，用图形或文字表示各种危险属性的标志，如图 4-8 所示。警告性标志的作用是警告装卸、运输和保管有关人员按货物特性采取相应的措施以保证人身和货物的安全。

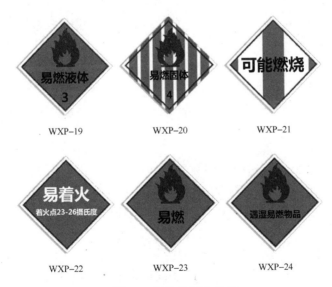

图 4-8　警告性标志示例

（3）根据运输环境确定最优包装

跨境物流相对于境内物流的一个重要区别就是在运输过程中经历的环境不同。装卸条件、运输条件、储存条件、气候条件、机械条件、化学和生物条件等都对包装提出了要求。包装合理不仅指单独一件商品的包装合理，还指这个包装与整个物流体系相符，最终形成合理的物流。

不同的装卸方法决定了不同的包装。例如，商品在一些情况下需要人工装卸，所以其包装一定要便于搬运。企业在确定包装时，应根据不同的储存条件和方法采用不同的包装强度。例如，企业在潮湿环境下必须使用防潮的包装材料。运输工具的类型、输送距离、线路情况等对包装都有影响。国际运输形式多样，如远洋运输、国际铁路运输、国际航空运输、国际多式联运等，不同的运输方式对包装有着不同的要求和影响。

（4）推崇绿色包装

绿色包装是指不会伤害生态环境和人体健康，能够循环使用和再生利用，且能够促进可持续发展的商品包装。一些发达国家（地区）对包装做出了一些规定，坚持低消耗、开发新绿色材料、再利用、再循环和可降解的原则。

4. 商品包装的步骤

（1）拣选

如果有多件商品需要同时寄运，拣选时要注意把每件商品分开放置，并为每件商品准备充足的缓冲材料（如泡沫板、颗粒缓冲、皱纹纸等）。需要注意的是，由于颗粒缓冲材料可能会在运输过程中发生移动，企业在采用颗粒缓冲材料时一定要压紧压实。

（2）打包

打包时要注意将商品放入一个比较牢固的箱子里，并使用缓冲材料把商品与箱子之间的空隙填满，但不要让箱子鼓起来。如果是旧箱子，则要把以前的标签移除，而且要确保其承重力足够强。

（3）封装

封装一般使用封箱带或胶带。如果用的是封箱带，要采用十字交叉的方法拉紧；如果用的是胶带，则胶带宽度至少为 6cm。

5. 包装材料的类型

常用的包装材料有纸箱、泡沫箱、牛皮纸、文件袋、编织袋、自封袋、无纺布袋等。常用的包装辅材有封箱带、警示不干胶、气泡膜、珍珠棉等。其中以纸箱包装最为常用，下面重点介绍如何选择纸箱。

（1）按纸板层数分

按纸箱所使用的纸板（瓦楞板）层数的不同，纸箱可以分为 3 层纸箱、5 层纸箱、7 层纸箱。3 层纸箱的强度最低，7 层纸箱的强度最高。服装等不怕压、不易碎的商品，一般用 3 层纸箱包装；玻璃、数码商品、电路板等易碎商品，最好用 5 层纸箱，再配以气泡膜。

（2）按纸箱的形状分

按纸箱形状的不同，纸箱可以分为普箱（或双翼箱）、全盖箱、天地盒、火柴盒、异型箱（啤盒）等。天地盒、异型箱的价格要高于普箱，因为其用料较多，侧面一般为两层纸板，故强度、密封性高于普箱。普箱的应用范围最广。

企业选购纸箱时，最好根据商品特征、买家要求，同时结合成本投入进行综合考虑。虽然强度高的纸箱安全性更高，但是成本也更高，且物流成本会相应增加。企业也可以定制自己的专用包装纸箱，印上自己的 Logo 等信息，这样可以让商品在物流全程吸引更多的关注。

4.2.4　跨境电子商务商品出库管理

1. 商品出库基本要求及主要形式

商品出库业务是仓库根据使用单位或业务部门开出的商品出库凭证（提货单、领料单、调拨单），按其所列的商品名称、规格、数量和时间、地点等项目，组织商品出库、登账、配货、复检、点交清理、送货等一系列工作的总称。

（1）商品出库的基本要求

① 先进先出原则。先进先出原则要求先入库的商品先出库，以保持库存商品质量完好的状态。尤其对于易变质、易破损、易腐败的商品与机能易退化、老化的商品，仓库应加快周转，对于变质失效的商品则不准出库。

② 出库凭证和手续必须符合要求。出库凭证无论采用何种形式都必须真实、有效。出库凭证若不符合要求，仓库不得擅自发货。遇有特殊情况必须经领导批准，按照仓库有关规定发货。

③ 要严格遵守仓库有关出库的各项规章制度。

- 发出商品必须与提货单、领料单或调拨单上所列的名称、规格、型号、单价、数量相符。
- 未验收的商品以及有问题的商品不得发出仓库。
- 商品入库检验与出库检验方法应保持一致，以避免造成库存盈亏。
- 超过提货单有效期尚未办理提货手续的，不得发货。

④ 提高服务质量，满足客户需要。商品出库要求仓库做到及时、准确、保质、保量地将商品发放给收货单位，防止差错事故发生；工作尽量一次完成，提高作业效率；为客户提货创造各种方便条件，协助客户解决实际问题。

（2）商品出库的主要方式

① 客户自提。客户自提是指客户自派车辆和人员，持提货单（领料单）到仓库直接提货的一种出库方式。仓库根据提货单（领料单）发货。交接手续应在仓库内当即办理完毕。此种方式适用于运输距离近、提货数量少的客户。

② 代办托运。代办托运是指仓库接受客户的委托，为客户办理商品托运时，依据货主开具的出库凭证上所列商品的品种、规格、质量、数量、价格等办理出库手续，通过航空、公路、铁路、水路等运输方式，把商品发运到客户指定地方的一种出库方式。此种方式较为常用，也是仓库推行优质服务的措施之一，适用于大宗、长距离的商品出库。

③ 送货上门。送货上门就是仓库派自己的车辆和人员，根据客户的要求，把出库凭证上所开列的商品直接运输到客户指定地点的一种出库方式。库管员要在送货前与送货人员办理好交接手续，送货人员把商品运到目的地后也应与客户或收货人员办理交接手续。开展送货上门，进一步服务到位，是仓库广泛开展的优质服务活动。一些经营性的仓储企业正积极探索开展商品的配送业务，逐步把仓库变成商品配送中心，增加服务对象，拓展经营范围，以优质服务占领仓储市场。

④ 过户、转仓、取样。过户是一种就地划拨的方式。商品虽未出库，但是所有权已从

原货主转移至新货主。仓库必须根据原货主开出的正式过户凭证办理过户手续。

转仓是指货主为了业务方便或改变商品储存条件，需要将某批库存商品从甲库转移到乙库。仓库也必须根据货主开出的正式转仓票办理转仓手续。

取样是指货主单位根据商品质量检验、样品陈列等需要到仓库取货样。仓库必须根据正式取样凭证发给样品，并做好账务记录。

2. 商品出库的一般程序

商品出库应严格按照程序办理，一般程序主要包括出库准备、审核出库凭证、备货、复核、包装、刷麦、点交和结算、清理等。

（1）出库准备

出库准备是指按先后顺序分轻、重、缓、急，合理安排当日的出库配装计划，并提前做好分单、分拣、理货及待运工作，使仓库作业有计划地均衡进行，避免忙闲不均。出库准备包括的内容有选择发货的货区、货位；检查出库商品，拆除货垛苫盖物；安排好出库商品的堆放场地；安排好人力和机械设备；准备好包装材料；等等。对送货上门的商品，仓库要备好运输车辆，代办托运的要与铁路、公路、水路等承运部门联系。

（2）审核出库凭证

仓库接到出库凭证（如提货单、领料单）后，必须对出库凭证进行审核。首先要审核货主开出的提货单的合法性和真实性，或审核领料单上是否有其部门主管或指定的专人签章，手续不全不予出库，如遇特殊情况，则需经有关负责人同意，出库后补办手续；其次要核对商品的品名、型号、规格、单价、数量；最后要核对收货单位、到站、开户行和账号是否齐全和准确。如属客户自提出库，则要核查提货单有无财务部门准许发货的签章。提货单必须是符合财务制度要求的具有法律效力的凭证。

（3）备货

备货要按出库凭证所列项目和数量进行，不得随意变更。备货计量一般依据商品入库验收单上的数量进行，不再重新过磅，对被拆散、零星商品应重新过磅。备好的商品应放于相应的区域等待出库。同时，出库商品应附有质量证明书或抄件、磅码单、装箱单等附件。机电设备、仪器仪表等商品的说明书及合格证应随商品同行。进口商品还要附海关证明、商品检验报告等。

（4）复核

为避免出库商品出错，仓库在备货后应进行复核。复核可由专人复核，也可由保管员互核。复核的内容包括名称、规格、型号、批次、数量、单价等项目是否同出库凭证所列内容一致，机械设备等的配件是否齐全，所附证件是否齐备，外观质量、包装是否完好等，复核人员复核无误后，应在提货单上签名。

（5）包装

包装是为了保护商品在运输途中不受损坏，一般需符合以下要求。

① 根据商品的外形特点选择适宜的包装材料，包装尺寸要便于商品的装卸和搬运。

② 要符合商品运输的要求。

• 包装应牢固，怕潮的商品应垫一层防潮纸，易碎的商品应垫软质衬垫物。

• 包装的外部要有明显标志，标明对装卸搬运的要求及其他标志；危险品必须严格按规定进行包装，并在包装外部标明危险品有关标志。

- 不同运价的商品应尽量不包装在一起，以免增加运输成本。
③ 严禁性能抵触、互相影响的商品混合包装。
④ 包装的容器应与被包装商品的体积相适应。
⑤ 节约使用包装材料，避免浪费。
（6）刷麦

包装完毕后，相关人员要在包装上写明收货单位、到站、发货号、本批商品的总包装件数、发货单位等，字迹要清晰，书写要准确，并在相应位置印刷或粘贴条码标签。利用旧包装时，应彻底清除原有标识，以免造成标识混乱，导致差错。

（7）点交和结算

出库商品经复核、包装后，要向提货人员点交。在点交过程中，对于有些重要商品的技术要求、使用方法、注意事项，保管员应主动向提货人员交代清楚，做好技术咨询服务工作。商品移交清楚后，提货人员应在出库凭证上签名。商品点交后，保管员应在出库凭证上填写"实发数""发货日期""提货单位"等内容并签名，然后将出库凭证有关联次同有关证件即时送交货主，以便进行货款结算。

（8）清理

商品出库后，有的货垛被拆开，有的货位被打乱，有的发货现场还留有垃圾、杂物。保管员应根据储存规划要求，该并垛的并垛，该挪位的挪位，并及时清扫发货现场，保持清洁整齐，腾出新的货位、库房以备新的入库商品之用；并清查发货的设备和工具有无丢失、损坏等。同时，一批商品发完后，要收集整理该批商品的出入库、保管保养及盈亏数据等情况，然后将相关资料存入商品档案，妥善保管，以备查用。

3. 仓库出库凭证分类与流转

（1）出库凭证分类

① 领（送）料单。领（送）料单一般作为企业内部原材料、工具或备品备件领料的凭证。各企业的领（送）料单种类、格式不尽相同。

② 出库单。出库单一般作为销售或第三方物流仓库商品出库的凭证。出库单因企业性质不同而各异。一般来说，出库单主要有以下项目：发货单位、发货时间、出库品种、出库数量、出库金额、出库方式选择、运算结算方式、提货人签字、仓库主管签字等。

（2）领（料）单和出库单的流转

① 领（送）料单的流转。领（送）料单通常一式四联：计划物控部门（经营部门）开单后留下一联进行计算机处理，其他联送往仓库，仓库发完料与生产部门点收后，签回第二联，第三联留于生产部门，第四联送会计部门核算。

② 出库单的流转。出库单作为第三方物流仓库商品出库凭证的流转程序如下。

- 业务受理员根据出库单，将出库单和货物档案（即货物资料）转给仓库管理员，到现场备货。
- 仓库管理员根据出库单和货物档案核对货物，并与作业班组或计量员等联系，现场备货，核对无误、手续完备后装车发货，并与提货人清点交接；按照实发数量及有关内容填写发货单，转复核员进行实物复核。
- 复核员根据出库单，现场核对凭证号、实发数量、规格型号、储存货位、存货数量等，确认无误后签字，将所有单证退交仓库管理员。

- 仓库管理员在复核后的出库单诸联上加盖出库专用章，并将出库情况录入计算机。
- 业务受理员对仓库管理员和收费员返回的出库单一联和出库清单一联审核无误后，将出库单一联归档留存；根据实发数量填写仓单分割单，将出库清单一联经签字、盖章后返给存货人。

4. 商品出库时发生问题的处理

（1）出库凭证问题的处理

① 出库凭证假冒、复制、涂改。发现出库凭证有假冒、复制、涂改等情况，仓库管理员应及时与仓库保卫部门及领导联系，以妥善处理。

凡出库凭证超过提货期限，提货人员前来提货的，必须先办理手续，按规定缴足逾期仓储保管费，方可发货。跨年度的或超过一个月不来提货的，出库凭证作废，如需要提供可重新办理开票手续。

② 凭证有疑点或问题。凡发现出库凭证有疑点或者情况不清楚，仓库管理员应及时与制票员联系，以尽快查明和更正。商品虽然进库但因某些原因未检验完毕或期货未到库的凭证，一般可暂缓发货，提期顺延，仓库管理员不能以发代验；任何白条都不能作为发货凭证，严禁无证、电话、口授发货，任何人不能强制仓库管理员将库存商品借用、试用；若规格开错或印鉴不符，仓库管理员不得调换规格发货，必须通过制票员重新开票方可发货；凡出库凭证指定厂家的，仓库管理员必须照发，未注明的，可按发货原则处理；同型号、同规格、不同颜色的商品，凭证上注明的，按凭证要求发货，未注明的，由仓库管理员安排。

③ 凭证遗失。如客户因各种原因将出库凭证遗失，客户单位必须出具证明，持证明到制票员处挂失，由制票员签字作为旁证，然后由仓库找仓库管理员报案挂失；如果报案时货已被提走，仓库管理员不负责任，但须协助破案；如果货还没有被提走，经仓库管理员查实后，凭上述证明，做好挂失登记，将原凭证作废，延缓发货。仓库管理员必须时刻警惕，如再有人持作废凭证要求发货，应立即与保卫部门联系处理。

（2）商品出库后问题的处理

① 商品品种混串。商品出库后，客户反映品种混串、数量不符等问题，如确属仓库管理员发货差错，应予以纠正致歉；如不属仓库管理员发货差错，应耐心向客户解释清楚，请客户另行查找原因。

② 商品型号规格开错。凡属客户原因，型号规格开错，制票员同意退货，仓库管理员应按入库验收程序重新验收入库；如果包装损坏、产品损坏，仓库管理员应不予退货，待修好后按入库质量要求重新入库。

③ 商品内在质量问题。凡属商品内在质量问题，客户要求退货和换货的，应由国家指定的质检部门出具检查证明、试验记录，经商品主管部门同意后可以退货或换货。

④ 易碎商品发货后，客户要求调换。凡属易碎商品，发货后客户要求调换，企业应以礼相待，婉言谢绝；如果客户要求帮助解决易碎配件，可协助联系解决。

⑤ 仓库管理员发现账实不符。商品出库后，仓库管理员发现账实不符，要及时向上级汇报，派专人及时查找追回，以减少损失，不可久拖不决。

（3）退货的处理

商品退货有各种原因，有的是发货人员在按订单发货时出现了错误；有的是运输途中商品受到损坏，负责赔偿的运输单位要求发货人员确定所需修理费用；有的是客户订货有误；等等。以上 3 种情况处理起来比较简单。最难办的是如何正确处理有缺陷的退货，维持良好的客户关系。

退货处理的一般程序如下。

① 客户退货时应填写"退货申请表"，在收到同意退货的反馈后，须按约定的运输方式办理运输。

② 仓库收到客户的退货时，应尽快清点完毕，如有异议必须以书面的形式提出。

③ 退回的货品与退货申请表是否相符，以仓库清点为准。

④ 仓库应将退回的商品根据退货原因分别存放、标识。对由供应商所造成的不合格品，应与采购部门联系，催促供应商及时提回；对由仓库造成的不合格品且不能修复的，每月应申报一次，及时进行处理。

⑤ 对已发放的货品和退回的货品，要及时入账，并按时向其他部门报送有关资料。

课堂实训活动4-2

活动题目： 总结跨境电子商务入库与出库作业流程

活动步骤：

1. 对学生进行教学分组，每个小组 3～5 人，以小组为单位进行讨论；

2. 了解跨境电子商务入库与出库作业流程，归纳总结每个流程的具体操作与操作要点，并将结果填入表 4-6；

3. 每个小组将讨论结果形成 PPT，派 1 名代表进行演示；

4. 教师给予评价。

表 4-6　　　　　　　　　　跨境电子商务入库与出库流程

入库具体流程及操作要点	
出库具体流程及操作要点	

4.3　跨境电子商务库存管理

4.3.1　跨境电子商务库存管理认知

1. 跨境电子商务库存的基本概念

库存（Inventory）有时被译为"存储"或"储备"，是为了满足未来需要而暂时闲置的资源。人、财、物、信息等各方面的资源都有库存问题。跨境电子商务库存是指跨境电子商务企业在运营过程中在各个仓库点堆积的原材料、零部件、产成品和其他物资，其分布在各个环节，如图 4-9 所示。

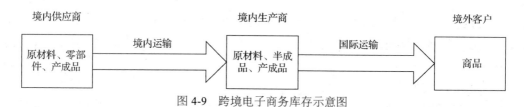

图 4-9　跨境电子商务库存示意图

　　跨境电子商务企业根据其主要业务的不同分为各种类型。对于生产制造型跨境电子商务企业，库存包括原材料、半成品、产成品、备件、低值易耗品等；对于商业流通型跨境电子商务企业，库存包括用于销售的商品和用于管理的低值易耗品。

　　一方面，生产制造型跨境电子商务企业为了保证生产的连续性，一般会保有原材料、备件等库存。商品流通型跨境电子商务企业的库房需要辐射一定区域的客户，这部分客户的购买需求就是库房应该保有的库存量。一旦库房的供货能力不足或者来不及供货，就会影响销售。另一方面，任何库存都需要一定数量的维持和保管费用，同时还存在由于商品积压或损坏而带来的库存风险。因此，跨境电子商务企业在库存管理中既要保持合适的库存数量以防止缺货损失、保证企业信誉，又要防止库存过高，引起库存成本大幅上升。对于跨境电子商务企业来说，及时清空库存、提高库存周转率是盈利的基本保证。

　　2. 跨境电子商务库存的分类

　　跨境电子商务库存的分类和传统库存的分类基本相同，按照不同标准可以分成不同类别，具体如下。

　　（1）按存货的作用分类

　　按存货的作用，跨境电子商务库存分为周转库存、安全库存和调节库存 3 类。

　　① 周转库存是指为满足日常生产经营需要而保有的库存。周转库存量与采购量直接相关。跨境电子商务企业为了降低物流成本或生产成本，需要批量生产、批量采购和批量运输，这就形成了当库存降低到一定水平时需要进行周期性补充的周转库存。周转库存随着每天的消耗而减少。

　　② 安全库存是指为了防止不确定因素的发生（如供货时间延迟、库存消耗速度突然加快等）而设置的库存。安全库存的大小与库存安全系数或者库存服务水平有关。从经济性的角度看，安全系数应确定在一个合适的水平上。例如，跨境电子商务企业为了预防运输、关税政策等不确定因素的发生而进行的商品储备等，就是安全库存。

　　③ 调节库存是指用于调节需求与供应的不均衡、生产速度与供应的不均衡以及各个生产阶段产出的不均衡而设置的库存。

　　（2）按生产过程分类

　　按生产过程，跨境电子商务库存分为原材料库存、在制品库存、产成品库存 3 类。

　　① 原材料库存是指生产制造型企业已经购买的用于商品生产，但尚未投入生产的材料。

　　② 在制品库存是指在生产线上加工的半成品和加工件。

　　③ 产成品库存是指已经完工入库等待装运发货的商品。

　　（3）按库存所处状态分类

　　按库存所处状态，跨境电子商务库存分为在库库存和在途库存两类。

　　① 在库库存是指存储在仓库（包括境内仓库和海外仓）中的商品，是存货的主要形式。

　　② 在途库存是指处于生产地和存储地之间的商品。这些商品有的处于运输过程中，有的位于临时存储地。跨境电子商务物流由于运输距离长、运输速度慢，其在途库存有时可能

超过在库库存。

3. 跨境电子商务的库存管理

（1）跨境电子商务库存管理的基本概念

跨境电子商务库存管理是指在跨境电子商务经营过程中对商品数量的管理，即根据外界对跨境电子商务企业库存的要求、企业订购的特点，预测、计划和执行补充库存的行为，并对这种行为进行控制，重点在于确定如何订货、订购多少、何时订货。

库存管理系统是生产、计划和控制库存的基础。系统通过对仓库、货位等的账务管理，以及对入（出）库物资、入（出）库单据的管理，及时反映各种物资的仓储、流动情况，为生产管理和成本核算提供依据。库存管理系统通过库存分析，为管理及决策人员提供库存资金占用情况、物资积压情况、短缺（超储）情况、ABC 分类情况等不同的统计分析信息；通过对批号的跟踪实现"专批专管"，保证质量跟踪的贯通。

仓库管理与库存管理的区别在于：仓库管理主要是对仓库或库房的布置、物料运输和搬运以及存储自动化等的管理；而库存管理的对象是库存项目，即企业中的所有物料，包括原材料、零部件、在制品、半成品、产成品及其辅助物料等。库存管理的主要功能是在供需之间建立缓冲区，以缓和客户需求与企业生产能力之间、最终装配需求与零配件之间、零件加工工序之间、生产厂家需求与原材料供应商之间的矛盾。

课堂小贴士 4-2

仓库5S管理

5S 是由整理、整顿、清扫、清洁、素养这 5 个词语的日语罗马拼音的第一个字母"S"组成的。

（1）整理是指将工作场所内的物品分类，并把不要的物品坚决清理掉。其目的是腾出更大的空间，防止物品混用、误用，创造一个干净的工作场所。将工作场所中的物品区分为经常用的（放置在工作场所容易取到的位置，以便随时可以取到）、不经常用的（储存在专用的固定位置）、不再使用的（坚决清理掉）。

（2）整顿是指把有用的物品按规定分类摆放好，并做好适当的标识，杜绝乱堆、乱放、物品混淆不清，该找的东西找不到等无序现象的发生，以便使工作场所一目了然，营造整齐、干净的工作环境，减少寻找物品的时间，清除过多的积压物品。

（3）清扫是指将工作场所内所有的地方及工作时使用的仪器、设备、工量夹具、货架、材料等打扫干净，使工作场所干净、宽敞、明亮。其目的是维护生产安全，减少工业灾害，保证品质。

（4）清洁是指经常性地做整理、整顿、清扫工作，并对以上 3 项活动进行定期与不定期的监督检查。5S 工作责任人负责相关的 5S 责任事项，每天上下班前花 3～5 分钟做好 5S 工作，经常进行自我检查与相互检查、专职定期或不定期检查等。

（5）素养是指让每个员工都养成良好的习惯，自觉遵守规章制度，如遵守作息时间、工作精神饱满、仪表整齐、保持环境的清洁等。

（2）跨境电子商务库存管理的模式与特征

跨境电子商务库存管理的实质是对库存进行管理。过多的库存将占用大量资金，使跨境电子商务企业的流动资金较为紧张、投资回报率降低；而如果库存过少则会影响生产的连续性，或难以满足客户需求。因此跨境电子商务企业进行库存管理，应当衡量资金占用成本，合理控制库存。

① 跨境电子商务库存管理模式。作为跨境电子商务物流管理的核心环节，库存管理的最佳状态应当是既能够满足客户的需求，又能够保证库存所占资金最少。当前跨境电子商务库存管理模式主要有 4 种。

• 传统库存管理模式。传统库存管理模式是指跨境电子商务企业的各个单位在物流过程中只针对自己的库存制定管理策略，基于交易层次、由订单驱动的一种静态的库存管理模式。

• 供应商库存管理模式。这是一种基于战略合作贸易伙伴关系而形成的库存管理模式。在这种模式下，供应商对跨境电子商务企业运营所需要的物资进行管理，需要一定的协议来保障。而且由于库存成本不高，许多跨境电子商务企业近年来都采用这种模式。

• 联合库存管理模式。这是一种基于协调中心统一调度的库存管理模式，与传统库存管理模式相对应，能够克服传统库存管理模式的缺陷，避免供应链中存在的风险，帮助企业及时应对市场变化。

• 协同式供应链库存管理模式。这种库存管理模式建立在供应链集成的集成商之上，以减少供应商的存货量，增加供应商的销售量，促进跨境电子商务企业与供应商的深入合作，消除供应链中存在的束缚。

② 跨境电子商务库存管理的特征。当前跨境电子商务企业一般采用第三方外包仓储方式，也就是海外供应商库存管理模式以联合库存管理模式为主，其在世界范围内的各个货源地都建有货仓，形成了覆盖全球的仓储网络，因此能够进行库存标准化管理，形成科学的库存管理办法。跨境电子商务企业一般都配套了简易的智能操作系统。通过互联网等现代通信技术，非物流专业的使用者也能方便地进行库存管理，实现信息流、物流的无缝对接。总体来说，针对个人与商户有两种库存管理流程，可逐渐提升使用者的体验。在未来的发展中，跨境电子商务库存管理将具有更多的个性化模块，跨境电子商务企业在库存建设方面也将投入更多的资金，库存管理在整个跨境电子商务物流中的地位将更加凸显。

由于跨境电子商务涉及的商品品种逐渐增多和不断升级，许多大型商品，如家居商品，很难通过航空运送，采用传统海运会增加时间成本，因此跨境电子商务企业更多地采用海外仓的形式，使商品送达客户的时间大大缩短，以吸引更多的客户。我国跨境电子商务企业在北美、欧洲等成熟市场中较多采用海外仓的库存模式，如广州很多企业在英国、俄罗斯、西班牙等地自行建立了仓储中心。

 课堂思考

你知道跨境电子商务供应链管理系统有哪些吗？

答案要点提示：

① 采购管理系统是提供采购申请、采购订货、采购收货、采购退货、购货发票处理、供应商管理等功能的管理系统，能够对采购物流和资金流的全过程进行有效的双向控制与跟踪，实现完善的企业物资供应信息管理。

② 订单管理系统通过对订单进行管理与跟踪，动态掌握订单的进展与完成情况，提高物流过程的工作效率，从而缩短运作时间和降低作业成本，增强企业的市场竞争力。

③ 库存管理系统是指涵盖入库管理、库存管理和出库管理等功能的管理系统。

④ 客户关系管理系统是指支持跨境电子商务主流平台的消息及邮件的发送和收取，针对不同场景设置自动发信功能，支持取消订单申请及退货、纠纷处理等售后服务的管理系统。

4.3.2　跨境电子商务库存控制方法

合理的库存控制方法既能保证供给，满足市场要求，又能减少采购次数及降低管理费用，并扩大盈余，这无疑是企业管理者共同期盼的目标。常用的库存控制方法有定期观测库存控制法、ABC 重点控制法、经济订购批量法，本节主要以定期观测库存控制法为例展开介绍。

定期观测库存控制模式，也称定期控制系统或订货间隔期控制系统、固定间隔期系统，是一种以固定订货周期为基础的库存控制方法。""

定期观测库存控制模式优点是，不需要随时检查库存，简化了库存管理，只需要在规定的订货时间检查库存，并根据库存量确定订购量。其缺点是，不论库存水平降得多还是少，都要按期发出订货，如果某一时期需求量突然增大，有可能会发生缺货，所以这种方法主要用于重要性较低物资的库存控制。

在定期观测库存控制模式中，以固定的订货间隔期 T 提出订货。定期控制模式不存在固定的订货点，但有固定的订货间隔期。每次订货的数量不固定，需要根据某种规则补充到目标库存 S 中。目标库存 S 与订货间隔期 T 是事先确定的主要参数，其中目标库存 S 的确定主要考虑为库存设定一个控制限额。订货量由以下规则确定：设订货的实际库存为 I，则当 I 大于 S 时，不订货；当 I 小于 S 时，需要订货。可按下述公式确定订购量：

定购量=平均每日需用量×（订购时间+订购间隔）+保险储备定额-实际库存量-订货余额

定期观测库存控制模式库存量动态变化，如图 4-10 所示。其中，S 为目标库存，I 为实际库存，T 为订货间隔期，L 为订购时间，B 为保险储备定额。

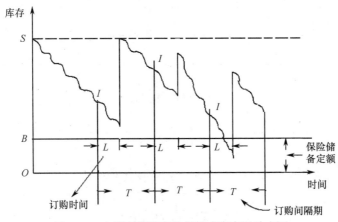

图 4-10　定期观测库存控制模式库存量动态图

例如，某种物资的订购间隔期为 30 天，即一个月订购一次。订购时间为 10 天，每日需用量为 20 吨，保险储备定额为 200 吨，订购日的实际库存量为 450 吨，订货余额为 0，那么，订购量=20×（10+30）+200-450-0=550（吨）。

由此可见，订购间隔期为 30 天，在通常情况下，一次订购量应为 600（即 20×30）吨，而以上计算则为 550 吨，这是由于实际库存已经超过储存量，因此在订购时对订购的批量进行了调整。

课堂小贴士 4-3

仓储的量化指标

（1）仓库吞吐量，也称库存量，是指在一定时期内仓库出库、入库、直拨物资的总量。

（2）平均库存量，是指一定时期内某种商品的平均库存数量。

（3）库存周转率，是指某一时段内库存商品的周转次数，是反映库存周转快慢的指标。

（4）收发正确率，是指仓库在收货、发货方面的正确程度。

（5）商品完好率，是指物资经过保管后的完好情况。

 课堂实训活动4-3

活动题目： 总结跨境电子商务库存控制方法

活动步骤：

1. 对学生进行教学分组，每个小组3～5人，以小组为单位进行讨论；

2. 总结跨境电子商务库存控制的具体方法和实际应用，并将结果填入表4-7；

3. 每个小组将讨论结果形成PPT，派1名代表进行演示；

4. 教师给予评价。

表 4-7 跨境电子商务库存控制方法

具体方法	实际应用

操作重点

• 本章操作重点为区分跨境电子商务物流仓储操作流程。

技能实训

跨境电子商务商品入库管理

【实训目的】

能够独立完成实训，在商品入库过程中掌握操作流程。

【实训内容】

（1）核对验收单。

（2）进行实物验收。

（3）办理入库手续。

【实训步骤】

（1）核对验收单，在核实、查对验收单时，如果发现存在证件不齐或不符等情况，要与货主、供货单位、承运单位和有关业务部门及时联系，对与单据不符的部分商品进行处置。

（2）进行实物验收，通过外观质量验收、数量验收、重量验收等方式查验商品是否合格。

（3）办理入库手续，完成上账、立卡、商品建档，用以记录商品动态，并为对账提供主要依据。

【实训成果与检测】

成果要求

（1）提交案例讨论记录：每个小组 3 名学生，设组长 1 名、记录员 1 名。每个小组必须有小组讨论、工作分工的详细记录，该记录会被作为考核的依据。

（2）能够在规定的时间内完成相关讨论，学习团队合作方式，撰写总结。

评优标准

（1）上课时能积极配合教师，能独立思考、踊跃发言。

（2）能认真阅读案例、积极参加小组讨论、拓展分析问题的思路。案例分析基本完整，能结合所学理论知识解答问题。

（3）团队配合意识较好，积极参加小组活动，分工合作表现较好。

复盘反思

1. 知识盘点：通过对本章的学习，你掌握了哪些知识？请画出思维导图。

2. 方法反思：在完成本章的知识与实训学习后，你学会了哪些分析和解决问题的方法？

3. 行动影响：在完成本章知识与实训学习的过程中，你认为自己还有哪些地方需要改进？

第 5 章
跨境电子商务物流运输

 【教学目标】

知识目标	❖ 了解跨境电子商务物流运输管理的基础知识
	❖ 了解邮政物流、国际商业快递、专线物流的含义及主要类型
	❖ 掌握邮政物流、国际商业快递以及专线物流的运费标准
能力目标	❖ 能够正确计算邮政物流的运费
	❖ 能够灵活选用物流模式
	❖ 能够掌握主流物流模式的运费标准及特点
素质目标	❖ 培养细心严谨的工作态度，增强正确选用物流模式的技能

【导入案例】

美国联合包裹运送服务公司助力国内企业进行跨境电子商务物流

运营成本高、配送时间长、包裹无法全程追踪、不支持退换货，以及出现清关障碍、破损甚至丢失的情况等，是我国制造企业在跨境电子商务领域刚起步时经常会遇到的难题。如今，物流在跨境电子商务中扮演着越来越重要的角色，其决定着制造企业的服务水平和市场竞争力。

1. 直面物流难题

对物流难题，小布涂涂文化创意（大连）有限公司（以下简称"小布涂涂"）有过切肤之痛。这是一家集研发、设计、销售及生产于一体的跨境电子商务公司，主要生产烫钻、刺绣等服装配饰。通过跨境电子商务平台，这家公司迅速开拓了境外 B2B、B2C 业务。但当订单量不断增加后，其负责人却为物流服务伤透了脑筋。因为服装配饰订单金额小、客户多而零散，填写物流快递单往往会耗费大量的人力与时间。

在全球市场竞争越来越激烈的环境中，终端客户的体验对企业利润的增长或减少起着决定性作用。为了优化流程、降低运营成本，小布涂涂与跨国物流公司美国联合包裹运送服务公司（United Parcel Service，UPS）合作，将 UPS 的功能集成到企业自有系统和跨境电子商务网站中，这样所有信息只需要填写一次，订单、发票等都可以通过企业自有系统直接打印，无须再登录物流公司的系统。仅此一项，小布涂涂每个业务员平均每天大约可节省 45 分钟的物流业务处理时间，这样不仅改善了客户的物流体验，还大幅提升了业务效率，缩短了货件出口前的准备时间，同时更便于查询物流状态。

2. 优化物流供应链

全球众多国家和地区有着各自不同的税收和海关制度。当今的跨境电子商务在为制造企业提供产品直销全球的机会的同时，也为其物流和供应链管理带来难以想象的挑战。企业只有更好地规划信息流、物流、资金流，做到"三流合一"，才能搭建好高效、完整的供应链系统。

　　跨境电子商务企业不仅要增强内部采购供应链和销售供应链的协同性，提高库存、资金、人力的利用率，及时应对客户需求，还要通过高效的供应链管理连通采购、生产、销售、退换货等环节，避免不必要的人力和时间成本花费，以提升整个企业的运营效率。

　　为了解决这一难题，UPS 在全球多个国家和地区提供代理清关服务，由经验丰富的清关团队帮助出口企业全面了解清关流程并提供专业的建议，避免因延误造成时间和金钱的消耗，让出口企业专注于核心业务。

3. 物流全程可视化管理

　　货品跨境运输中的安全性非常重要，一个零件损坏就需要重新运送该零件或完整的产品，这无疑增加了制造企业的时间和金钱成本。尤其对于高科技出口制造企业来说，其产品体积小而价值高，对运输的安全更为看重。为防止货品丢失，从发货开始到最终收货，UPS 运用一系列高科技工具为整个运送流程保驾护航。

　　上海为彪汽配制造有限公司（以下简称"为彪汽配"）主要生产汽车胎压监测仪、车用开关等产品，其中胎压监测仪在美国市场占有率达到 20%，因其体积小而价值高，该公司一度受到运输过程中产品破损问题的困扰。在采用了 UPS 提供的可视化服务后，其实现了自动生成货件追踪报告，实时监控货件安全。一旦在运输中出现意外，为彪汽配会在第一时间收到系统的提醒，将风险降到最低。这项改善将为彪汽配的物流效率提升了 10%。

　　通过在线追踪系统，货物递送过程实现可视化，出口企业能够随时在线跟踪货物状态。同时，系统能够自动将重要货件的状态信息及意外情况及时发送给消费者，使消费者不必再担心运输过程中会出现问题，进一步提升了消费者的满意度。

　　为彪汽配采取零库存仓储模式，在旺季出口高峰期转运时效压力很大。在采用了 UPS"全球特快服务"后，其能够在 1～3 个工作日内将货件从我国送达欧美主要国家，确保产品在完成生产后快速送到买家手中，实现了生产和销售在供应链上的无缝衔接。如果出口企业需要紧急运输高时效、高价值货物，采用 UPS"全球特快服务"能保证在指定日期的 12:00 之前将货物送达美国的大多数地区，以及欧洲的主要城市。

　　案例小思考：上述案例中，UPS 是如何解决跨境电子商务物流难题的？

5.1　跨境电子商务物流运输管理

　　跨境电子商务的发展离不开跨境电子商务物流运输，跨境电子商务的每笔交易都离不开运输这一环节。从某种程度上来说，跨境电子商务的发展促进了跨境电子商务物流运输的迅速发展。然而由于跨境电子商务物流运输自身的各种影响因素，其发展跟不上跨境电子商务的步伐，因此如何寻求一种比较完善的物流运输方式是当下跨境电子商务运输面临的问题。

5.1.1　跨境电子商务物流运输的概念

　　跨境电子商务物流运输，通俗地说，就是使商品在不同的国家（地区）之间进行流通，达到把商品从一个国家（地区）运输到另一个国家（地区）的目的。

　　跨境电子商务的诞生，也引发了物流运输方式的变化。跨境电子商务不同于以往的国际贸易，它拥有很多得天独厚的优势，但也拥有明显的缺点。一是运输环节冗长；二是整个运输涉及的部门较多；三是与境外客户沟通比与境内客户沟通要复杂得多。此时，跨境电子商务物流从之前的境内电商物流中剥离开来，成为独特的物流运输方式。各大跨境电子商务平台从抢卖家、争买家的阶段进入了提升跨境电子商务物流服务质量的阶段。

在跨境电子商务物流运输系统中，运输是最重要的一个环节，它将生产者、中间商、购买者紧密联系在一起，而运输环节也随着交寄主体的不同，以不间断的形式实现着物联网、资金网和信息网的运行，中间的所有运输环节都涉及物流决策。物流决策不仅与物流商有关系，还受到技术、经济、政府导向、消费者偏好等多方面的影响，是一个复杂的系统，将决定整个贸易是成功还是失败。通过梳理跨境电子商务物流运输的模式，将运输环节放置于整个贸易流程中联结起来看，可以更好地理解决策者面临的背景、诉求，解析决策者依据运输活动建立起的各种关系，为持续优化系统打下坚实的基础。

5.1.2　跨境电子商务物流运输的特征

1. 中国邮政是主渠道运营商

由于万国邮政联盟和中国政府的相关规定，加上邮政普遍性服务的特点，目前在物流运输商中，中国邮政的邮件可以通达全球 200 多个国家和地区。

跨境电子商务物流
运输的特征

2. 环节要求多

跨境电子商务物流运输较境内物流运输多了海关过关、质量检疫等环节，而各个国家和地区的物品进出口要求也有所差异。

3. 附加服务需求大

由于运输全程的时间较长，因此运输过程中对电子信息、客户咨询查询等的附加服务需求较大。

课堂小案例 5-1

苏宁易购的跨境物流之路

苏宁易购为了突破自身在跨境电子商务物流环节的瓶颈，从 2015 年 7 月开始与中外运空运发展股份有限公司（以下简称"中外运"）签署战略合作框架协议。双方将在保税仓代运营、海外仓储租赁及代运营、境内外清（转）关、境外本地配送服务、国际（国内）运力资源获取及运输等跨境物流项目上展开战略合作。据苏宁云商首席运营官侯恩龙介绍，跨境电子商务的物流时效性比较差，如运往美国的商品可能要 10～12 天才能签收。苏宁易购凭借在美国的自采体系，报关业务都自己完成，在时效性方面可以缩短至 5～7 天。而中外运的核心优势在于跨境物流，不仅与 DHL 有 30 多年的战略伙伴关系，覆盖了全球 200 多个国家和地区，同时也是境内在跨境电子商务试点城市均有布局的跨境物流公司之一。

苏宁易购在海外购经营模式上定位于"自营直采+平台海外招商"，物流模式包含海外直邮、保税仓发货两种。

对于自营直采业务，正是因为有了此前在日本、美国的境外布局，苏宁易购率先在"苏宁易购"上线了美国馆、日本馆、韩国馆，依托苏宁易购境外采购公司的供应链优势，通过自建采购团队和物流体系，向当地厂商、零售商直接采购，以保证商品品质和促进供应链管理。

案例小思考：苏宁易购在选择跨境电子商务物流模式时应考虑哪些内容？

思考解析要点：采购团队、物流体系、供应商、海关通关。

5.1.3　跨境电子商务物流运输的作用

运输环节是跨境电子商务物流运输过程中最重要的部分，肩负着将所有货物及时、安全地运送到境外目的国（地区）这一重要责任，主要通过运输可靠性、运输可追溯性、运输有效性 3 个方面来衡量。

在国际贸易中，进出口商品在空间的流通范围极广，没有运输，要进行国际间的商品交换是不可能的。商品成交以后，只有通过运输，按照约定的时间、地点和条件把商品交付给对方，国际贸易的全过程才算完整。相较于国内运输，国际运输涉及更多的环节，线长面广，需要承担更高的风险。国际物流整个运输过程所涉及的运输方式有海路运输、陆路运输、航空运输、管道运输以及多式联运运输等，并且还要选择合适的运输路线和对运输活动进行合理、有效的管理。多变的运输方式、多样的运输工具、各国之间的运输关系等，都暗含较多的可变因素，增大了运输的风险系数，会对国际物流的运输效率产生重要影响。跨境电子商务物流运输是物的国际间物理性运动，这种运动改变了物的空间状态，跨境电子商务物流运输承担了改变空间状态的主要任务。

5.1.4　跨境电子商务物流运输的主要方式

1. 国际公路运输

国际公路运输是主要使用汽车，也使用其他车辆（如畜力车）在公路上进行国际货物运输的一种方式。公路运输主要承担近距离、小批量的货运，水运、铁路运输难以到达地区的长途、大批量货运，以及铁路、水运优势难以发挥的短途运输。由于国际公路运输有很强的灵活性，近年来，在有铁路、水运的地区，较长距离的大批量运输也开始使用国际公路运输。国际公路运输的主要优点是灵活性强，公路建设期短，投资较低，易于因地制宜，对到达站设施要求不高。它可以实现"门到门"运输，即从发货者门口直接到收货者门口，而无须转运或反复装卸搬运。国际公路运输也可作为其他运输方式的衔接手段。

2. 国际铁路运输

国际铁路运输是使用国际铁路运输专列运送国际货物的一种运输方式。国际铁路运输主要承担长距离、大批量的货运。在没有水运条件的地区，大批量货物的运输主要依靠国际铁路运输，它是在干线运输中起主力运输作用的运输方式。

在国际货物运输中，国际铁路运输是仅次于国际海运的运输方式。国际海运的进出口货物，大多也是靠国际铁路运输进行货物的集中和分散的。国际铁路运输具备多种优势，一般不受气候条件的影响，可保障全年的正常运输，而且运量较大，速度较快，有高度的连续性，在运转过程中发生风险的可能性也较小。它的主要缺点是灵活性差，只能在固定线路上运行，需要与其他运输手段配合和衔接。

3. 国际海运

国际海运属于水路运输的一种，是使用船舶运送货物的一种运输方式，在国际货物运输中运用最广泛。

4．国际航空运输

国际航空运输是使用飞机或其他航空器进行国际货物运输的一种方式。国际航空运输的单位成本很高，因此主要适合运载的货物有两类：一类是价值高、运费承担能力较强的货物，如贵重设备的零部件、高档商品等；另一类是紧急需要的物资，如救灾抢险物资、易贬值或对时效性要求较高的物资，如商业文件、手机、计算机以及疫苗等。

国际航空运输的主要优点是速度快，不受地形的限制。火车、汽车都达不到的国家和地区多依靠国际航空运输，因而其具有重要意义。在 B2C 跨境电子商务物流运输中，国际航空运输是非常重要且普遍的一种运输方式。

课堂小贴士 5-1

中国相关国际物流企业概况如表 5-1 所示。

表 5-1　　　　　　　　　　　　中国相关国际物流企业概况

名称	概况
"运个货"	"运个货"平台以自研云数据系统整合全球大量运力服务商，并通过系统实时对接报价、货物操作跟踪等数据，根据用户需求，结合市场价格波动、线路规划、供应商评级、风险评估等多个维度，为企业智能匹配最优方案
上上签	2020 年，电子签约行业的领跑者"上上签"帮助中谷物流在供应链场景中实现与货运司机承运协议的在线签署，提高业务运转效率，通过电子签约为中谷物流赋能
亿通国际	"亿通国际"深耕口岸及港航信息化服务领域，从政府服务到国际贸易、物流服务再到航运金融服务，是一家为国际贸易和航运业提供综合性数字化服务的企业。其发展目标是通过"同一平台、一点接入"的模式，促进口岸贸易便利化、物流便利化和通关便利化
海空网	在物流领域，"海空网"具备船期查询、海运运价查询、空运运价查询、在线下单、物流节点信息主动推送及跟踪查询、在线确认提单、在线确认费用等功能，可以提供海空运订舱、报关、拖卡、仓储、内装、集拼、分拣、贴标、质检、货运保险、订单管理等一站式服务

 课堂实训活动5-1

活动题目：举例说明跨境电子商务物流运输的意义

活动步骤：

1．对学生进行教学分组，每个小组 3～5 人，以小组为单位进行讨论；

2．指出跨境电子商务物流运输的意义，举出实例说明，并将结果填入表 5-2；

3．每个小组将讨论结果形成 PPT，派 1 名代表进行演示；

4．教师给予评价。

表 5-2　　　　　　　　　　　　跨境电子商务物流运输的意义

跨境电子商务物流运输的意义	相关实例

5.2　邮政物流

近年来，跨境电子商务飞速发展，给跨境物流行业带来了新的机遇和挑战；同时，各种不同跨境物流模式的出现给跨境电子商务的买卖双方带来了新的难题，其中最突出的就是如何选择最经济、最合适的物流模式。邮政物流作为参与跨境电子商务最早、市场份额最大的物流服务商，对跨境电子商务的发展作出了巨大的贡献。而为了跟上跨境电子商务发展的速度，邮政物流结合"互联网+"的发展趋势，进行了多次转型升级，成为跨境物流的重要环节。

5.2.1　邮政物流认知

1. 邮政物流的含义

邮政物流是指各国（地区）邮政部门所属的物流系统。

目前各国（地区）邮政部门都面临着业务转型，商业化、公司化已成为其发展改革的主要方向。各个国家（地区）既要保障公民享有邮政普遍服务的基本权利，又要通过改革、创新和市场化来减轻国家（地区）的税收负担。因为跨境电子商务改变了传统邮政的公共服务性质，使跨境物流业务成为一部分企业盈利的工具，特别是跨境电子商务包裹牵涉不同国家（地区）企业的利益分配问题。在跨境电子商务发展不平衡的今天，继续采用全球统一的邮政资费肯定是行不通的。

2. 邮政物流的特点

由于各国（地区）邮政物流大部分属于国有性质，因此常被认为是脱离市场的组织，而邮政系统的特殊化决定了邮政物流具备其他物流模式没有的特点。

到目前为止，世界上大部分国家（地区）的邮政物流都是国有性质的。邮政物流除了负责商业包裹的运输，还承担着传递信函、选票、公文、突发事件应急物流等一定的政府职能；同时，各国（地区）邮政企业也支撑着本国大量的就业重任。

3. 邮政物流的运作流程

邮政物流虽然包括不同的物流产品，但其基本的运作流程相差不大。根据中国邮政物流业务模式，邮政物流的运作流程如图 5-1 所示。在邮政物流下，收发两端都是邮政，通过万国邮政联盟的渠道传递信息，由两地邮政进行收寄、运输、清关和配送。

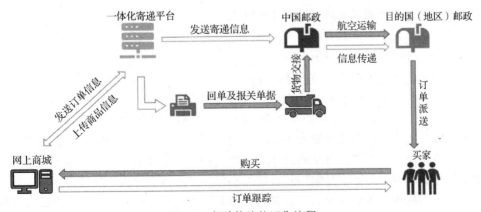

图 5-1　邮政物流的运作流程

5.2.2 邮政物流的主要类型

目前跨境电子商务物流主要有 4 种方式，即邮政物流、国际商业快递、专线物流和海外仓。邮政物流的网络基本覆盖了全球，比其他物流渠道运送的范围要广，同时由于邮政一般为国有性质，有政府补贴，因此价格比较低。

微课堂

邮政物流的主要类型

1. 中国邮政小包

（1）中国邮政小包的含义

中国邮政小包（China Post Air Mail）又称中国邮政航空小包、中邮小包、航空小包或邮政小包，是中国邮政针对重量在 2kg 以下的轻小物件提供的航空邮递服务，运送范围包括全球 200 多个国家和地区。中国邮政小包是跨境电子商务卖家使用的主要物流方式之一，尤其适用于新手卖家。在实际操作过程中，包裹会以使用的邮局属地命名，如杭州小包、上海小包等。平邮服务无法进行包裹物流信息的跟踪查询，挂号小包则可以实现在大部分国家和地区的物流信息全流程跟踪，有部分国家和地区只提供签收信息查询服务，还有部分国家和地区无法实现物流信息跟踪查询。

中国邮政小包通关能力强，出关时几乎不会产生关税或清关费用，并因这一点为广大跨境电子商务卖家所熟知，但其在目的地进口时也有可能产生进口关税，具体情况根据每个国家和地区海关税法的规定而各有不同。

课堂小贴士 5-2

中国邮政小包寄送说明

1. 中国邮政小包的重量和体积限制

（1）包裹重量：2kg 以内。

（2）体积大小：非圆筒形商品的包装尺寸限制为长、宽、高之和不超过 90cm，包装的单边长度大于 14cm，不超过 60cm，宽度大于 9cm；圆筒形商品的包装尺寸限制为直径的 2 倍和长度之和为 17～104cm，单边长度为 10～90cm。

2. 中国邮政小包的运送参考时效

（1）送达亚洲邻国需要 5～10 天。

（2）送达欧美主要国家和地区需要 7～15 天。

（3）送达其他国家和地区需要 7～30 天。

（2）中国邮政小包的运费计算方法

中国邮政挂号小包运费=实际重量×标准资费×折扣率+挂号费

中国邮政平邮小包运费=实际重量×标准资费×折扣率

中国邮政小包的最低收费重量为 1g，单件包裹限重 2kg。在计算时，包裹的实际重量就是商品的重量加包装的重量。有时候两件商品被包在一个包裹里，那么实际重量就是两件商品的重量加包装的重量。如果是中国邮政挂号小包，那么每个包裹的挂号费用以实际商品的费用为准。中国邮政小包的资费标准会随着时段和属地的不同而发生变化。具体资费标准可到当地邮政网点进行查询。

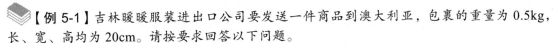

【例 5-1】吉林暖暖服装进出口公司要发送一件商品到澳大利亚，包裹的重量为 0.5kg，长、宽、高均为 20cm。请按要求回答以下问题。

（1）请判断此包裹是否符合中国邮政小包的重量和体积要求。

（2）如果此包裹符合中国邮政小包的重量和体积要求，请计算该包裹的运费。中国邮政小包运费参照表 5-3。

表 5-3　　　　　　　　　　　　　　中国邮政小包运费

配送范围或目的地			包裹重量为 0~30g	包裹重量为 31~80g		包裹重量为 80g 以上	
			首重运价（首重 30g）	首重运价（首重 30g）	高出 30g 的配送服务费（根据包裹重量按 g 计费）	首重运价（首重 30g）	高出 30g 的配送服务费（根据包裹重量按 g 计费）
			元（RMB）	元（RMB）	元（RMB）/kg	元（RMB）	元（RMB）/kg
美国	The United States of America	US	9.03	9.03	107.66	9.03	85.68
澳大利亚	The Commonwealth of Australia	AU	9.82	9.82	107.42	9.82	82.19
以色列	The State of Israel	IL	8.91	8.91	81.53	8.91	59.10
瑞典	Sweden	SE	9.50	9.50	89.28	9.50	73.79
加拿大	Canada	CA	10.04	10.04	121.60	10.04	96.97

解：

（1）该包裹的重量=0.5kg<2kg，符合重量要求。

该包裹的长、宽、高均为 20cm，长、宽、高之和为 60cm<90cm，最长边 20cm<60cm，符合中国邮政小包的体积要求。

故此包裹符合中国邮政小包的重量和体积要求。

（2）从表 5-3 中查询寄往澳大利亚的运费。包裹重量为 0.5kg>80g，因此选择运费表中"包裹重量为 80g 以上"这一栏对应的价格，按此计算运费。

$$运费=实际重量×标准资费$$

首重 30g 的运费为 9.82 元，高出 30g 的配送服务费为 82.19 元/kg，超出重量为 500-30=470（g）=0.47（kg）。

中国邮政小包运费=9.82+0.47×82.19

≈48.45（元）

因此该包裹的运费为 48.45 元。

【变式仿学 5-1】

吉林暖暖服装进出口公司要运送一件商品到法国，选择使用中国邮政挂号小包，包裹的重量为 0.3kg，长、宽、高分别为 25cm、20cm、10cm。请按要求回答以下问题。中国邮政挂号小包运费参照表 5-4。

（1）请判断此包裹是否符合中国邮政小包的重量和体积要求。

（2）如果此包裹符合中国邮政小包的重量和体积要求，请计算该包裹的运费。

表 5-4 中国邮政挂号小包运费

配送范围或目的地			包裹重量为 0～150g（含 150g）		包裹重量为 151～300g（含 300g）		包裹重量为 301～2 000g	
			正向配送费（根据包裹重量按 g 计费）	挂号费	正向配送费（根据包裹重量按 g 计费）	挂号费	正向配送费（根据包裹重量按 g 计费）	挂号费
			元（RMB）/kg	元（RMB）/单	元（RMB）/kg	元（RMB）/单	元（RMB）/kg	元（RMB）/单
俄罗斯	Russian Federation	RU	75.77	24.00	75.77	23.00	71.27	23.00
美国	The United States of America	US	83.89	20.00	82.89	20.00	81.89	20.00
法国	The France RePulblic	FR	89.52	13.00	71.75	15.37	71.75	15.37
英国	The United Kingdom of Great Britain and Northern Ireland	UK	73.20	17.50	73.20	17.50	72.20	17.50

2．中国邮政大包

（1）中国邮政大包的含义

中国邮政大包（China Post Air Parcel）又叫中国邮政航空大包、中国邮政国际大包裹、航空大包、中邮大包等。有别于中国邮政小包和 e 邮宝，中国邮政大包适用于邮寄重量较重且体积较大的包裹，可寄达全球 200 多个国家和地区，即全球范围内有邮局的地方都可以寄达。

与国际商业快递（如 DHL、UPS、Fedex、TNT 等）相比，中国邮政大包有较大的价格优势，只计算实际重量，不计算体积重量，没有偏远地区附加费，没有燃油附加费，价格也比 EMS 的价格稍低。对于跨境电子商务卖家来说，采用此种发货方式可最大限度地降低成本，提升价格竞争力；并且交寄相对方便，全球范围内有邮局的地方都可以送达。此外，针对中国邮政大包，邮局还提供包裹的跟踪查询服务，用户可以在中国邮政网站查询包裹的物流信息。

> ### 课堂小贴士 5-3
>
> ### 中国邮政大包寄送说明
>
> **1．中国邮政大包的重量和体积限制**
>
> （1）重量限制：0.1～30kg（部分国家和地区不超过 20kg，每票快件不能超过 1 件）。
>
> （2）尺寸限制：中国邮政大包的最大尺寸限制为包裹的长不超过 1.2m，长度与长度以外的最大横周不超过 3m；中国邮政大包的最小尺寸限制为最短边的长度不小于 0.24m，宽不小于 0.16m。
>
> （3）体积限制：单边长不超过 1.5m，长度与长度以外的最大横周不超过 3m；单边长不

超过 1.05m，长度与长度以外的最大横周不超过 2m。

2. 中国邮政大包的运送参考时效

（1）送达亚洲邻国（地区）需要 5～7 天。

（2）送达欧美主要国家（地区）需要 7～20 天。

3. 中国邮政大包的包裹跟踪查询

（1）包裹物流信息查询：包裹物流信息可以在中国邮政网站查询，且可以全程跟踪；在包裹发出当天，用户就可以在中国邮政网站查询其物流信息。

（2）包裹未妥投查询：如果包裹在发出 1 个月后仍未妥投，用户可向邮局提出查询要求，邮局查询回复时间一般为 2～6 个月。

（3）包裹退件：寄件人在填写物流单据的时候需要确认是否退回。如果没有填写，则默认弃件；中国邮政大包退件时会根据寄件人选择的退回方式收取对应的运费，邮局会将对应的收费凭据给予寄件人。

（4）包裹索赔：如果包裹丢失，用户可向中国邮政索赔，中国邮政将按申报价值赔付。

（2）中国邮政大包的运费计算方法

中国邮政大包的首重和续重运价都以千克（不足 1kg 按 1kg 计算）为单位，挂号费固定为 12.5 元。

中国邮政大包运费计算方法：

$$运费＝（首重运价＋续重运价×续重重量）×折扣＋挂号费$$

【例 5-2】 小王有一件包裹要发送到英国，包裹的重量为 5.5kg，单边长为 1.2m，长度与长度以外的最大横周为 2.5m，小王可以选择中国邮政大包吗？货运代理给小王的报价是到英国的首重运价 135.5 元/kg，续重运价为 65 元/kg，挂号费为 12.5 元，折扣是 7 折，请计算运费。

解： 根据中国邮政大包的重量和体积要求判断，本包裹符合要求，因此可以选择中国邮政大包。续重重量为 5.5-1=4.5（kg），按 5kg 计算。

运费＝（首重运价＋续重运价×续重重量）×折扣＋挂号费

＝（135.5+65×5）×0.7+12.5

＝334.85（元）

因此该包裹的运费为 334.85 元。

【变式仿学 5-2】

吉林暖暖服装进出口公司要运送一件商品到美国，选择使用中国邮政大包，包裹重量为 15.5kg，单边长为 1.3m，长度与长度以外的最大横周为 2.5m，货运代理的报价是到美国的首重运价为 150.5 元/kg，续重运价为 85 元/kg，挂号费为 12.5 元，折扣是 5 折。

问题：（1）请判断此包裹是否符合中国邮政大包的重量和体积限制要求。

（2）如果其符合中国邮政大包的重量和体积要求，请计算该包裹的运费。

3. e邮宝

e 邮宝是中国邮政为满足跨境电子商务轻小件物品寄递的需要，推出的经济型国际速递业务。跨境电子商务卖家采用 e 邮宝可以利用邮政渠道快速清关的特点，使到达境外的包裹被优先处理。

课堂小贴士 5-4

（1）e邮宝类商品介绍

国际及中国港澳台地区的电子商务快递业务是中国邮政为满足跨境电子商务物品寄递的需要，整合邮政速递物流跨境网络和优势资源，为跨境B2B、B2C、C2C及主要电商平台卖家提供的寄递解决方案。

目前，针对跨境电子商务市场物品寄递需求，中国邮政设计的跨境电子商务e系列商品有e邮宝、e特快、e包裹，全线商品均可线上下单、上门揽收，支持物流信息的跟踪查询。同时，中国邮政还推出适用于跨境电子商务出口业务的中邮海外仓和适用于跨境电子商务进口业务的中邮境外购一站式综合物流解决方案。

（2）e邮宝的操作流程及交寄方式

用户首次使用e邮宝，需登录"中国邮政速递物流"网站注册账号；完成注册后，系统将实时发送激活邮件和短信；激活账号后，用户可根据系统操作说明上传订单，打印邮件详情单，发送派揽请求。电商平台或业务量较大的用户可申请API（Application Programming Interface）对接。申请API对接的标准是用户在30个自然日内，使用e邮宝或e特快邮件的发件量达到300件，或者使用e包裹邮件的发件量达到100件。

在进行邮件交寄时，用户可在系统中选择上门揽收，也可拨打客服热线预约上门揽收，或者自己将邮件送到附近任一EMS揽收网点。

（1）e邮宝寄送说明

① e邮宝的重量和体积限制。

重量限制：一般为2kg；俄罗斯、以色列和英国限重为5kg。

尺寸限制：单件最大尺寸要求长度、宽度、厚度之和不超过90cm，最长边不超过60cm；圆卷邮件直径的两倍和长度合计不超过104cm，长度不超过90cm；单件最小尺寸要求长度不小于14cm，宽度不小于11cm；圆卷邮件直径的两倍和长度合计不小于17cm，长度不小于11cm。

② e邮宝的运送参考时效。

使用e邮宝将商品运送至墨西哥需要约20个工作日，运送至越南需要5～7个工作日，运送至沙特阿拉伯、俄罗斯需要7～15个工作日，运送至其他目的地需要7～10个工作日。

③ e邮宝的包裹跟踪查询。

- 包裹信息查询：e邮宝提供包裹收寄、出口封发、进口接收的实时跟踪查询信息，但不提供签收信息，只提供投递确认信息；用户可以通过中国邮政网站或拨打客服专线、寄达目的地邮政网站等渠道查看包裹跟踪信息。
- 包裹赔偿：e邮宝暂不提供包裹的丢失、延误及损毁补偿、查验等各项附加服务；对于无法投递或收件人拒收的包裹，e邮宝将提供集中退回服务。

（2）e邮宝的运费计算方法

e邮宝的运费计算方法：

$$运费=标准资费+运输附加费$$

【例5-3】一位爱尔兰的买家在吉林暖暖服装进出口公司的店铺购买了一条舞蹈裤，包裹重量为0.5kg，如果选择用e邮宝寄送，请计算这条裤子的运费。e邮宝资费标准请参照表5-5。

表5-5　　　　　　　　　　　　　　e邮宝资费标准

序号	路向	标准资费		运输附加费	起重	限重	备注
		元/件	元/kg	元/kg	g	g	
1	爱尔兰	25	65	20	1	2 000	
2	奥地利	25	60	20	1	2 000	本价格自2020年6月3日零点起生效
3	澳大利亚	19	60	25	1	2 000	
4	巴西	25	80	40	50	2 000	

解：寄往爱尔兰的标准资费为25元/件、65元/kg，运输附加费为20元/kg，起重为1g。

运费=25+65×0.5+20×0.5=67.5（元）

因此使用e邮宝的运费为67.5元。

【变式仿学5-3】

吉林暖暖服装进出口公司要运送一件商品到巴西，选择使用e邮宝运输，包裹重量为1.5kg，请计算相应的运费。e邮宝资费标准请参照表5-5。

4. e特快

（1）e特快的含义

e特快是中国邮政为满足跨境电子商务高价值物品的寄递需求专门推出的经济国际速递商品，目前已通达103个国家和地区，在内部处理、转运清关、落地配送、跟踪查询、尺寸规格标准等各方面均有更高要求。e特快部分目的地的运费价格如表5-6所示。

表5-6　　　　　　　　　　　　e特快部分目的地的运费价格

序号	目的地	e特快		收寄规格	
		首重/（元/50g）	续重/（元/50g）	限重/kg	最大尺寸限制
1	朝鲜	70	1.5	30	标准2
2	韩国	60	0.9	30	标准1
3	日本	65	0.8	30	标准1
4	菲律宾	75	1.2	30	标准1
5	柬埔寨	70	1.2	30	标准1
6	马来西亚	50	2	30	标准1
7	蒙古国	100	2	20	标准2
8	泰国	70	1.2	30	标准1
9	新加坡	70	1.2	30	标准1
10	印度尼西亚	70	1.2	30	标准1
11	越南	60	1.2	31.5	标准1

序号	目的地	e特快		收寄规格	
		首重/（元/50g）	续重/（元/50g）	限重/kg	最大尺寸限制
12	澳大利亚	69	3	20	标准4
13	巴布亚新几内亚	130	5	30	标准1
14	新西兰	45	2.5	30	标准1
15	爱尔兰	130	2.5	30	标准1
16	奥地利	130	2	30	标准1
17	比利时	105	2	30	标准1
18	丹麦	140	2.5	30	标准1

表5-6中只列出了部分目的地的运费价格，目的地不同，e特快对包裹尺寸的限制也有所不同。e特快包裹标准尺寸限制如表5-7所示。

表5-7　　　　　　　　　　　e特快包裹标准尺寸限制

标准分类	任何一边最大尺寸	长度和长度以外的最大横周合计长度
标准1	不得超过1.5m	不得超过3.0m
标准2	不得超过1.05m	不得超过2.0m
标准3	不得超过1.05m	不得超过2.5m
标准4	不得超过1.05m	不得超过3.0m
标准5	不得超过1.52m	不得超过2.74m

（2）e特快运费计算方法

e特快实行计泡收费，取包裹体积重量和实际重量中的较大者作为计费重量，再按照资费标准计算应收邮费。e特快的体积重量计算公式为：包裹体积重量（kg）=长（cm）×宽（cm）×高（cm）÷6 000（m³/kg）。包裹的长、宽、高按包裹外包装自然外廓的最长、最宽、最高部位的尺寸计算，目前针对单边长度为60cm及以上的包裹进行计泡收费。因此在计算运费时需要注意包裹的尺寸，按包裹实际尺寸选择合适的重量计算方式进行运费计算。

 课堂实训活动5-2

活动题目：邮政物流运费的计算实例

活动步骤：

1. 对学生进行教学分组，每个小组3~5人，以小组为单位进行讨论；

2. 根据邮政物流内容，在网上选择一款重量为1~2kg的商品，查询相关物流方式的最新报价，计算该商品的邮政物流费用，并将结果填入表5-8；

3. 每个小组将讨论结果形成PPT，派1名代表进行演示；

4. 教师给予评价。

表 5-8　　　　　　　　　　　　　　　　邮政物流费用

商品名称				发货地	
商品重量				目的地	
商品体积				备注	
序号	物流方式	重量限制	体积限制	时效性	费用
1					
2					
3					
4					

5.3　国际商业快递

国际商业快递是跨境电子商务物流普遍采用的一种模式，最具代表性的物流公司有FedEx、UPS、DHL、TNT 等。商业快递物流模式相对于邮政物流模式，最大的区别就在于计费标准和寄送时效不同。本节所述商业快递一般指国际商业快递。

5.3.1　国际商业快递认知

1. 商业快递物流模式的含义

商业快递物流模式是通过国际快递公司自建物流网络，利用强大的信息系统和密集的物流网络，凭借世界各国（地区）的本土化服务渠道，为跨境电子商务交易方提供个性化服务的物流模式。伴随着高水平的物流服务而来的是高成本。国际商业快递就是通过国家（地区）之间的边境口岸和海关对快件进行检验通关的运送方式。

2. 商业快递物流模式的特点

（1）业务流程较为复杂，制约因素较多

商业快递物流模式既包含境内揽收、集货等相关业务流程，同时又需要完成跨境流转过程中的进出口通关业务。因此，其涉及范围广，费用、时效等方面的制约因素较多。不同国家和地区的买卖双方、跨境电子商务物流参与方、货代机构、海关、港口等方面的变化都会影响商业快递物流的效率。而由于涉及不同国家和地区，又受到本地相关法律法规及政策的限制，商业快递物流模式受环境的影响很大。

（2）寄递时效较快

商业快递物流模式虽然费用相对较高，但是能够提供较为快速的物流服务。虽然不同发货地和目的地会影响寄递时效，但总体来说，商业快递物流模式的送达时间在一周以内，这是其他国际物流模式难以达到的。

（3）服务更加安全可靠，丢件率较低

商业快递企业的核心业务就是独立为客户提供安全可靠的寄送服务，商业快递企业拥有相对完整且成熟的物流解决方案，从揽件到运输，从通关到派送，提供全套的寄送服务。因此在物流过程中，商业快递参与方较为简单，交易对象较为单一，中转环节少，商品丢失的风险相对较小，是一种更加安全可靠的物流模式。

（4）信息反馈及时准确

商业快递物流模式依托自建的全球网络以及国际化信息支撑系统，为不同国家和地区境外客户带来良好的购物物流体验。其物流信息发布准确且及时，使客户能够通过多元化手段及时了解货物的在途信息，这有效地提高了客户的满意度。

3. 商业快递物流模式的运作流程

不同快递企业的商业快递物流模式运作流程差异不大，具体如图 5-2 所示。

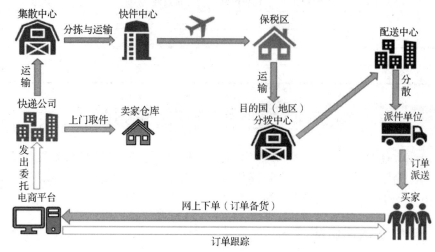

图 5-2　商业快递物流模式的运作流程

（1）订单备货

跨境电子商务平台收到买家订单后，根据商品的具体情况选择合适的包装，包装既要保证商品在长途运输中不会由于正常的装卸、摩擦、摆放等操作破损或变质，又能够尽量减轻重量、减小体积。

（2）发出委托

委托方根据所选择的商业快递公司的具体要求，准确填写收寄方的详细信息、商品明细及储运要求等内容，并将其发送到商业快递公司的信息平台。

（3）上门取件

电商平台在商业快递公司头程取件时可选择快递公司上门取件，也可自行在快递指定代理点寄送。

（4）运输与物流追踪

快件经由商业快递公司的集散中心、快件中心等场所，发往目的国（地区）保税仓，由商业快递公司负责办理报关、清关等手续，委托方可通过指定渠道查询商品物流信息以便及时跟踪快件。

（5）订单派送

商品到达目的国（地区）保税仓后，由商业快递公司从当地的分拨中心及配送中心等参与方处将商品送达买家手中，直至完成签收。

5.3.2　国际商业快递的主要类型

1. FedEx

联邦快递（Federal Express，FedEx）是全球最具规模的快递运输公司之一。FedEx 于 1984 年进入中国市场，目前提供国际包裹货件服务和

国际商业快递的
主要类型

国际重货货件服务。国际包裹货件服务包括联邦快递信封服务、联邦快递快递袋服务、联邦快递国际优先快递服务（FedEx IP）、联邦快递国际经济快递服务（FedEx IE）、联邦快递国际特早快递服务（FedEx IF）、FedEx 10kg 快递箱服务、FedEx 25kg 快递箱服务、联邦快递国际优先快递分送快递服务（FedEx IPD）和联邦快递国际经济快递分送快递服务（FedEx IED）。国际重货货件服务包括联邦快递国际优先快递重货服务（FedEx IPF）、联邦快递国际经济快递重货服务（FedEx IEF）和联邦快递国际优先快递分送快递重货服务（FedEx IDF）。在实际业务过程中，卖家可根据自己的商品要求、时效要求与成本预算来选择合适的快递服务。

跨境电子商务物流常用 FedEx IP 服务和 FedEx IE 服务。FedEx IP 服务为优先型服务，舱位有保障，享有优先安排航班的特权，时效有保障；FedEx IE 服务为经济型服务，价格相对实惠，但是时效性较差。

卖家在使用 FedEx 快递服务之前，可以先查看 FedEx 官网提供的《标准运输条款》，对几种快递服务进行基本的了解。

（1）体积和重量限制

FedEx 的不同服务方式对包裹的体积和重量限制是不同的。同一种服务方式由于目的国（地区）不同，包裹的体积和重量限制也有所差异。

～～～～～**课堂小贴士 5-5**～～～～～

FedEx IP的体积和重量限制

此处以 FedEx IP 服务为例，说明其体积和重量限制。首先下载 FedEx 官网页面下方的《标准运输条件》文件。浏览《标准运输条件》，在文件中能够找到《联邦快递国际优先快递服务（IP）》，查看其对包裹体积与重量的限制。其他服务方式的包裹体积与重量限制可以按照同样的方式在官网查看，卖家也可以咨询 FedEx 的官方客服。

～～～～～～～～～～～～～～～～～～～～

（2）运费计算方法

FedEx 在计算运费时，要先计算商品的体积重量，可用体积重量或实际重量来核定运费。运费有可能基于体积重量计算，体积重量价格适用于单票商品或单个包装。下列联邦快递标准包装的商品不用计算体积重量：FedEx 快递信封，FedEx 快递袋（不超过 940 立方英寸或 15 404cm³）（1 英寸=2.54cm），FedEx 大、中、小型快递盒，FedEx 快递筒，FedEx 10kg 快递箱和 25kg 快递箱。

FedEx 包裹的体积重量是以每个包裹的长度、宽度、高度（以厘米为单位）的乘积除以 5 000（每公斤标准立方厘米密度）来计算的。如果体积以立方英寸为单位计算，则除以 305（每公斤标准立方英寸密度）；如果体积以磅为单位计算，则除以 139（每磅标准立方英寸密度）（1 磅≈0.45kg）。

如果商品体积重量大于实际重量，则按体积重量收取运费；如果商品实际重量大于体积重量，则按实际重量计算运费。

（3）时效与物流信息跟踪查询

FedEx IP 服务的正常配送时效为 1～5 个工作日（此时效为快件上网至收件人收到此快件的时间），FedEx IE 服务的正常配送时效为 4～7 个工作日（此时效为快件上网至收件人收

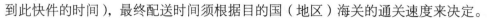

到此快件的时间），最终配送时间须根据目的国（地区）海关的通关速度来决定。

（4）优缺点

优点：FedEx 时效性较强，一般 3～7 天可以到达；网站信息更新快，覆盖网络全，查询响应快；FedEx 给予全球速卖通线上发货较多优惠。

缺点：价格较高，需要考虑商品的体积和重量，另外需要收取偏远附加费。

2. UPS

联合包裹服务公司（United Parcel Service，UPS），主要提供快递服务和空运服务。UPS 提供的快递服务有以下几种。

- 全球特快加急服务。包裹可以送达欧美和亚洲的主要城市。该服务资费最高，适用于 UPS 10kg 箱和 UPS 25kg 箱。

- 全球特快服务。包裹可以送达美国国内大部分地区，以及加拿大、欧洲和亚洲的主要城市。该服务适用于 UPS 10kg 箱和 UPS 25kg 箱。

- 全球特快货运。包裹可以送达全球 60 多个国家和地区，有"门到门"和非"门到门"的递送服务供卖家选择。该服务主要针对超过 70kg 的托盘货件。

- 全球特快货运日中送达服务。包裹可以送达全球 30 多个国家和地区。有"门到门"和非"门到门"的递送服务供卖家选择。该服务主要针对超过 70kg 的托盘货件。

- 全球速快服务。包裹可以送达全球 220 多个国家和地区。该服务是 UPS 提供的一项经济实惠型的服务，适用于 UPS 10kg 箱和 UPS 25kg 箱。

- 全球快捷服务。这项服务是 UPS 提供的快递服务中速度最慢、资费最低的，是寄送非紧急货件时非常经济的一种选择。包裹可以在亚洲境内递送或从亚太地区送至欧洲、南美洲、北美洲的主要商业中心，通常需要 1～3 个工作日。卖家可指定日期和转运时间，货件将按计划送到买家手中。该服务在特定国家和地区提供准时送达保证。

（1）尺寸和重量限制

UPS 国际快递服务对不同重量的包裹关于尺寸和重量的限制有所不同，具体如下。

① UPS 快递服务对包裹的尺寸和重量限制：

每件包裹的重量上限为 70kg；

每件包裹的长度上限为 274cm；

每件包裹的尺寸上限为 400cm{长+周长×[（2×宽）+（2×高）]}；

每批货件的总重量和包裹件数没有限制。

② UPS 10kg 箱及 UPS 25kg 箱的尺寸和重量限制

UPS 10kg 箱及 UPS 25kg 箱可用于 UPS 全球特快服务和 UPS 全球速快服务的货件，需要出口凭证，其尺寸限制如下。

UPS 10kg 箱：42cm×34cm×27cm。

UPS 25kg 箱：50cm×45cm×34cm。

③ UPS 快递箱的尺寸和重量限制

可使用 UPS 快递箱包装的商品种类非常多，如计算机外设商品和电子商品零部件，需要出口凭证，其尺寸限制为：31.8cm×7.6cm×44.5cm。

（2）时效与物流信息跟踪查询

UPS 的配送参考时间为 1～7 个工作日，如遇到海关查验等不可抗力因素，则以海关放行时间为准。

（3）优缺点

优点：UPS 的运送速度快，一般 1～3 个工作日可以送达，特别是运往北美洲、南美洲、英国、日本等地区和国家时；UPS 的运送范围广，可送达全球 200 多个国家和地区；UPS 查询网站信息更新快，遇到问题可及时解决。

缺点：UPS 相对于其他跨境物流方式而言运费较高（但全球速卖通线上发货折扣较大）；有时会收偏远附加费和进口关税，这些会增加买家成本；计算运费时计体积重量。

3. DHL

敦豪国际航空快递公司（DHL），是德国邮政全资子公司，是有名的国际商业快递公司之一。与中国合资的中外运敦豪国际航空快件有限公司于 1986 年 12 月 1 日在北京正式成立。合资双方为中国对外贸易运输（集团）总公司和敦豪国际航空快递公司，双方各占一半股权。DHL 提供的国际快递服务包括进口快递服务和出口快递服务。

（1）体积和重量限制

出于作业因素（货车门和飞机门的尺寸）的考虑，DHL 要求每个包裹的长、宽、高都不得超过 120cm。如果寄送的商品重量超过 50kg，需要提前告知。DHL 对大部分国家（地区）的包裹要求为单件包裹的重量不超过 70kg。具体限制以 DHL 官方网站公布的信息为准。

（2）运费计算

在计算 DHL 的运费时，要比较商品的体积重量和实际重量。商品的体积重量计算公式为：

$$体积重量=长（cm）×宽（cm）×高（cm）÷5\,000$$

如果商品的体积重量大于实际重量，则按体积重量计算；如果商品的实际重量大于体积重量，则按实际重量计算。

（3）优缺点

优点：使用 DHL 发货至西欧、北美地区较有优势，可送达的网点比较多；DHL 运送速度快，一般情况下 2～4 个工作日可送达；DHL 支持在网站查询物流信息，网站信息更新快；DHL 的客户服务较好，遇到问题能够快速解决。

缺点：DHL 的运费高；对托运商品的限制比较严格。

4. TNT

荷兰天地公司（Thomas National Transport，TNT）是荷兰邮政集团的子公司，由澳大利亚人托马斯于 1946 年在澳大利亚悉尼成立。1997 年 TNT 被荷兰邮政集团兼并，总部移至阿姆斯特丹。

TNT 是欧洲最大的商业快递公司，拥有欧洲最大的空运联运快递网络，能提供"门到门"的递送服务，并且通过在全球范围内扩大运营分布来最大幅度地优化网络效能。

（1）服务类型

TNT 可以提供限时和限日快递服务，其中包括两种能够翌日送达的快递服务和经济快递服务。对于不太紧急的包裹或者较重的货物，可以选择限时和限日快递服务中的经济快递服务。经济快递服务的服务类型及其特点如表 5-9 所示。

表 5-9   经济快递服务的服务类型及其特点

特点	类型	
	12：00 经济快递	经济快递
送达时效	指定工作日中午之前送达	指定工作日下班之前送达
送达范围	25 个以上欧洲国家的主要城市	全球
货物限重	最多 500g	最多 1 500g

（2）资费标准

TNT 除了要收取基本运费，还要收取相应的附加费用，包括燃油附加费、加强安全附加费。偏远地区附加费：4 元/千克，最低收费 95 元/票。安全附加费：0.5 元/千克，最低收费 5 元/票，最高收费 110 元/票。更改地址附加费：100 元/票。错误地址派送费：100 元/票。不可堆叠货物附加费：250 元/票。

（3）参考时效

一般货物在发货次日即可实现网上追踪，全程时效为 3～5 天，TNT 经济型时效为 5～7 天。

（4）体积重量限制

单件包裹长、宽、高分别不能超过 240cm、150cm、120cm，单件包裹重量不得超过 70kg。体积重量超过实际重量的部分按照体积重量计费。体积重量计算公式为：

$$体积重量=长（cm）×宽（cm）×高（cm）÷5\,000$$

（5）优缺点

TNT 的优点体现在以下几个方面。

① 服务区域。TNT 覆盖了 200 多个国家和地区，网络覆盖广，查询网站信息更新快，遇到问题响应及时。

② 服务。提供全球货到付款服务及报关代理服务，通关能力强，客户可及时、准确地追踪查询货物。

③ 价格。无偏远派送附加费；在西欧地区价格较低，清关能力较强。

④ 时效。正常情况下 2～4 个工作日通达全球，特别是到西欧地区仅需 3 个工作日。

TNT 的缺点如下。

① 价格相对较高，要计算商品的体积重量。

② 对货品限制较多。

 课堂实训活动5-3

活动题目：国际商业快递运费的计算实例

活动步骤：

1. 对学生进行教学分组，每个小组 3～5 人，以小组为单位进行讨论；

2. 根据国际商业快递内容，在网上选择一款重量为 1～2kg 的商品，查询相关物流企业的最新报价，计算该商品的国际商业快递费用，并将结果填入表 5-10；

3. 每个小组将讨论结果形成 PPT，派 1 名代表进行演示；

4. 教师给予评价。

表 5-10 国际商业快递费用

商品名称				发货地	
商品重量				目的地	
商品体积				备注	
序号	物流方式	重量限制	体积限制	时效性	费用
1					
2					
3					
4					

5.4 专线物流

物流公司利用专线物流模式能够更便捷地集中寄送特定国家（地区）的货物，并通过规模效应来降低物流成本。因此，专线物流模式的价格一般要低于商业快递物流模式，时效通常介于商业快递物流模式与邮政物流模式之间。

5.4.1 专线物流模式概述

1. 专线物流模式的含义

专线物流模式一般通过航空包舱方式将货物运输到境外，再通过合作公司进行目的国（地区）的境内派送，是比较受欢迎的一种物流模式。随着跨境电子商务范围的逐渐扩大，各个国家（地区）开始推出跨境专用物流线路，而专线物流模式就是利用这些专用物流线路完成跨境物流服务的。这些专用物流线路具有固定的物流起点和终点，有固定的运输工具行驶于固定的运输线路，拥有固定的运输时间。本节讨论的跨境电子商务专线物流模式主要指通过航空包舱方式将货物运输到目的国（地区），再通过合作物流商进行订单配送的模式。

目前，专线主要分为航空专线、港口专线、铁路专线、大陆桥专线、海运专线和多式联运专线，市面上常见的专线物流产品包括美国专线（ePacket）、西班牙专线、澳大利亚专线、俄罗斯专线（速优宝-芬兰邮政、中通俄罗斯专线、139 俄罗斯专线、中东专线、南美专线）、中英班列等。

2. 专线物流模式的特点

专线物流模式的主要优势在于它可以集中大批量货物发往目的地，通过规模效应降低成本。因此，专线物流的资费比商业快递物流低，速度比邮政小包快，丢包率也比较低。然而，其劣势在于可托运的货物种类有限，有些专线目前是不能寄送带电池的电子类商品及电池本身的，相比于邮政小包运输资费还是高了不少，而且在境内的揽收范围相对有限。

3. 专线物流模式的运作流程

专线物流模式的运作流程一般包括填写单据、上门揽件、按国家（地区）分拣、境内分拨中心分拣、运输、过港与交货、清关、境外（一级～三级）分拨中心分拣、订单派送等环节，具体如图 5-3 所示。

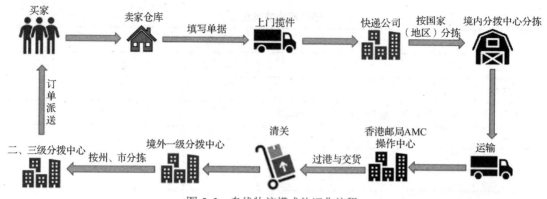

图 5-3 专线物流模式的运作流程

境外物流商在境内有直营、代理和合作等多种运营方式，在境内的具体运作流程主要包括揽货、集货，在境外的运作流程主要交给境外合作伙伴完成。由于很多国家（地区）的末端配送以邮政物流为主，服务和价格的浮动程度很小，造成很多专线小包的优势无法充分发挥。专线小包要想提升跨境时效和客户满意度，必须从揽件范围、分拣效率、空运及海关时效、规范理赔等方面改进。例如，在专线物流模式的揽件阶段，除了商业快递和邮政物流拥有密集的揽收网点，大部分的上门揽件业务仅限于沿海城市，其他地区的卖家需要自己送货到代收点或集货仓。

5.4.2 专线物流的主要类型

1. Special Line—YW

Special Line—YW 即燕文航空挂号小包，简称燕文专线，是北京燕文物流有限公司通过整合全球速递服务资源，利用直飞航班配载，由境外合作伙伴快速清关并进行投递的服务。北京燕文物流有限公司是国内最大的物流服务商之一。

（1）参考时效

正常情况下，16～35 天到达目的地；特殊情况下，35～60 天到达目的地。特殊情况包括节假日、特殊天气、政策调整、偏远地区等。

（2）体积重量限制

Special Line—YW 按克收费，经济小包最低收费重量为 10g。

① 规格限制。每个单件包裹限重在 2kg 以内。

② 最大尺寸。

非圆筒货物：长+宽+高≤90cm，单边长度≤60cm。

圆筒形货物：2 倍直径及长度之和≤104cm，单边长度≤90cm。

③ 最小尺寸。

非圆筒货物：单件表面尺码≥9cm×14cm。

圆筒形货物：直径的两倍+长度≥17cm，单边长度≥10cm。

（3）优劣势

① 优势。

• 时效快。燕文航空挂号小包根据不同目的国（地区）选择服务最优质和派送时效最好的合作伙伴。

- 交寄便利。提供免费上门揽收服务，揽收区域之外可以自行发货到指定揽收仓库。
- 赔付保障。对邮件丢失或损毁提供赔偿，支持客户在线发起投诉。投诉成立后，其最快在 5 个工作日内完成赔付。

② 劣势。

- 不支持发全球，普通货物目前只能送达 40 个国家（地区）。
- 不能寄送电子产品如手机、平板电脑等带电池的物品，或纯电池（含纽扣电池）。任何可重复使用的充电电池，如锂电池、内置电池、笔记本电池、蓄电池、高容量电池等，都无法通过机场货运安检。

2. Ruston

Ruston 俗称俄速通，是由黑龙江俄速通国际物流有限公司提供的中俄航空小包专线服务。它是通过国内快速集货、航空干线直飞、在俄罗斯通过俄罗斯邮政或当地落地配送公司进行快速配送的物流专线，针对跨境电子商务客户物流需求的小包航空专线服务，时效快、渠道稳定，全程物流可跟踪。

俄速通在俄罗斯境内的服务类型包括俄罗斯航空小包、俄罗斯大包、俄罗斯 3C 小包 3 种业务。

（1）俄罗斯航空小包

俄罗斯航空小包是黑龙江俄速通国际物流有限公司与全球速卖通合作设立的专门针对全球速卖通的物流模式，服务覆盖俄罗斯全境。

① 包装与重量要求。

俄罗斯航空小包可提供上门揽件服务，广东省、福建省、江苏省、浙江省、上海市等地可 5 件起免费上门揽收，少于 5 件或不在揽收区域范围内的，需由卖家自行发货至集货仓。

- 规格限制。每个单件包裹限重在 2kg 以内。
- 最大尺寸。

非圆筒货物：长+宽+高≤90cm，单边长度≤60cm；

圆筒形货物：2 倍直径及长度之和≤104cm，单边长度≤90cm。

- 最小尺寸。

非圆筒货物：单件表面尺码≥9cm×14cm；

圆筒形货物：直径的两倍+长度≥17cm，长度≥10cm。

② 赔付保障。

俄速通物流商承诺，从包裹入库 30 天后，未收到包裹，且物流商不能确认货物状态；或包裹入库后起算 60 天内未妥投，且未有异常信息返回，直接认定为包裹丢失。

如果确认丢件，物流商将按照该订单在全球速卖通的实际成交价但不超过 700 元为标准进行赔偿。

③ 俄罗斯航空小包优劣势。

- 优势

A. 经济实惠。以克为单位精确计算，无起重费，实现运费最低。

B. 运送时效快。开通了"哈尔滨—叶卡捷琳堡"中俄航空专线货运包机，包机直达俄罗斯，80%以上的包裹 25 天内可到达。

C. 全程可追踪。货物信息 48 小时内上网，货物全程可视化追踪。

D．送达范围广。与俄罗斯邮局合作，境外递送环节由俄罗斯邮政全权承接，递送范围覆盖俄罗斯全境。

- 劣势

A．价格并不是最低的。

B．在淡季可能受货量影响，速度没有旺季快。

C．由于航空安全控制，不可以运送电磁性的货物，内件禁限较多，安检严格。

（2）俄罗斯大包

俄罗斯大包可送达俄罗斯全境，平均时效为通关后 20～30 个工作日。

① 包装与重量限制。

货物外包装是无字干净纸箱，用无字胶带封口。

规格限制：重量不得超过 200kg/箱，货值每箱不得超过 200 欧元（若超出，收货人收取货物时需要向俄罗斯海关缴纳相应的关税）。

最大尺寸：长+宽+高≤1.8m，单边长宽高≤1.5m；

最小尺寸：最长边长度≥0.17m，最短边长度≥0.12m。

② 赔付保障。

对于物流承运过程中发生的货物丢失，俄罗斯大包提供赔付保障。

- 对于已保价货物：如果整件货物丢失，按照货物保价金额进行赔偿，并退还运费；如果货物部分丢失，按照丢失货物重量占总重量百分比乘以保价金额进行赔偿，不退还运费。

- 对于未保价货物：如果整件货物丢失，退还运费；如果货物部分丢失，按照丢失货物重量占总重量百分比乘以运费后得出的数额退还。

③ 俄罗斯大包优劣势。

- 优势

A．经济实惠。以千克为单位计算，最大限重 20kg/件，用户花一次运费可运输更多的产品。

B．送达时效快。可在俄罗斯境内采用水、陆、空结合的特殊运输方式，保证包裹以最经济、最有效率的方式送达买家手中。

- 劣势

A．需要在俄速通官网查询物流信息，在完成交货操作后才有上网信息，如果需要在俄罗斯邮政或者中国邮政网站查询，需要 7 天左右。

B．产生关税的包裹可能需要派回离收件人最近的可以收取关税的大区邮局，这种包裹需要收件人前往这个指定邮局缴纳关税后取件。

（3）俄罗斯 3C 小包

俄罗斯 3C 小包是黑龙江俄速通国际物流有限公司专门面向俄罗斯电子商务市场推出的跨境包裹邮寄业务。

① 包装与重量限制。

货物外包装要求使用干净的快递袋包装，封口处粘胶仅限制在刚好封口为止，不需按货物体积折叠快递袋，禁止使用透明胶带封口或对包装进行二次封缠。3kg 以上包裹需用白色布口袋包装。客户需将收件人信息和运单号贴在快递袋中心位置，标签不可大于 14cm×10cm。

规格限制：重量不得超过 10kg/件，报价最高限额为 500 元/件。

最大尺寸：425mm×265mm×380mm，超出尺寸的需额外交付运费的 40%作为超大费。

② 俄罗斯 3C 小包优劣势。

● 优势

A. 可以邮寄带有手机电池、纽扣电池、化妆品等通常航空小包禁止邮寄的物品。

B. 16～20 天可到达俄罗斯目的地。

● 劣势

A. 俄罗斯中西部地区时效较慢。

B. 境内头程时间较长，因为要从各地集运到绥芬河口岸。

C. 俄罗斯邮政网站查询信息要在交货 7 天左右更新。

3. Aramex

Aramex 是中东地区最知名的快递公司之一，创建于 1982 年，总部位于迪拜，是第一家在纳斯达克上市的中东国家公司，提供全球范围的综合物流和运输解决方案。Aramex 精选当地优势航班运力，将快件运抵迪拜的转运中心，再由迪拜清关转运派送到中东、南亚和非洲部分地区。

（1）资费标准

Aramex 的标准运费由基本运费和燃油附加费两部分构成，其中燃油附加费经常有所变动，用户可登录官网了解相关详情。计算公式如下：

Aramex 运费＝（首重价格＋续重价格×续重重量）×燃油附加费×折扣（超过 15g 按续重单价
1kg 计算）

$$体积重量＝长（cm）×宽（cm）×高（cm）÷5\,000$$

计费时取实际重量和体积重量二者之间的较大值。

（2）参考时效

收件后两天内在网上更新物流信息，中东地区派送时效为 3～6 个工作日。

（3）体积重量限制

包裹的体积和重量限制分别是：单件包裹的重量不得超过 30kg，体积不得超过 120cm×50cm×50cm；若单件包裹重量超过 30kg，则体积必须小于 240cm×190cm×110cm。

（4）优劣势

优势如下。

① 运费低。寄往中东、北非、南亚等地区的国家时价格具有显著的优势，是 DHL 的 60%左右。

② 时效有保障。包裹寄出后大部分在 3～6 天可以投递，大大缩短了世界各国间的商业距离。

③ 无偏远费用。

④ 包裹可在 Aramex 官网跟踪查询，状态实时更新，寄件人每时每刻都能跟踪到包裹的最新动态信息。

劣势如下。

① Aramex 的快递主要优势在于中东地区，在别的国家或地区则不存在这些优势，区域性很强。

② 对货物的限制也较多。涉及知识产权类货物一律无法寄送；电池以及带有电池类货

物无法寄送；各寄达国（地区）禁止寄递进口的物品；任何全部或部分含有液体、粉末、颗粒状、化工品、易燃、易爆违禁品，以及带有磁性的产品（除上海仓库可安排磁性检验后出运，其余均无法寄送）。

 课堂实训活动5-4

活动题目： 专线物流运费的计算实例

活动步骤：

1. 对学生进行教学分组，每个小组 3～5 人，以小组为单位进行讨论；

2. 根据专线物流内容，在网上选择一款重量为 1～2kg 的商品，查询相关物流企业的最新报价，计算该商品的专线物流费用，并将结果填入表 5-11；

3. 每个小组将讨论结果形成 PPT，派 1 名代表进行演示；

4. 教师给予评价。

表 5-11　　　　　　　　　　专线物流费用

商品名称				发货地	
商品重量				目的地	
商品体积				备注	
序号	物流方式	重量限制	体积限制	时效性	费用
1					
2					
3					
4					

操作重点

- 本章操作重点为物流运输模式的选择。

技能实训

亚马逊物流方式选择与运费计算

【实训目的】

（1）能够区分不同的物流运输方式及特点。

（2）能够准确地计算运费。

【实训内容】

调研亚马逊上两个类目商品运至不同国家（地区）的跨境物流费用及可选物流方式，并将相关信息填入表 5-12。

表 5-12　　　　　　　　　　　　亚马逊上两个类目商品物流信息

商品 1 物流方式 1		目的地	
预计送达日期	运费	物流跟踪信息（可查/不可查）	运输公司
商品 1 物流方式 2		目的地	
预计送达日期	运费	物流跟踪信息（可查/不可查）	运输公司
商品 2 物流方式 1		目的地	
预计送达日期	运费	物流跟踪信息（可查/不可查）	运输公司
商品 2 物流方式 2		目的地	
预计送达日期	运费	物流跟踪信息（可查/不可查）	运输公司

【实训步骤】

（1）搜索相关信息，可以通过网上搜索引擎（如百度）搜索相关关键字（如"亚马逊物流费用标准"等），然后进入相关网站。

（2）登录这些网站，查看相关信息，并填写表 5-12。

【实训成果与检测】

成果要求

（1）提交案例讨论记录：每个小组 3 名学生，设组长 1 名、记录员 1 名。每个小组必须有小组讨论、工作分工的详细记录，该记录会被作为考核的依据。

（2）能够在规定的时间内完成相关讨论，学习团队合作方式，撰写总结。

评优标准

（1）上课时能积极配合教师，独立思考、踊跃发言。

（2）能认真阅读案例、积极参加小组讨论、拓展分析问题的思路。案例分析基本完整，能结合所学理论知识解答问题。

（3）团队配合意识较好，积极参加小组活动，分工合作表现较好。

复盘反思

1. 知识盘点：通过对本章的学习，你掌握了哪些知识？请画出思维导图。

2. 方法反思：在完成本章的知识与实训学习后，你学会了哪些分析和解决问题的方法？

3. 行动影响：在完成本章知识与实训学习的过程中，你认为自己还有哪些地方需要改进？

第 6 章

跨境电子商务发货

【教学目标】

知识目标	❖ 了解运费模板的设置内容 ❖ 理解线上发货和线下发货的概念 ❖ 掌握物流投诉类型、流程和赔付标准
能力目标	❖ 能够设置运费模板 ❖ 能够灵活运用线上发货和线下发货流程 ❖ 能够掌握物流咨询和投诉的方式
素质目标	❖ 培养遵纪守法、勤奋敬业的精神，了解跨境电子商务企业的基本业务，有较强的团队合作能力

【导入案例】

京东物流正跨越：干线运力弯道超车

2020 年 8 月 14 日，京东发布公告，子公司京东物流以 30 亿元收购跨越速运。而跨越速运是中国零担快运前十强企业。这次收购是否能够让公路干线运力不足的京东物流实现一次弯道超车？

1. 顺丰身边的小巨人——跨越速运

同在深圳的跨越速运，长期以来凭借低调务实的发展作风、自营车队和高营收率，被业界称为"小顺丰"。从成立以来，跨越速运也较多借鉴顺丰直营模式，在干线运力上采用自营车队，实现了运力资源的直接管控。此外，跨越速运定位高时效快递，也就是后来的"限时快运"。为实现这一目标，跨越速运采用了"航空包机+干线运力"结合的方式，省去了部分中间环节。

2. 京东物流的干线运力突围

2017 年，京东物流集团正式成立。虽然看似比跨越速运小了 10 岁，但实际上京东也是从 2007 年就开始自建物流体系的，只不过京东物流 10 多年来的发展主要是落地配，通过自营团队在最后一公里做到了极致。而在市场竞争更趋白热化的干线运力市场，京东物流一直没有较好的突围。京东物流的战略核心以仓配供应链服务为主，而不是做快递，而干线运力投入是京东物流绕不开的关卡。

长期以来，顺丰干线运输更多采用的是第三方运力，但是缺点明显，运输期间经停站点多，装卸货物频率高，差错率也高，一旦赶上网购旺季，第三方物流的及时响应更会大打折扣。为此，2012 年 6 月，京东商城自营干线运输车队宣告正式投入运营。这打破了此前的长途运输主要采用第三方物流的模式。

近年来，京东物流更是不断寻求突围。2017年京东物流独立化后，战略布局四大领域，快递与快运服务位居其一。2017年，京东物流对直达干线运输网络进行了升级，新增了44条穿梭往来于全国七大区之间的运输干线，其中包括北京到东莞、西安到广州、沈阳到广州这样单程超过2 000千米的长途干线。这减少了商品搬运的中间环节，也提升了商品周转的效率。44条直达运输干线的开通使干线开通区域整体时效平均缩短24小时。

案例小思考：京东物流的主要运输方式包括哪些？

思考解析要点：第三方物流、航空物流等。

6.1 跨境电子商务物流运费模板的设置

6.1.1 运费模板概述

运费模板是针对交易成功后跨境电子商务商家需要频繁修改运费推出的一种运费计算工具。通过运费模板，商家可以解决不同国家或地区的买家购买商品时运费差异化的问题，还可以解决同一买家在店内购买多件商品时的运费合并问题。通过运费模板，商家还可以发起运费减免的优惠活动。

商家在后台根据不同运送地及计价规则设置好运费模板，在商品上架时选择对应的运费模板即可。在买家选好商品规格和数量、确认下单并输入收货地址后，确认订单页面会自动计算出运费。运费模板的设置包括以下5个方面的内容。

1. 标准运费

平台按照各物流服务提供商提供的官方报价计算运费。决定运费的因素通常有货物送达地、货物包装重量、货物体积重量。如果商家根据不同的运输方式给出相应的折扣，则平台会在官方运费的基础上考虑折扣因素，然后将计算出的运费值呈现给下单的买家。

2. 物流折扣（减免）

商家在联系货运代理公司时，货运代理公司会给商家一定的折扣（折扣的多少视商家与货运代理公司的协议而定，也可以使用平台线上发货的折扣）。商家可以将此折扣信息填写在商品的运输折扣内容里，以吸引买家下单。

3. 商家承担运费

商家承担运费即包邮。商家可以将运费成本添加到商品价格中，这样买家展示页面会出现"free shipping"的文字，以吸引买家下单。

4. 自定义运费

商家可以为不同的国家（地区）设定不同的运费，包括标准运费、商家承担运费或自定义运费；也可以根据买家群体分布来设定运费，从而吸引主要买家群体。

5. 承诺运达时间

全平台商家根据自身货运能力填写运费模板中的承诺运达时间，对以不同运输方式到达不同国家（地区）的运达时间做出承诺。"承诺运达时间"从商家填写运单号开始到货物妥投为止，填写上限为60天。

6.1.2 全球速卖通运费模板设置

1. 创建标准运费模板

（1）以全球速卖通为例，登录店铺后台以后，单击【商品】—【物流模板】—【新建运费模板】选项，如图 6-1 所示。

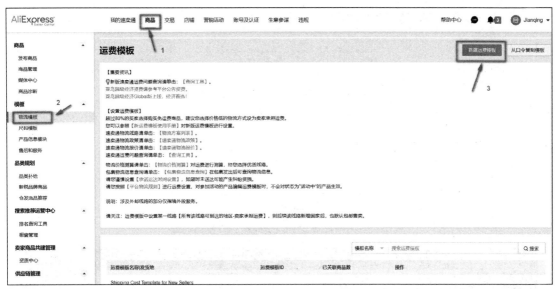

图 6-1 新建运费模板

（2）输入【模板名称】，此处注意模板名称仅限 128 字符，中文、英文、数字皆可。在【发货地】选项中选择合适的发货地和相应的物流，以中国邮政平常小包为例，设置运费和平台标准配置。完成设置后，单击"创建模板"按钮，如图 6-2 所示。

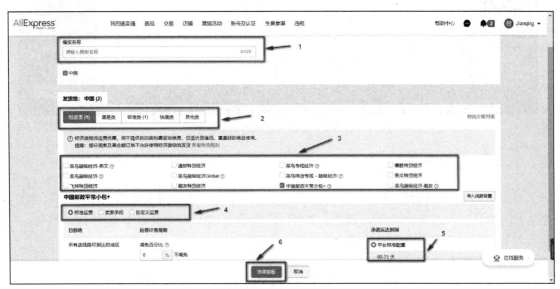

图 6-2 创建标准运费模板

2. 创建自定义运费模板

如图 6-3 所示，单击【自定义运费】，选择目的地（见图 6-4），选择运费计费规则，结合实际选择按照重量设置或者按照数量设置。

图 6-3　选择自定义运费模板，设置目的地

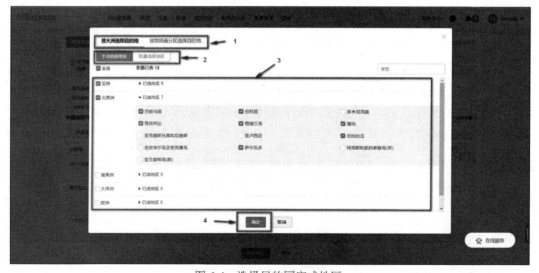

图 6-4　选择目的国家或地区

6.1.3　亚马逊运费模板设置

借助亚马逊配送模板，卖家可以同时管理多种商品的配送设置（如默认服务级别、配送地区、运输时间和运费）。在亚马逊上，卖家可以为特定 SKU 组创建最多 20 个配送模板。在创建模板之前，卖家需确认默认配送地址准确无误。

1. 配送设置

登录亚马逊后台，在【设置】菜单中单击【配送设置】选项，确认"默认配送地址"正确无误，然后单击【创建新配送模板】按钮，如图 6-5 和图 6-6 所示。

图 6-5　设置-配送设置

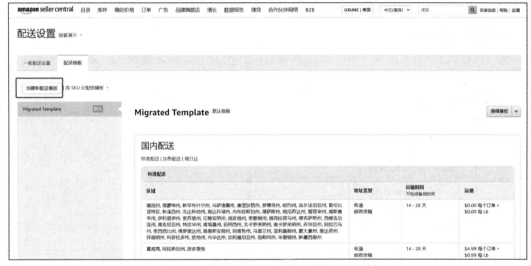

图 6-6　确认默认配送，再创建新配送模板

2. 创建新配送模板

在【配送新模板】选项卡中单击【创建新的配送模板】，或者在【不，我想要复制以下模板的内容：】下选择一个选项，单击【确定】按钮完成相应设置，如图 6-7 所示。

图 6-7　创建新的配送模板

3. 输入配送模板名称

在"创建新的配送模板"板块输入配送模板名称，完成相应的设置，如图 6-8 所示。

图 6-8　输入配送模板名称

4. 选择运费模式

按"每件商品/基于重量"或"商品价格分段式配送"设置运费模式，如图 6-9 所示。

图 6-9　选择运费模式

5. 选择配送设置自动化

根据要求启用或禁用配送设置自动化，如图 6-10 所示。

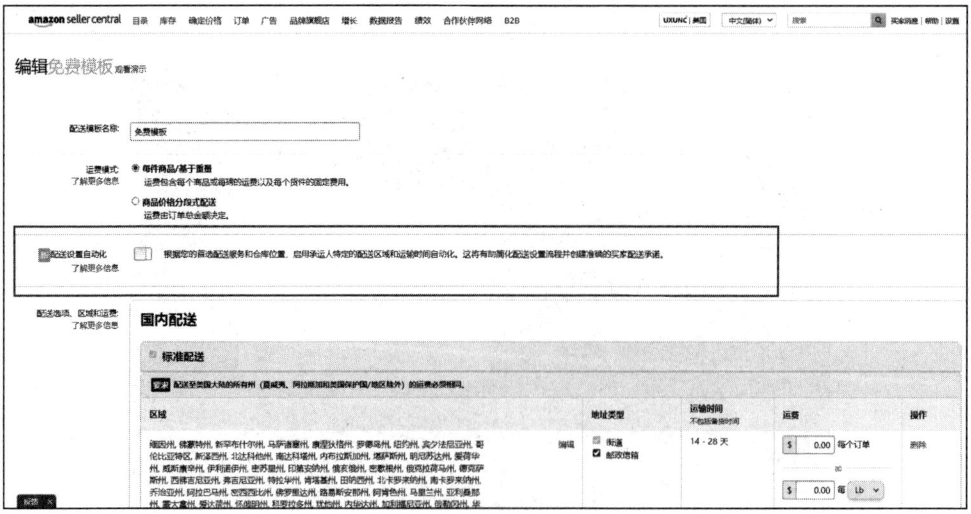

图 6-10　启用或禁用配送设置自动化

6. 设置配送时间和选择地区的各项参数

在【处理时间设置】中选择【加急配送】【隔日送】【当天送达】，并设置【地址类型】【运输时间】【运费】，如图 6-11 所示。根据配送选项（免费配送、标准配送等）按区域创建配送规则。新模板最初会采用默认配送规则，之后卖家可以对其进行自定义。

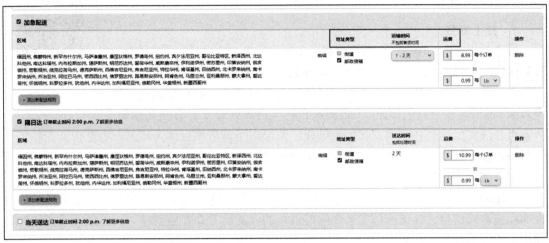

图 6-11　设置配送时间和选择地区的各项参数

勾选配送选项名称旁边的复选框，启用【国内】或【国际】配送选项。单击【编辑】或【添加新地区】选项，选择相应的地区；单击【选择可配送的地区】选项，选择或取消选择卖家要对其使用相同运输时间和运费的地区，单击【确定】按钮完成相关设置。

最后，设置好对应的【地址类型】【运输时间】【运费】后，单击【保存】按钮。完成运费模板设置后，转至【管理库存】选项，对商品使用新的配送模板。

 课堂实训活动6-1

活动题目：梳理全球速卖通平台物流模板设置步骤

活动步骤：

1. 对学生进行教学分组，每个小组 3～5 人，以小组为单位进行讨论；
2. 梳理全球速卖通平台物流模板设置步骤，并将具体操作内容填入表 6-1；
3. 每个小组将讨论结果形成 PPT，派 1 名代表进行演示；
4. 教师给予评价。

表 6-1　　　　　　　　　　全球速卖通平台物流模板设置步骤

设置步骤	具体操作内容
创建标准运费模板	
创建自定义运费模板	

6.2 跨境电子商务发货、物流咨询及投诉处理

6.2.1 发货处理

微课堂

发货处理

1. 线上发货

线上发货是由跨境电子商务平台联合多家优质第三方物流商打造的物流服务体系，如全球速卖通的无忧物流、Wish 的 Wish 邮、敦煌网的 DHLink 等。

商家使用线上发货可直接在跨境电子商务平台的商家后台在线选择物流方案，然后由物流商上门揽收（或商家自寄至物流商仓库），发货到境外。商家可在线支付运费并在线发起物流维权。跨境电子商务平台作为第三方将全程监督物流商的服务质量，保障商家的权益。下面以全球速卖通为例进行相关介绍。

（1）商家保护政策

① 平台网规认可。使用线上发货且成功入库的包裹，买卖双方均可在全球速卖通后台查询物流追踪信息，该信息是受平台网规认可的。此后若商家遇到投诉，无须提交发货底单等相关物流跟踪信息证明。

② 规避物流低分，提升账号表现。采用线上发货物流方式的订单若产生"DSR 物流服务 1、2、3 分"和由物流原因引起的"纠纷提起""仲裁提起""卖家责任裁决率"，平台会对该笔订单的这 4 项指标进行免责。

③ 为物流问题提供赔付保障。商家可针对丢包、货物破损、运费争议等物流问题在线发起投诉，获得赔偿（仅国际小包物流方案支持）。

（2）运费较低、支付方便

① 买家可享受全球速卖通商家的专属合约运费。该运费低于市场价，只发一件也可享受折扣。

② 商家可用支付宝在线支付运费，也可用国际支付宝账户中未结汇的美元支付运费。

（3）渠道稳定、时效有保证

① 渠道稳定。直接和中国邮政、西班牙邮政等物流商对接，安全可靠。

② 时效较快。平台数据显示，线上发货的上网时效、妥投时效均快于线下发货。

③ 物流商承诺运达时间。由物流商原因导致未在承诺时间内妥投而引起的限时达纠纷赔款，由物流商承担。

（4）线上发货的流程

线上发货的流程如图 6-12 所示。

图 6-12 线上发货的流程

2. 线下发货

（1）线下发货的概念

线下发货是相对于线上发货而言的。除线上的物流渠道外，商家用任何非线上物流方式

发运订单均称为线下发货。

　　线下发货是跨境电子商务的传统发货方式。商家可以通过邮局或者四大国际快递公司发货，但更多的还是选择和货运代理公司合作。一般的中小商家由于日常订单量不大，不足以和邮局或四大国际快递公司谈到一个合适的折扣，因此需要借助货运代理公司拿到折扣价。

　　商家也可以直接跟物流公司对接，如果货物的操作符合物流公司要求，那么在货物出现异常问题时的相关处理就会更直接，商家无须重新打印地址标签与报关单等，直接把货物收入与发出即可，且商家直接跟物流公司结账。物流公司对线下发货的积极性较高，也会提供多种物流渠道供商家选择。

　　（2）线下发货的流程

　　线下发货的流程如图 6-13 所示。

图 6-13　线下发货的流程

　　为了让发货更加快捷高效、资金周转更加快速，商家需要优化流程，配合货运代理公司操作，从而让货物快速送达买家手中，给买家提供更好的体验。跨境电子商务公司和货运代理公司典型的配合运作流程如表 6-2 所示。

表 6-2　　　　　　　　跨境电子商务公司和货运代理公司典型的配合运作流程

步骤	跨境电子商务公司		货运代理公司
	其他部门	仓库	
1	（1）业务部汇总订单出货情况 （2）业务部汇总问题件信息 （3）业务部将订单录入系统	（1）整理问题件信息 （2）整理物流需求	—
2	（1）采购部汇总商品需求、制订采购计划 （2）采购部向供应商订货 （3）采购部开始网络采购 （4）采购部处理买家退货或质检不良的商品	（1）跟货运代理公司核对前一日的到货情况 （2）向货运代理公司反馈新的问题件，提出查件要求或索赔	（1）配合客户核对前一日的收货情况 （2）配合客户查件 （3）配合客户理赔 （4）准备客户所需物料 （5）整理安检退件或境外退件
3	（1）采购部到市场采购 （2）几天前的网络采购商品陆续到货	（1）制作单据 （2）整理退件	发货量较少的商家到货运代理公司现场打包
4	业务部将今日接单录入系统	（1）继续制单 （2）质检 （3）配货 （4）开始打包	货运代理公司派出员工到客户处收货
5	—	（1）继续打包 （2）按不同货运代理公司、货运代理公司的不同渠道将包裹分类 （3）请货运代理公司收货	货运代理公司的司机向各跨境电子商务公司送前一天的退件和当天的商品，收当天打包好的包裹
6	—	—	货运代理公司操作部员工处理退件

课堂小贴士 6-1

线上发货与线下发货的对比如表 6-3 所示。

表 6-3　　　　　　　　　　　线上发货与线下发货的对比

发货类型	特点	说明
线上发货	便宜	平台利用自身优势为广大商家跟物流商谈了一个非常有优势的价格，哪怕商家只发一件也享受有优势的价格
	网规保护	通过线上发货的订单出现纠纷，无须商家提供发货证明，这为广大商家节省了很多时间，同时在订单卖家服务评级（Detail Seller）系统方面可以避免物流低分，这对商家服务等级的改善有很大的帮助
	照顾货运代理行业不发达城市	线上发货可以把包裹寄到各物流商在境内的仓库里，然后由物流商再做处理，这样可以照顾到货运代理行业不发达的城市，打消商家的疑虑，降低进入门槛
线下发货	方便	在跨境电子商务发展成熟的地区，邮局、四大国际快递公司和货运代理公司及相关配套措施往往也很成熟。联系物流商的方式齐备，有实体店面地址、联系电话、QQ 等，不管是送到网点发货还是请物流商上门收货都很方便
	渠道多	渠道多是相对于线上发货来说的，因为毕竟不是任何商品都符合严格的线上发货要求，如带电池甚至纯电池商品，而这类商品放到线下发货则相对较好处理。部分货运代理公司甚至开设了一些特色渠道，如品牌商品渠道等，这需要商家灵活操作
	系统间无缝衔接	一是物流公司或者货运代理公司的内部系统可以和商家所使用的 ERP 系统很好地对接，如直接生成 DHL 跟踪号；二是物流公司或者货运代理公司可以很好地配合商家日常发货的作息时间，如晚上 7 点上门取货等

6.2.2　物流咨询及投诉

1．物流咨询与物流信息跟踪

（1）物流咨询

物流服务有问题时，商家可选择在线咨询。以全球速卖通为例，商家登录全球速卖通后台找到需要咨询的物流订单，单击客服头像即可进行在线咨询。

（2）物流信息跟踪

系统会根据商家填写的运单号在订单详情页展示物流跟踪信息。买卖双方都可以在订单详情页面查看货物的配送信息。物流跟踪信息下方也会给出相关的官网地址供买卖双方查询。

课堂小贴士 6-2

全球速卖通物流纠纷处理流程

在全球速卖通交易过程中，卖家难免会遇到买家要求退货退款的情况。一旦买家提起该申请，双方即进入纠纷阶段，须买卖双方协商解决。买家提交退货退款申请的原因主要如下。

（1）未按时收到货。

（2）收到的货物与约定的不符。

（3）买家自身原因。

买家可以在卖家全部发货 10 天后申请退款（若卖家设置的限时达时间小于 5 天，则买家可以在卖家全部发货后立即申请退款）。

在提交速卖通纠纷页面中，买家可以看到"Only Refund"（仅退款）和"Return & Refund"（退货退款）两个选项，选择"Only Refund"（仅退款）就可以提交仅退款申请，选择"Return & Refund"就可以提交退货退款申请。提交退货退款/仅退款申请后，买家需要描述问题与解决方案并上传证据。买家提交后，平台会在 7 天内（包含第 7 天）介入处理。

2. 物流投诉

对物流服务不满意时，商家可在线投诉。下面以全球速卖通平台为例进行相关讲解。

（1）投诉类型

投诉类型主要有时效类投诉、费用类投诉和货物类投诉 3 种。

① 时效类投诉主要是发件与收件的时间不符所造成的投诉，如揽收延迟等。

② 费用类投诉主要是发件与收件的费用分歧所造成的投诉，如重量不符、费用争议等。

③ 货物类投诉主要是货物丢失、货物破损、发错货物等所造成的投诉。

课堂小案例 6-1

投诉纠纷的处理

一位投诉人委托 A 公司将部分货物由中国运往美国。他按照该公司网站上的所有指示完成操作，并在线支付了 173.70 美元运费。第二天，他接到 A 公司工作人员的电话，要求加收 200 元附加费，原因是有关货品的长度超出标准尺寸 3cm。如果他不付款，包裹将退还，并向投诉人收取手续费。

该投诉人提出在交易时 A 公司没有注明征收附加费，而工作人员在电话中也未能清楚解释为何货物会超出标准尺寸。工作人员称所有的发货包裹都是由机器处理的，系统会自动计算所需费用。

由于投诉人急需货物，他别无选择，只能按要求支付附加费。投诉人在收到货物后，向有关部门发起投诉，认为 A 公司收取的附加费既不清楚也不合理，并要求退还。此外，收到货物时，他测量了包裹，发现货物并没有超出标准尺寸。随后，他将带有测量结果的照片发给 A 公司，并告知 A 公司，他已向有关部门发起投诉。A 公司两天内安排了退款。

案例小思考： 在跨境电子商务业务中，如果出现不满应该通过哪些途径解决？

思考解析要点： 首先协商解决，如果不行再去相关部门发起投诉，要求对方做出相应的赔偿。

（2）投诉流程

① 发起投诉。商家应根据不同的投诉类型，在相应的约定时限内发起投诉。标准服务发起投诉的有效期是从物流订单创建起 120 天，优先服务发起投诉的有效期是从物流订单创建起 40 天。发起投诉后，商家可以通过系统进行举证，但不同类型的投诉在处理流程上有一定的差异。

② 处理投诉。在全球速卖通上产生的线上发货投诉由菜鸟客服处理。发起投诉后，商家通过系统举证，物流商在 10 个自然日内将处理结果反馈给平台。若商家对物流商的处理结果不认同，则可发起申诉，申诉有效期为 15 天。菜鸟承诺客服在收到申诉 1 个工作日内将介入，菜鸟客服介入后判为物流商责任的，物流商按照赔付标准向商家赔付。对于买家

签收后发起的投诉，在外包装完好且无明显证据显示为物流商责任的前提下，物流商将不予赔付。

3. 投诉举证和赔付标准

表 6-4 列出了投诉举证和赔付标准。

表 6-4 投诉举证和赔付标准[1]

主要投诉类型	商家发起投诉时效	举例	举证规则	举证时效	物流商免责标准及范围	赔付金额
揽收延迟（商家发起）	标准服务120天，优先服务40天，简易服务120天	物流商未在物流订单创建的48小时（按仓库工作日计算）内完成揽收，或未将揽收信息上传至系统	（1）系统记录的相应操作时间截图（2）揽收失败的原因记录（揽收交接签收单、客服聊天截图和电话录音等）（3）每单最多拥有不超过两次投诉机会	72小时	因商家原因导致的揽收延迟，物流商免责	（1）5元/单（2）独立于其他赔付，与其他赔付重叠
货物丢失/短装（入库前由商家发起，入库后由速卖通平台代商家发起）	标准服务120天，优先服务40天	货物在交接给物流商后或配送操作过程中丢失	（1）商家交易订单信息（2）商家端因买家未收到货物而投诉，且自揽收成功或签收成功起，包裹在承诺时效内未妥投到买家地址所对应的当地邮局，且物流商不能确认货物状态（3）物流商导致的收货地址出错，小包未妥投到买家地址所对应的当地邮局（4）买家端举证货物短装证明	72小时	无免责	按照实际损失价值赔偿（以该订单在平台上的实际成交价为标准，平台须扣除支付、服务等必要手续费），标准类服务最高不超过800元，优先类服务最高不超过1 200元
货物破损（由速卖通平台代商家发起）	标准服务120天，优先服务40天	货物在物流商仓库或配送操作过程中发生外包装破损或者商品破损	（1）商家交易订单信息、商品名、件数，以及未签收前商品的破损照片或物流商的破损报告（2）物流商提供回传小包破损的信息	72小时	无免责	运输过程中导致的外包破损：按照小包实际价值的10%赔偿（以该订单在平台上的实际成交价为标准，平台须扣除支付、服务等必要的手续费），标准类服务最高不超过800元，优先类服务最高不超过1 200元内物破损：因物流商原因导致内物破损，按照小包实际价值赔偿（以该订单在平台上的实际成交价为标准，平台须扣除支付、服务等必要手续费），标准类服务最高不超过800元，优先类服务最高不超过1 200元。赔偿后小包所有权属于物流商

---

[1] 此内容平台会不定期有所调整，此处仅供参考。

主要投诉类型	商家发起投诉时效	举例	举证规则	举证时效	物流商免责标准及范围	赔付金额
物流商原因导致的配送错误（由速卖通平台代商家发起）	标准服务120 天，优先服务40 天	物流商在货物操作时出错，导致买家签收时或签收后发现小包错误	（1）商家交易订单信息、商品名、件数 （2）买家举证收到的货物与交易货物不符	72小时	商家装错货物的情况下物流商免责	（1）未找到原小包，按照实际损失价值赔偿（以该订单在平台上的实际成交价为标准，平台须扣除支付、服务等必要的手续费），标准类服务最高不超过 800 元，优先类服务最高不超过 1 200 元。如在 7 个自然日内找到原小包，物流商为买家补发 （2）错发的小包如需退回或改派，由物流商安排并承担相关费用
费用争议（由商家发起）	标准服务120 天，优先服务40 天	物流商称重与货物实际重量差异大于50g，导致商家多付物流费用	重量不符，具体如下： （1）商家举证货物及包装重量 （2）物流商提供称重时有效的清晰视频或照片，或配送过程中有效的重量记录信息	72小时	重量不符，物流商责任，无免责。因商家原因导致的包裹退回，物流商免责	重量不符：如物流商称重与实际重量差异大于 50g，物流商退还因重量差异由商家额外支付的运费
费用争议（由商家发起）	标准服务120 天，优先服务40 天	物流商未退回运费或商家对退回的运费有争议	包裹退回，具体如下： （1）商家说明货物退回情况，非商家原因包裹被退回相关举证 （2）物流商反馈包裹超重、超体积的信息	72小时	重量不符，物流商责任，无免责。因商家原因导致的包裹退回，物流商免责	退回件包括被机场安检退回或者被海关退回的含违禁物品的包裹；海外段退回到转运仓的包裹 当天的退回件物流商当天扫描包裹反馈配送异常状态，并尽快退回转运仓 退费由物流商线下主动退还给商家。退回件的退费如下： （1）库内退件，运费及挂号费100%全部退回 （2）包裹不能通过相关安检被退回的，运费及挂号费100%全部退回。航空安检之后发生的退回，运费及挂号费不退还 （3）包裹因不能进口或者被买家拒收等原因退回的，不退还运费及挂号费 （4）凡货物被航空公司因安检不通过、海关查验不通过而没收或销毁，不退还运费及挂号费，并且物流商不赔偿货物损失；如被退回的包裹需要退回给商家，退回的运费收费标准以物流商在平台上的公示为准

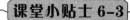

课堂小贴士 6-3

亚马逊物流纠纷处理邮件案例

Dear Amazon Seller Performance Team:

We understand that recently our performance as a seller on Amazon.com has fallen below both Amazon's and our own standards of quality.

I believe it is mainly because of our inadequate communication that we have recently seen two A-z guarantee claims which have resulted in our ODR exceeding the performance target of <1%.

Unfortunately, we changed the Listings Status to be Inactive from 23/01/20×× to 06/02/20×× because of a long vacation, obviously,the two complaints are nightmare during the period without order.We are taking the following steps to improve our performance.

Review all of products to make sure that the pictures are accurately match with our products.

Most importantly, we will complete the investigation more quickly and proactively (within12 hours) to any problems with customer orders to keep our customers more informed and help prevent A-z guarantee claims as much as possible, then replacement or a full refund will be done within 24 hours.

In addition, we will more aggressively monitor our performance metrics to assure we are meeting the standards set by Amazon and our own standards of quality customer service.

 课堂实训活动6-2

活动题目： 收集不同类型纠纷的解决策略

活动步骤：

1. 对学生进行教学分组，每个小组3～5人，以小组为单位进行讨论；
2. 收集并讨论不同类型的纠纷，并将解决策略填入表6-5；
3. 每个小组将讨论结果形成PPT，派1名代表进行演示；
4. 教师给予评价。

表 6-5　　　　　　　　　　　不同类型纠纷的解决策略

纠纷类型	解决策略

操作重点

- 本章操作重点为跨境电子商务主流平台物流模板的设置。

技能实训

跨境电子商务发货

【实训目的】

（1）能够熟练地掌握跨境电子商务物流的运费模板设置。

（2）能够熟练地掌握线上发货流程。

【实训内容】

（1）进行平台运费模板设置，选择合适的物流商，设置发货地址等。

（2）在买家下单之后进行线上发货，并顺利将货物发出。

【实训步骤】

（1）在网上查询物流商并进行对比，选择合适的物流商并进行运费模板设置。

（2）运费模板设置完成之后，对需要发货的订单进行线上发货，争取顺利发出。

【实训成果与检测】

成果要求

（1）提交案例讨论记录：每个小组 3 名学生，设组长 1 名、记录员 1 名。每个小组必须有小组讨论、工作分工的详细记录，该记录会被作为考核的依据。

（2）能够在规定的时间内完成相关讨论，学习团队合作方式，撰写总结。

评优标准

（1）上课时能积极配合教师，独立思考、踊跃发言。

（2）能认真阅读案例、积极参加小组讨论、拓宽分析问题的思路。案例分析基本完整，能结合所学理论知识解答问题。

（3）团队配合意识较好，积极参加小组活动，分工合作表现较好。

复盘反思

1. 知识盘点：通过对本章的学习，你掌握了哪些知识？请画出思维导图。

2. 方法反思：在完成本章的知识与实训学习后，你学会了哪些分析和解决问题的方法？

3. 行动影响：在完成本章知识与实训学习的过程中，你认为自己还有哪些地方需要改进？

第7章
跨境电子商务海外仓

【教学目标】

知识目标	❖ 了解海外仓的概念与模式 ❖ 理解海外仓费用结构相关知识 ❖ 掌握海外仓选品原则与定位
能力目标	❖ 能够正确计算海外仓的头程运费、税金与当地派送费用 ❖ 能够掌握海外仓选品原则、定位与思路
素质目标	❖ 培养学生遵纪守法的意识

【导入案例】

来赞达（Lazada）重点布局海外仓，从两大方面为卖家赋能

近年来，Lazada 将布局海外仓作为重点，并从降低费用和提升流量两大方面为卖家赋能。

据介绍，Lazada 海外仓服务可帮助卖家提升三大竞争力。首先，其拥有更快的物流时效，使包裹自清关后平均 3 天可送达消费者，能够与境内快递时效相媲美；其次，Lazada 海外仓拥有更低的物流费用；最后，该服务拥有更多的流量，平台将在日常销售中加大对海外仓卖家的流量扶持力度，相关商品的日流量甚至可提升好几倍。

同时，Lazada 海外仓还可以帮卖家解锁新的热门品类，如不超过 10 000mAh 的充电宝、电量小于 100Wh 的带电商品等均可在 Lazada 海外仓销售。

为帮助商家节省成本，提升产品利润空间，Lazada 还将推出海外仓商品的出口退税服务，同时进一步扩大华东区域的服务范围，降低商家的物流成本。

另外，许多卖家也急需通过海外仓布局来抵抗突发风险，降低成本。除 Lazada 外，其他各跨境电子商务平台也纷纷将重点放在海外仓，为卖家赋能。

案例小思考： 你知道什么是海外仓吗？它的功能有哪些？

7.1 海外仓概述

7.1.1 海外仓的概念与优缺点

1. 海外仓的概念

海外仓又称海外仓储，指在跨境电子商务目的国（地区）预先租赁或建设仓库，通过国际物流预先把商品送达仓库，然后通过互联网销售

海外仓的概念
与优缺点

商品，当接到买家订单后从海外仓库进行发货与配送。这样一来，买家下单后无须等待较长时间就可收到货物，这大大改善了买家体验。同时，这种物流配送模式也降低了跨境电子商务因配送时滞而承担的风险和成本。由于是前期配货，物流方可以选择海运将商品运送至目的地，减少运输限制，使电子商务企业的产品线获得极大丰富，因而有利于跨境电子商务的横向拓展。

拓展知识

海外仓的特点

课堂小贴士 7-1

中邮海外仓服务

中邮海外仓服务（China Postal Warehousing Service，CPWS）是中国邮政速递物流股份有限公司开设的境外仓配一体化服务项目，服务内容包括境内集货、国际运输、目的国（地区）清关/仓储/配送，以及个性化增值服务等，是整合国际邮政渠道资源、专业运营团队和信息系统而推出的安全、稳定、高效的海外仓配产品。中邮海外仓现已开办美国东仓、西仓、南仓，澳大利亚仓，英国仓，捷克仓，俄罗斯仓，后期将陆续开办更多海外仓库。

2. 海外仓的优缺点

（1）海外仓的优点

① 更低的物流成本。从境外直接发货给买家，较之从境内发往境外的成本更低。

② 更快的送货时效。海外仓缩短了运输、报关、清关等各方面复杂的操作流程所需耗费的时间，帮助卖家更快、更有效地实现了境外发货。

③ 更好的仓储管理经验。卖家再也不用为仓库管理员的货物管理问题而烦心，海外仓已为卖家配备了专业的管理人员。

④ 订单处理更加方便。订单和发货同步，实现了自动化批量处理订单。

⑤ 库存管理及盘点更加清晰。对于每月的销量及剩余库存，海外仓系统会自动显示。并且每笔订单的物流成本一目了然，不需要卖家自己雇用结算人员整理汇报。

⑥ 远程遥控方便快捷。卖家再也不用灰头土脸地在仓库里忙着打包发货了，只需要在计算机前轻轻地单击鼠标，下达订单发货指令，海外仓的专业团队便会完成相应工作。

⑦ 自动高效的退货处理流程。由于各种原因导致的买家退货直接退到海外仓即可，免去了境内境外来回双清的成本、时效、弃货等各方面损失。

⑧ 降低断货风险。很多卖家境内备货不足，断货使卖家无货可卖，店铺原先积累的流量也付诸东流。而海外仓备货因为周期长、销售速度快等，库存会比境内库存多。这也从另一方面说明卖家使用海外仓的重要性。

（2）海外仓的缺点

① 库存压力大，仓储成本高，资金周转不便。

卖家的产品只要存放在海外仓一天，就要支付一天的仓储费用。假如出现了销量不理想的情况，那么货物会一直压在海外仓中，这样就会持续增加仓储成本，使卖家的资金周转不便。鉴于此，卖家可以在销售旺季选择使用海外仓，在销售淡季则不用或减少使用海外仓。

② 有一定的库存量要求。

将产品存放在海外仓的前提条件是卖家有一定的库存量，也就是说卖家需要备货，这样会增加风险，对于新手卖家和销售特别定制产品的卖家来说是不合适的。

③ 受服务商运营能力影响大，可控性差。

海外仓受当地政策、社会因素、自然因素等不可控因素的影响较大，如果海外仓的服务商在某个环节出现问题，很可能会导致货物派送出现延误，甚至会造成仓库被查、货物被没收的情况。

📖 **课堂思考**

你知道海外仓有哪些功能吗？

答案要点提示：

（1）代收货款功能

由于跨境交易的风险较大，同时其特殊性也会导致资金结算不便、不及时等问题出现，因此海外仓可以在合同规定的时限和佣金费率下，在收到货物的同时，为卖家提供代收货款的增值业务，从而有效规避跨境交易风险。

（2）拆包拼装功能

大部分跨境电子商务的订单数量都相对较少，订单金额也相对较小，而订单频率较高，订单普遍具有距离长、数量少、批次多的特点。因此，为了有效提高运输效率，节省资源，海外仓可将这些较零散的货物拼装为整箱合并运输，待货物到达之后，再由海外仓将整箱货物拆分。同时海外仓也可以根据客户的订单要求，为所处地域较集中的客户提供拼装服务，进行整箱运输或配送，从而提高运送效率，降低物流成本。

（3）保税功能

有些海外仓可以经海关批准成为保税仓库，这样其功能和用途范围会更广，如可以简化海关通关流程和相关手续。同时，保税仓库中还可以进行中转贸易，以海外仓所在地为中转地，连接生产地和消费地。一些简单的加工、管理等增值服务在保税仓库内也可以实现，这无疑将大大丰富仓库功能，从而提升卖家的竞争力。

7.1.2　海外仓的模式

1. 出口企业自建仓

出口企业自建仓模式指跨境电子商务出口企业自行在主要进口国（地区）境内投资建设仓储公司，完成境外仓储、通关、报税、物流配送等一系列业务。通常情况下，往往是那些具有相当业务规模的出口企业才具备采用自建仓模式的能力。出口企业自建仓模式最大的优点就是业务自由度高，最大的不足就是建仓与运营难度大。

课堂小贴士 7-2

出口企业自建仓的优缺点如表 7-1 所示。

表 7-1   出口企业自建仓的优缺点

出口企业自建仓的优点	出口企业自建仓的缺点
1. 灵活性强。出口企业可以根据自身情况自主确定海外仓的地址、规模、经营模式；无须考虑海外仓对商品种类、体积等的限制 2. 有利于本土化经营。由于跨境电子商务的全球性特征，一些境外买家可能会对跨境电子商务企业提供的商品存在疑感。如果出口企业在目标市场建立了仓储公司，就会给当地的买家传递一个信号，即这个出口企业是真实存在的，经营实力较强，这样就有利于提高买家对出口企业的信任度	1. 成本较高。出口企业自建海外仓需要在境外租赁仓库和雇用员工，还需要搭建或租赁海外仓管理系统，而境外人力成本和租赁费用普遍偏高，因此自建海外仓的成本较高 2. 经营管理要求较高。出口企业自建海外仓涉及当地的清关政策、税收制度、仓储国际化运营等，这些不仅要求出口企业了解海外仓所在地的政治环境、经济环境、文化习俗、法律环境等，还要了解当地基础设施水平、信息技术水平、服务水平等，因此对出口企业自建仓的经营管理要求较高

2. 出口企业建立边境仓

出口企业建立边境仓模式是指在跨境电子商务目的国（地区）的邻国（地区）边境内租赁或建设仓库，通过物流将商品预先运达仓库，通过互联网收到买家订单后，从该仓库发货。根据所处地域不同，边境仓可分为绝对边境仓和相对边境仓。

绝对边境仓是指当跨境电子商务的交易双方所在国家（地区）相邻，将仓库设在卖方所在国家（地区）与买方所在国家（地区）相邻近的城市，如我国针对与俄罗斯的跨境电子商务交易在哈尔滨或中俄边境的中方城市设立仓库。

相对边境仓是指当跨境电子商务的交易双方不相邻，将仓库设在买方所在国家（地区）的相邻国家（地区）的边境城市，如我国针对巴西的跨境电子商务交易，我国在与之相邻的阿根廷、巴拉圭、秘鲁等接壤国家（地区）的边境城市设立仓库。相对边境仓对买方所在国家（地区）而言属于边境仓，对卖方所在国家（地区）而言属于海外仓。

海外仓的运营需要成本，商品存在积压风险，送达后的商品很难再退回境内，这些因素推动着边境仓的出现。

课堂小贴士 7-3

全球速卖通菜鸟海外仓

菜鸟海外仓是全球速卖通和菜鸟联合境外优势仓储资源及本地配送资源，同时整合国际头程物流商和出口退税服务商共同推出的物流服务。菜鸟海外仓能够为全球速卖通平台上的卖家提供境内揽收、境内验货、出口清关退税、国际空海干线运输、进口清关、送仓、海外仓储管理、海外仓储发货、本地配送、物流纠纷处理、售后服务等一站式服务。

3. 第三方海外仓

第三方海外仓是指由第三方物流企业建设并运营的海外仓库，是可以为众多出口跨境电子商务企业提供清关、入库、质检、接收订单、订单分拣、多渠道发货、后续运输等物流服务的物流模式。在该海外仓模式下，整个跨境电子商务物流体系是由第三方物流企业控制的。

（1）第三方海外仓的优势

① 有助于提高单件商品利润率。eBay 数据显示，存储在海外仓中的商品平均售价比直邮的同类商品高 30%。

② 稳定的供应链有助于增加商品销量。在同类商品中，从海外仓发货的商品销量平均是从我国境内直接发货的商品销量的 3～4 倍。

③ 海外仓采取的集中运输模式突破了商品重量、体积和价格的限制，有助于增加销售品类。

④ 海外仓所采取的集中海运方式大幅降低了单件商品的平均运费，尤其是在商品重量大于 400g 时，使用海外仓的费用优势更为明显。这就有效降低了物流管理成本。

⑤ 稳定的销量、更多更好的买家反馈将提升卖家的账号表现。eBay 数据显示，使用海外仓可以使卖家的物流好评率提升 30%。

（2）第三方海外仓的劣势

第三方海外仓的劣势如下：存货量预测不准可能会导致货物滞销；货物追踪如果存在差漏会导致货物丢失；而海外仓服务商本身要提供本土化服务和进行团队管理也是一大难题，会影响卖家的服务需求。

专家提醒

卖家如何选择海外仓模式？

卖家在选择海外仓模式时，需要考虑以下 4 个因素。

（1）商品特征。FBA（Fulfillment by Amazon）、第三方海外仓均对商品的种类、体积、重量有所限制，尤其是 FBA 对商品的限制较为严格，如果商品的种类、体积、重量不符合要求，则无法使用 FBA。

（2）海外仓服务能力。在海外仓的头程运输中，FBA 不为卖家提供清关服务；部分第三方海外仓可以为卖家提供清关服务，有的还提供头程运输、退税等服务。

（3）卖家的物流运营战略。不同的卖家所采取的物流运营战略不同，如果卖家选择海外仓只是为了提高商品在境外市场的销量，提升经营效益，并不打算将海外仓物流体系纳入自身经营范围，就可以选择使用跨境电子商务平台的海外仓。

（4）卖家的规模和实力。对于卖家来讲，无论是自建海外仓还是租赁第三方海外仓，都要承担相应的风险，因此卖家在选择海外仓模式时，要充分考虑自身发展规模、实力及风险承担能力。

7.1.3　海外仓运作管理

1. 海外仓的规划与布局

仓库主要由以下几个部分组成：物品储存区，验收、分发作业区，管理室及生活间，辅助设施等。仓库布局是指在一定区域或库区内，对仓库的数量、规模、地理位置和设施、道路等各要素进行科学规划和总体设计。仓库布局是根据库区场地条件、仓库的业务性质和规模、储存物品的特性及仓储技术条件等因素，对仓库涉及的主要建筑物（房、货棚、货场）、辅助建筑物、构筑物、货场、站台等固定设施和库内运输路线所进行的总体安排和配置，以最大限度地增强仓库储存能力和作业能力，降低各项仓储作业费用，更有效地发挥仓库在物流过程中的作用。仓库布局包括平面布局、空间布局和仓库作业功能区域布局。

海外仓运作管理

（1）仓库平面布局

仓库平面布局应该遵循如下原则。

① 便于储存保管。仓库的基本功能是对库存进行储存保管，仓库的平面布局要利于物品的合理储存和库存容量的充分利用，为物品的储存保管创造良好的环境、提供适宜的条件。

② 利于作业优化。仓库作业优化是指增强作业的连续性，实现一次性作业，减少装卸次数，缩短搬运距离，使仓库完成一定的任务所发生的装卸搬运量最少。同时，还要注意各作业场所和部门之间的业务联系和信息传递。

③ 保证仓库安全。仓库安全是一个重要的问题，其中包括防火、防洪、防盗、防爆等。如仓库建设时，要严格执行《建筑设计防火规范》的规定，留有一定的防火间距，并有防火防盗安全设施；作业环境的安全卫生标准要符合国家的有关规定，有利于职工的身心健康。

④ 节省建设投资。仓库平面布局要因地制宜，充分考虑地形、地质条件，利用现有资源和外部协作条件，根据设计规划和库存物品的性质更好地选择和配置设施设备，以最大限度地发挥其效能。仓库中的延伸性设施——供电、供水、排水、供暖、通信等相关设施设备对基建投资和运行费用的影响都很大，应该尽可能集中布置。

（2）仓库空间布局

现代仓库的立体规划是指现代仓库在立体空间上的布置，即仓库建筑高度的规划。建设仓库基础时，应因地制宜地将场地上自然起伏的地形加以适当改造，使之满足库区各建筑物、库房和货场之间的装卸运输要求，并合理地组织场地排水。

① 库房、货场、装卸站台标高布局。库房地坪标高与库区路面标高的关系取决于仓储作业机械化程度和叉车作业的情况。由于机械在载重作业时的爬坡能力有限，如库房地坪与路面之间的高度相差较大，会影响叉车的作业效率。因此，最好使仓库的地坪和库区路面在标高上相等；不得已时，可使两者之间有不超过 4° 的纵向坡度。

货场一般沿铁路路线布置，多数跨在铁路专用线两侧。在货物标高方面，除确保符合铁路专门规定外，可略高或略低于铁路线。

装卸站台通常以其一侧纵边面向铁路，另一侧面向汽车线路或装卸货场。装卸站台的高度和宽度因物资搬运方式和运输工具的不同而不同。用汽车运输时，根据汽车的一般类型，装卸站台应高出道路路面 0.9～1.2m。用火车运输时，装卸站台的高度应与车厢底板相平。

② 合理利用地坪建筑承载能力。仓库地坪单位面积的建筑承载能力因地面、垫层和地基的结构不同而不同。例如，在坚硬的地上采用 300mm 厚的片石，地面用 200mm 厚的混凝土，其建筑承载能力为 5～7t/m^2。仓库应当充分利用地坪的承载能力，采用各种货架存货，以充分利用空间；同时使用各种装卸机械设备配合作业，以加速库存商品的周转。

（3）仓库作业功能区域布局

① 仓库作业中心功能分区。仓库作业中心功能分区包括进货区、储存区、中转区、分拣区（可选）、流通加工区（可选）、仓库管理区、出货区等。

② 仓库作业功能分区布置。仓库作业功能分区布置是对仓库各个作业区域及区域之间

的相互关系的规划，需根据当地的条件和物流需求进行，具体步骤如下。

- 确定各个区域的关系。a. 确定流程上的关系，即建立物料流和信息流之间的关系；b. 确定组织上的关系，即建立各部门组织之间的关系；c. 确定功能上的关系，即建立区域之间因功能需要而形成的关系。
- 确定仓库货物的流动形式。仓库货物的流动形式有 3 种：a. 直线形流动适用于出入口在厂房两侧、作业流程简单、规模较小的物流作业；b. U 形流动适用于出入口在同侧的仓库；c. T 形流动适用于出入口在厂房两侧的仓库。

2. 海外仓选址

（1）海外仓选址应遵循的原则

① 系统性原则。海外仓选址要从长远发展的角度考虑，确保仓库全面统筹物流运输及仓储，使配送区域的基础设施能够在一定时期内为跨境电子商务企业发展服务，并构建系统化物流网络。

② 适应性原则。海外仓选址应该充分调研当地经济的发展趋势和潜力，同时结合该地区的物流资源以及政策法规，确保海外配送中心具有极强的适应性，使双方都能够通过海外仓实现最佳利润。

③ 协调性原则。海外仓选址要平衡好物流网络的各个环节，力争在生产、运营和管理等方面都能够相互协调支撑。同时，设计海外仓还要从不同影响因素入手，进而用定性及定量的分析方法或量化模型选出适宜的选址方案。

④ 经济性原则。海外仓的建设成本十分重要。通常来说，海外仓多选在地价相对较低，同时与客户或供应商距离较近，能够形成一定的辐射区域的地段。因此海外仓的布局规划要遵循经济性原则，确保经济与效率的对应、统一。

⑤ 战略性原则。海外仓选址应该从战略的角度出发，最大限度地将当下与未来发展需求统筹兼顾，而且必须理性调研并具有大局意识，使海外仓能够成为跨界电子商务经济增长的新动力。

（2）海外仓选址的流程

① 充分做好前期市场调研工作。海外仓选址意义重大，因此在选址前要做好相关信息的收集工作。例如，当地的政治、经济发展现状及前景，尤其要掌握和了解当地消费人群的特征及市场动态与潜力。另外，还要集思广益，不但要得到股东的支持，而且要广泛征集基层员工的想法，最终结合专家的指导，为海外仓建设调研提供信息保障。

② 运用 SWOT 模型分析法进行选址分析。SWOT 模型是分析跨境电子商务海外建仓可行性的关键依据。该模型能够针对跨境电子商务企业外在与内在的优劣势，分析企业海外仓建设中的机会与威胁。当得出外部机遇超出威胁以及内部建仓优势高于劣势的结论后，就说明外部建仓具有可行性，企业应该集中精力加大物流资源投入力度构建海外仓，以确保竞争优势的持久。

③ 宏观选址。海外仓选址需考虑各种宏观影响因素，如当地政府政策、区域经济、人文因素、法律因素、地质和气候因素以及战略影响因素等。而宏观选址就是将上述各个影响因素评分加总，即通过加权平均法为决策者提供细化的数据，以确保候选方案的质量。

④ 微观选址。微观选址的目的就是确保物流成本性价比最高。在此环节，需要明确海

外仓服务的具体费用，进而利用层次分析法对物流方案展开对比，以量化出实际耗费最少且综合实力最强的优质方案。

3. 海外仓运营流程

海外仓的运营流程分为以下 3 步。

第一步，跨境电子商务企业→境内仓库。跨境电子商务企业要将商品运输到跨境电子商务物流企业的境内集货仓中。

第二步，境外仓到仓运输（境内港到目的港）。工作人员会根据要求整合商品，通过空运或海运将商品运输到海外仓。

第三步，海外代理仓库→尾程派送→境外买家。一旦产生订单，海外仓工作人员会将商品挑拣给当地的物流人员，并由物流体系将商品交付到境外买家手中（"最后一公里"）。

课堂实训活动7-1

活动题目：*海外仓模式的选择与比较*

活动步骤：

1. 对学生进行教学分组，每个小组 3～5 人，以小组为单位进行讨论；
2. 指出海外仓模式的主要特点，并将结果填入表 7-2；
3. 每个小组将讨论结果形成 PPT，派 1 名代表进行演示；
4. 教师给予评价。

表 7-2 海外仓模式的主要特点

海外仓模式	主要特点
出口企业自建仓	
出口企业建立边境仓	
第三方海外仓	

7.2 海外仓的费用结构

海外仓的费用结构是指把仓库设立在境外而产生的一系列费用。这里讲解的处理费用和仓储费用是使用第三方物流服务商的海外仓费用。

7.2.1 头程费用

头程费用是指从境内把货物运送至海外仓这个过程中所产生的运费,主要指使用航空运输(以下简称"空运")的方式和使用货轮运送(以下简称"海运")的方式运送。

1. 空运方式

(1)空运费用结构如下。

① 空运费用=运费+清关费+报关费+其他费(文档费、拖车费、送货费)。

② 运费按重量计算,有最低起运量限制(一般为5 kg)。

③ 清关费按单票数量计算。

(2)空运途径可分为客机行李托运、普货空运和商业快递。

 课堂思考

某空运物流服务商发货至荷兰的报价如表7-3所示。

表7-3　　　　　　　　　某空运物流服务商发货至荷兰的报价

运输方式	费用结构		费用标准
客机行李托运 (OBC)	运费/(元/kg)		50
	递四方速递代清关	清关费/(元/件)	400
		提货费/(元/kg)	4
	客户自有VAT[1]税号清关	清关费/(元/件)	1 500
		提货费/(元/kg)	4
普货空运 (Air Freight)	运费/(元/kg)	100kg以内	45
		100kg及以上	40
	递四方速递代清关	清关费/(元/件)	400
		提货费/(元/kg)	4
	客户自有VAT税号清关	清关费/(元/件)	1 500
		提货费/(元/kg)	4

使用普货空运方式配送10kg货物至荷兰仓并使用4PX代清关的头程费用是多少?

解: 头程费用=45×10+400+4×10=890(元)

【变式仿学7-1】

使用客机行李托运方式配送5kg货物至荷兰仓并使用客户自有VAT税号清关的头程费用是多少?

2. 海运方式

海运通常采用集装箱的方式进行运输,一般可分为集装箱拼箱和集装箱整箱。

---

[1] Value-Added Tax,VAT。

集装箱拼箱适用于装不满一整箱的小票货物。这种货物通常是由承运人分别揽货并将其在集装箱货运站或内陆站集中，而后将两票或两票以上的货物拼装在一个集装箱内，同样要在目的地的集装箱货运站或内陆站拆箱分别交货。集装箱拼箱以实际体积计算运费，体积会分层计算。

集装箱整箱是以集装箱数量计算运费，由发货人负责装箱，并加铅封的货运。整箱货的拆箱一般由收货人办理，也可以委托承运人在货运站进行，但承运人不负责箱内的货损、货差。除非货方举证确属承运人责任事故的损害，承运人才需赔偿。只要集装箱外表与收箱时相似和铅封完整，承运人就完成了承运责任。

课堂小贴士 7-4

集装箱的分类

集装箱（Container）是指具有一定容积，适合于在各种不同运输方式中转运，具有一定强度、刚度和规格，专供周转使用的大型装货容器。

1. 按集装箱的尺寸分类

国际上通常使用的干货柜（DRYCONTAINER）有：外尺寸为 20ft×8ft×8ft6in，简称20尺货柜；外尺寸为 40ft×8ft×8ft6in，简称 40 尺货柜；外尺寸为 40ft×8ft×9ft6in，简称40尺高柜。

2. 按集装箱总重分类

集装箱有 30t 集装箱、20t 集装箱、10t 集装箱、5t 集装箱、2.5t 集装箱等。

3. 按集装箱的用途分类

（1）通用干货集装箱是一种全封闭的，除冷冻货、生物、植物外，不需要调节温度，且在尺寸、重量等方面均适于货物所使用的集装箱中最常使用的标准集装箱，主要用于运输一般杂货，是使用最广泛的一种集装箱。

（2）冷藏集装箱是具有制冷装备的保温集装箱，其制冷装置安装在集装箱标准尺寸范围内，故又称内藏式冷藏集装箱。它主要用于运输冷冻食品。

（3）通风集装箱是为装运水果、蔬菜等不需要冷藏而需要通风换气的货物专门设计的集装箱，其在侧壁、端壁和箱底上设有许多通风孔，可自由开闭。

（4）罐式集装箱由箱体框架和罐体两部分组成，适用于装载酒类、油类、化学品等液体货物。装货时，液体货物由顶部的装货孔进入；卸货时，由排出孔自行流出或顶部装货孔吸出。

（5）框架集装箱没有箱顶和箱壁，箱端壁也可卸下，只留箱底和四角柱承受货载的集装箱，主要用于运输重量、大小、形状不一的货物。

（6）平板集装箱主要用于转载游艇、大型货车或巴士等。

（7）开顶集装箱是没有刚性箱顶的集装箱，为了防止风雨袭击，顶部多覆盖罩布，一般用于装载超高的货物或需从箱顶吊装的大件货物。

（8）硬顶集装箱是有刚性箱顶但可以打开的集装箱，一般用于装载需从箱顶吊装的大件货物。

（9）散货集装箱是用于装载粉末、颗粒状货物等各种散装货物的集装箱。顶部的窗盖用于灌入，下半部分的窗口用于流出。

（10）衣架集装箱/衣架柜是加装挂衣铁架的普通干货箱，用来吊挂外衣、外套和高级时装等，防止衣服产生褶皱。

4. 国际标准化组织对集装箱的分类

为了便于集装箱在国际间的流通，国际标准化组织 104 技术委员会（简称 ISO 104）根据外部尺寸，把集装箱分为 A、B、C、D 等 4 个系列。

（1）A 系列集装箱：长度均为 40ft，宽度均为 8ft。

（2）B 系列集装箱：长度均为 30ft，宽度均为 8ft。

（3）C 系列集装箱：长度均为 20ft，宽度均为 8ft。

（4）D 系列集装箱：长度均为 10ft，宽度均为 8ft。

3. 注意事项

（1）空运时会对重量轻、体积大的货物进行计泡处理。体积重量计算方式为：长（cm）×宽（cm）×高（cm）÷6 000。

（2）VAT 相关，请参考后面详细介绍的海外仓商品涉及的增值税。

（3）经济经营者登记与定位（Economic Operators Registration and Identification，EORI）码，EORI 码是由欧盟成员的海关颁发给企业或个人与海关交流的唯一必备数字标志。自 2009 年 7 月 1 日欧盟立法以来，要求所有欧盟成员实施 EORI 计划方案，成员里每个经济运营商（在欧盟海关注册登记的自然人或法人）都有一个独立的 EORI 码在欧盟中用来进口、出口和中转货物。所有的经济运营商需要使用他们唯一的 EORI 码参与海关及其他政府机构的电子通信和国际货物运输。

（4）如货物需单独报关、申请出口退税，需提供以下资料。

① 装箱单。

② 发票。

③ 报关委托书。

④ 报检委托书。

⑤ 合同。

⑥ 出口收汇核销单。

⑦ 需要商检的货物还应提供"商检通关单"和与对应口岸海关签署的无纸化协议。

7.2.2　税金和当地派送费用

1. 税金

税金是指货物出口到某地，需按照该地的进口货物政策而征收的一系列费用，如关税、增值税和其他税金等。

关税主要指进口关税。征收进口关税会增加进口货物的成本，提高进口货物的市场价格。各地都以征收进口关税作为限制货物进口的一种手段。征收进口关税可以保护本地工农业生产，也可以作为一种经济杠杆调节本地的生产和经济的发展。有些国家（地区）不仅有进口关税，还有一些特定的费用，如增值税、消费与服务税等。

VAT 是以商品（含应税劳务）在流转过程中产生的增值额作为计税依据而征收的一种流转税。各地增值税税率不同。

消费与服务税（Good and Services Tax，GST）是对境内销售的大多数商品和服务征收的税金。目前，全球有数个地区均征收消费与服务税，但税率不同。

2．当地派送费用

当地派送费用又称二程派送费用，是指买家下单购买商品后，由仓库完成打包将其配送至买家地址所产生的费用。由于各国（地区）物流公司操作不尽相同，具体费用还需咨询当地物流公司。

7.2.3 仓储管理服务费

以与第三方服务商合作需要产生的费用为例，仓储管理服务费分为两部分：仓储费和订单处理费。

1．仓储费

仓储费是商品储存在仓库中而产生的费用。一般第三方服务商为了提高商品的动销率，会按周收取费用。

2．订单处理费

订单处理费是指买家下单后，由第三方服务商工作人员拣货打包而产生的费用。具体内容如下。

（1）使用需计泡处理的发货方式，在多件发货时，总计费重的计算如下（单件货品取体积重和实际重中较大者作为计费重）。

如果货物计费重之和×0.2>1 kg，多件发货总计费重=货物计费重之和+1 kg；

如果货物计费重之和×0.2<1 kg，多件发货总计费重=货物计费重之和×1.2。

（2）使用无须计泡处理的发货方式，多件发货时，总计费重的计算如下。

如果货物实际重量之和×0.2>1 kg，多件发货总计费重=货物实际总重量+1 kg。

如果货物实际重量之和×0.2<1 kg，多件发货总计费重=货物实际总重量×1.2。

（3）多件发货的体积计算：多件发货的总体积=最长长×最长宽×高之和。

① 如一件货物的体积为 120 cm×10 cm×5 cm，另一件货物的体积为 100 cm×80 cm×20 cm，多件发货的总体积是 120 cm×80 cm×（20+5）cm。

② 如果发件数量为 3，体积均为 120 cm×10 cm×5 cm，合并后的体积是 120 cm×10 cm×（5+5+5）cm。

7.2.4 尾程费用

尾程费用是指买家下单后，由海外仓服务商完成打包并指派当地物流企业将其配送至买家地址所产生的费用。下面介绍美国与英国的物流渠道及报价。

1．美国

（1）美国物流渠道（部分）如表 7-4 所示。

表 7-4　　　　　　　　　美国物流渠道（部分）

服务名	时效	计泡	重量限制/kg
美国本地邮政派送	1～3 个工作日	否	31.5
美国本地标准派送（不含签收）	2～5 个工作日	是	67.5

（2）美国物流派送服务如下。

美国本地邮政派送资费标准（部分）如表 7-5 所示。

表 7-5　　　　　　　　　　美国本地邮政派送资费标准（部分）

重量限制/kg	至目的地运费/美元							
	2 区	3 区	4 区	5 区	6 区	7 区	8 区	9 区
84	13.1	13.1	13.1	13.1	13.1	13.1	13.1	13.1
112	14	14	14	14	14	14	14	14
140	15.2	15.2	15.2	15.2	15.2	15.2	15.2	15.2
180	16.4	16.4	16.4	16.4	16.4	16.4	16.4	16.4
196	17.6	17.6	17.6	17.6	17.6	17.6	17.6	17.6
224	18.8	18.8	18.8	18.8	18.8	18.8	18.8	18.8
252	20	20	20	20	20	20	20	20
280	21.3	21.3	21.3	21.3	21.3	21.3	21.3	21.3
308	22.6	22.6	22.6	22.6	22.6	22.6	22.6	22.6
336	23.9	23.9	23.9	23.9	23.9	23.9	23.9	23.9
364	25.2	25.2	25.2	25.2	25.2	25.2	25.2	25.2

注：1. 派送时效为 1～3 个工作日；

　　2. 如使用挂号服务，每件需加收 2 美元挂号费。

2. 英国

（1）英国物流渠道（部分）如表 7-6 所示。

表 7-6　　　　　　　　　　　英国物流渠道（部分）

服务名	挂号费	时效	计泡	重量限制/kg
英国本地经济派送	已含	1～5 个工作日	否	15
英国本地邮政派送	可选	1～3 个工作日	否	10
英国皇家次日派送	已含	1 个工作日	否	10

（2）英国物流派送服务如下。

英国本地经济派送资费标准（部分）如表 7-7 所示。

表 7-7　　　　　　　　　英国本地经济派送资费标准（部分）

重量限制/kg	至目的地运费/元			
	1 区	2 区	3 区	4 区
1	25	56	83	25
2	39	69	90	39
5	39	69	95	39
10	40	71	97	40
15	51	74	99	51

课堂实训活动7-2

活动题目： 美国本地邮政派送不同规格的包裹运费计算

活动步骤：

1. 对学生进行教学分组，每个小组 3～5 人，以小组为单位进行讨论；
2. 根据表 7-5，计算表 7-8 所示实例运费，并将结果填入表 7-8；
3. 每个小组将讨论结果形成 PPT，派 1 名代表进行演示；
4. 教师给予评价。

表 7-8　　　　　　　　　美国本地邮政派送不同规格的包裹运费计算

项目	邮件重量及规格	目的地	运费/美元
实例 1	50g，13cm×12cm×1cm	8 区	
实例 2	300g，21cm×15cm×4cm	5 区	
实例 3	350g，31cm×20cm×4cm	3 区	

7.3　海外仓选品

7.3.1　海外仓选品认知

1. 海外仓选品原则

随着跨境电子商务的发展，海外仓本地化服务进一步升级，其良好的口碑使海外仓成为未来跨境电子商务的必然趋势。那到底什么类型的产品适用于海外仓？进行海外仓选品应该注意些什么？

我们要对海外仓的产品进行定位，对哪些产品适用于海外仓有初步的判断。适用于海外仓的产品有如下特征。

（1）尺寸、重量大。因为此类产品的重量跟尺寸都已经超出了小包规格的界限，直接用国际快递费用过高，而使用海外仓刚好可弥补这一缺点。

（2）单价和利润高。海外仓相较于国际快递，丢包率跟破损率都可以控制在一个较低的水平。这对于卖家而言，可以降低高价值产品的意外损失率。

（3）高人气。这一类产品由于受到本地市场的热捧，周转速度会大大加快，积仓的风险会降低。

2. 海外仓产品基础定价

知道了海外仓的费用构成后，就可以对产品进行基础定价。海外仓产品成本主要包括以下几个部分。

（1）产品的采购成本+产品的境内运费。

（2）产品的到仓成本（运费+仓储费+处理费+当地派送物流费用+关税等）。

（3）平台扣点和计提损失。

通过上述成本分析，我们可以计算出产品的定价应该是（1）+（2）+（3）+规划利润。

7.3.2　海外仓选品定位与类型

1. 海外仓选品定位

了解如何进行海外仓选品以及进行海外仓选品需要注意的细节：选品时主要考虑一个产品是否在当地市场热销、当地买家偏好什么样的产品，甚至具体到某一种产品的某个功能与某种颜色。我们从大量的平台数据中抽取自己想要了解的产品，通过买家的评论以及优秀卖家所展示的产品详情等，就可以获得需要的信息。

数据不仅源自平台，通过第三方工具来获取数据也是个不错的选择，如通过 Google AdWords。我们可以从 Google AdWords 测出某个词在当地的搜索量，同时还可以获得一个不错的关键词。

通过数据进行选品是方法之一，然而选品的方法并不局限于单纯的数据选品。一个产品的热销有很多促成因素，经济、政治、文化都可能是因素之一。要想真正做好一个产品，我们要做到在了解产品的同时，花精力去了解愿意购买我们产品的将会是哪些人、我们的产品应该怎么做才可以让他们喜欢。当厘清了这些之后，我们就可以做出热销的、能给我们带来丰厚利润的产品。

2. 海外仓选品类型

选品一般有以下 4 种类型。

（1）高利润、高风险，如一些体积大且超重的产品，境内小包无法运输，或者运费太高，如灯具、户外产品等。

（2）高风险、低利润，如境内小包或快递无法运送的产品，包括危险品、美容美甲产品、化妆品等。

（3）低风险、高利润，如日用快消品。这类产品非常符合本地消费者需求，需快速送达，包括工具类、家居必备用品、母婴用品。

（4）低风险、低利润，如在境外市场热销的产品。这类产品批量运送更具优势，均摊成本低，包括 3C 配件、"爆款"服装等。

在上述 4 种类型中，（1）和（3）是比较适用于海外仓的，而（2）和（4）则不太适用于海外仓。

7.3.3　海外仓选品思路

海外仓选品思路应该以当地市场需求为基础来构建。

首先，确定在哪个国家（地区）建立海外仓。在建仓的时候要选择可以覆盖周围市场的地方，如在美国建仓可以覆盖加拿大市场。另外，还可以通过选品专家热销词来进行海外仓选址。

其次，了解当地市场需求，可通过当地电子商务平台了解和调查。

再次，在境内寻找类似产品，开发海外仓产品。开发指标依据包括产品的单个销量、单个到仓费用、单个毛利及毛利率、成本收益率，具体根据自身情况来确定。

最后，运用数据工具选品。选品主要参考数据纵横中选品专家的热销词、热搜词，搜索词分析中的飙升词。另外，还可以选择一些第三方工具来寻找打造"爆款"的主力词。

课堂小案例 7-1

揭秘：2018超级大卖做选品与"爆品"的秘诀

2018 年 4 月，在阿里巴巴跨境峰会暨选品对接会上，围绕"揭秘：2018 超级大卖做选品与爆品的秘诀"的主题，跨境大卖萨拉摩尔首席运营官方政、宝视佳海外事业部负责人魏树杰、棒谷供应链高级开发经理李孝鹏、蓝思销售总监徐刚进行了一次探讨。

关于打造精品，蓝思销售总监徐刚认为，并不是说供货商拿过来的就一定是精品，也不是说完全自主设计和开发的产品就是精品。开发精品时，首先看这个产品品类的市场容量如何，一款产品不可能只有自己一家开发，如果说这个产品品类的市场容量还可以，但销售这一款产品的人又不多，那么就可以尝试着去做一下精品和品牌。

针对如何确定哪些产品适用于海外仓、哪些产品适用于直邮，宝视佳海外事业部负责人魏树杰则指出以下两点。

第一，先确定国家（地区）、品类，再确定产品。首先做哪个国家（地区）、哪个品类，是第一个需要考虑的问题。假如做美国市场，卖家可能会首选做家居类产品，这时候需要了解家居类产品占美国整个市场的份额是多少，然后估计产品在市场中的定位。

第二，直发大件产品成本很高，所以通常以海外仓模式把大件产品运出去。此外，海外仓产品还要求是正规、通过认证的产品。

而针对产品开发，棒谷供应链高级开发经理李孝鹏表示，卖家首先要具体到某一个大类里的某一个细分类目，然后在细分领域把这个产品研究透彻，不管是基于市场容量，还是基于用户群体，都是一个很好的方向。

案例小思考：你知道如何确定哪些产品适用于海外仓、哪些产品适用于直邮吗？

思考解析要点：第一，先确定国家（地区）、品类，再确定产品。第二，直发大件产品成本是很高的，所以通常以海外仓模式把大件产品运出去。

课堂实训活动7-3

活动题目：利用全球速卖通中的行业情报进行海外仓选址

活动步骤：

1. 对学生进行教学分组，每个小组 3~5 人，以小组为单位进行讨论；
2. 利用全球速卖通中的行业情报进行海外仓选址，并将操作步骤的具体内容填入表7-9；
3. 每个小组将讨论结果形成 PPT，派 1 名代表进行演示；
4. 教师给予评价。

表 7-9　　　　　利用全球速卖通中的行业情报进行海外仓选址

操作步骤	具体内容
第一步	
第二步	

续表

操作步骤	具体内容
第三步	
……	

操作重点

- 本章操作重点为海外仓选品与选址。

技能实训

跨境电子商务海外仓选品

【实训目的】

（1）能够区分主流跨境电子商务平台海外仓选品（全球速卖通、亚马逊、阿里巴巴国际站等）。

（2）能够区分不同分类标准下跨境电子商务海外仓选品的要求，并能够根据所经营行业选择热销品。

【实训内容】

查询并整理主流跨境电子商务平台海外仓选品，分析这些选品的具体要求是什么，填写表 7-10。

表 7-10 　　　　　　　　　主流跨境电子商务平台海外仓选品

主流跨境电子商务平台海外仓选品	选品的具体要求
全球速卖通海外仓选品	
亚马逊海外仓选品	
阿里巴巴国际站海外仓选品	

【实训步骤】

（1）搜索相关信息——可以通过搜索引擎（如百度）搜索相关关键字（如"主流跨境电子商务平台海外仓选品"等），然后进入相关网站。

（2）登录这些网站，查看相关信息，分析平台选品要求，并填写表 7-10。

【实训成果与检测】

成果要求

（1）提交案例讨论记录：每个小组 3 名学生，设组长 1 名、记录员 1 名。每个小组必须有小组讨论、工作分工的详细记录，该记录会被作为考核的依据。

（2）能够在规定的时间内完成相关讨论，学习团队合作方式，撰写总结。

评优标准

（1）上课时能积极配合教师，独立思考、踊跃发言。

（2）能认真阅读案例、积极参加小组讨论、拓展分析问题的思路。案例分析基本完整，能结合所学理论知识解答问题。

（3）团队配合意识较好，积极参加小组活动，分工合作表现较好。

复盘反思

1. 知识盘点：通过对本章的学习，你掌握了哪些知识？请画出思维导图。

2. 方法反思：在完成本章的知识与实训学习后，你学会了哪些分析和解决问题的方法？

3. 行动影响：在完成本章知识与实训学习的过程中，你认为自己还有哪些地方需要改进？

第8章
跨境电子商务通关

知识目标	❖ 了解跨境电子商务通关的基础知识 ❖ 掌握跨境电子商务 B2C 通关基础知识 ❖ 掌握跨境电子商务 B2B 通关基础知识
能力目标	❖ 掌握跨境电子商务 B2C 通关流程 ❖ 掌握跨境电子商务 B2B 通关流程
素质目标	❖ 热爱跨境贸易业务，诚实守信，增强责任心

【导入案例】

为什么货物清关被延误了?

货物的清关都在海关的监管下进行，是不能随意流通的。既然会出现清关延误，肯定是有原因的，那么都有哪些原因呢?

1. 货物本身的原因

（1）货物为禁止入境的商品。各国都有其禁止入境的商品，如毒品、枪支弹药等。动植物、肉类、书籍等几乎也是每个国家都会禁止入境的。例如，美国禁止中草药入境，英国禁止奶类、肉类产品入境，新加坡禁止电子烟入境等。禁止入境的商品到达目的地海关后，会被海关扣押或者直接退回。

（2）货物为侵权商品。受知识产权的保护，有些品牌的商品入境后，海关会要求提供品牌授权书，如果没有，就会导致清关延误，海关扣货，甚至直接责令退回。

（3）货物为粉末、液体、带电等敏感商品。粉末、液体、带电带磁、固体等敏感货物，被海关查验的概率要比普通货物高，通关的时间也比较长，因此在清关时一般都会延误。建议卖家在发出这些商品前，一定要问清楚收件人是否有能力清关。

2. 卖家的原因

（1）货物信息填写不规范、不完整。卖家对资料、单证的填写不完整，如产品数量不正确、产品品名不正确（如产品是鞋子，申报品名写的是衣服）、申报价值与实际货值不符。如果商业发票不完整，卖家需提供新的、完整的商业发票。

（2）物流运输方式。卖家为了节省运费，赚取收件人的运费差价，选择价格较低、运输时间较长的物流运输渠道。价格越低，运输时间就越长，货物就越容易丢包。

3. 海关原因

（1）海关例行检查。例行检查一般 1~3 个工作日即可完成，如果海关认为货物没有问题，就会放行。

（2）征税。海关认为货物申报价值与实际不符，需要收件人去清关。如果货物申报价值与实际价值是相符的，但海关认为不符，遇到这种情况，相关人员拿着货物的价值证明去清关即可。如果货物申报价值确实与实际不符，被海关查到，则需要收件人去交关税。

4. 收件人原因

（1）不愿意交税。若货物需要交税，但由于税金太高或税金已超出货物本身的价值，收件人不愿意支付高额的税金，不去交税清关，货物就会存放在海关处，等清关期限到了，被海关拍卖或者退回。

（2）收件人没有相关的证件。如收件人没有进口许可证、收件人无法提供清关证件，导致货物延误无法清关。

5. 其他原因

（1）环境。如海关罢工、港口工人罢工、机场工人罢工、物流人员罢工，或者发生自然灾害、战乱。

（2）政策。一些国家的海关清关速度比较慢，清关效率低，清关程序烦琐复杂。

8.1 跨境电子商务通关认知

近年来，我国海关不断提升跨境电子商务的便利程度，"关""税""汇""检"一体化、线上"单一窗口"平台和线下"综合园区"平台相结合等多措并举，推动关务行业的转型升级，对国际化关务人才提出更加迫切的需求。面对海关的新举措，报关从业人员只有不断更新和学习新政策、新业务、新技能，才能应对报关服务不断发起的挑战。

8.1.1 跨境电子商务通关基础知识

1. 报关的定义

报关是指进出口货物收发货人、进出境物品所有人或其代理人、进出境运输工具负责人向海关办理货物、物品或运输工具进出境手续及相关海关事务的过程。货物、物品或运输工具进出境时必须办理规定的海关手续，报关是履行海关进出境手续的必要环节之一。报关业务的质量直接关系到进出口货物的通关速度、企业的经营成本与经济效益、海关的行政效率。报关活动与国家对外贸易政策法规的实施密切相关。报关业务有着较强的政策性、专业性、技术性和操作性。

跨境电子商务通关
基础知识

例如，出口货物的发货人应根据出口合同的规定，按时、按质、按量备齐出口货物，向运输公司办理租船订舱手续，自行向海关办理报关手续，或者委托专业（代理）报关公司办理报关手续。

2. 报关的范围

（1）进出口货物

进出口货物种类复杂，按照海关监管制度分为一般进出口货物、保税加工货物和保税物流货物、特定减免税货物、暂准进出境货物、货样和广告品、租赁货物、无代价抵偿货物、进出境修理货物、集装箱箱体、出料加工货物、溢卸和误卸货物、退运和退关货物、放弃和超期未报关货物等。

（2）进出境物品

进出境物品包括进出境行李物品、进出境邮递物品和进出境其他物品。进出境行李物品是以进出境人员携带、托运等方式进出境的物品；进出境邮递物品是通过邮局邮寄的包裹、小包邮件、保价信函、印刷品和国际邮袋等；进出境其他物品主要包括暂时免税进出境物品、享有外交特权和豁免权的外国机构或人员的公务用品或自用物品等。

（3）进出境运输工具

进出境运输工具是用以载运人员、货物和物品进出境，并在国际运营的各种境内或境外的船舶、航空器、车辆和驮畜等。

跨境电子商务商品进出口是当前的新兴贸易业态，是指不同国家（地区）的交易双方，借助互联网渠道达成交易，进行支付结算，并通过跨境物流送达商品、完成交易的一种国际商业活动。具体来说，跨境电子商务商品进出口是指通过全球速卖通、亚马逊等电商平台完成商品展示、买卖双方沟通协商、意见达成一致、买家依约付款、卖家依约发货等一系列买卖行为。

跨境电子商务进出口商品通关与外贸进出口货物报关既有联系，又有区别。随着跨境电子商务的发展，跨境电子商务进出口商品也被纳入海关监管的范畴，分为跨境电子商务 B2C 零售进出口货物和跨境电子商务 B2B 出口货物两部分。

3. 报关的主体

报关的主体是指报关行为的承担者，包括进出口货物收发货人及其代理人、进出境运输工具负责人及其代理人、进出境物品所有人及其代理人。

（1）进出口货物收发货人及其代理人

进出口货物收发货人是指依法直接进口或出口货物的我国境内的法人、其他组织或个人，是进口货物收货人和出口货物发货人的统称。一般而言，进出口货物收发货人依法取得对外贸易经营权，并向海关注册登记获得报关权后，只能为本单位进出口的货物报关。

进出口货物收发货人的代理人即报关企业。目前，我国从事代理报关服务的进出口货物收发货人的代理人主要有经营国际货物运输代理等业务兼营进出口货物代理报关业务的国际货物运输代理公司和主营报关业务的报关行两类。

（2）进出境运输工具负责人及其代理人

进出境运输工具负责人及其代理人包括国际航行船舶的船长及其代理人，进出境航空器的机长及其代理人，国际联运火车的车长及其代理人，进出境汽车的驾驶员，进出境驮畜的所有人及其代理人，以管道、输电网等特殊运输方式运输进出境货物的经营单位等。海关检查进出境运输工具时，运输工具负责人或其代理人应当到场，并根据海关的要求开启舱室、房间、车门等。

（3）进出境物品所有人及其代理人

进出境物品所有人及其代理人包括进出境行李物品的携带人及其委托人，分离运输行李物品的旅客，进出境邮递物品的境内收件人、境内寄件人等。

4. 报关的分类

（1）自理报关与代理报关

根据报关实施者的不同，报关可分为自理报关与代理报关。自理报关是指进出口货物收发货人、进出境物品所有人自行办理报关业务的行为；代理报关是指报关企业接受进出口货物收发货人的委托，代理其办理报关业务的行为。根据法律责任承担者的不同，代理报关又分为直接代理报关和间接代理报关。直接代理报关是指报关企业接受委托人的委托，以委托人的名义办理报关业务的行为；间接代理报关是指报关企业接受委托人的委托，以报关企业自身的名义向海关办理报关业务的行为。在直接代理中，代理人代理行为的法律后果直接作用于被代理人；而在间接代理中，报关企业应当承担与进出口货物收发货人自己报关时所应当承担的相同的法律责任。目前，我国报关企业大多采取直接代理报关，间接代理报关仅适用于经营快件业务的营运人等国际货物运输代理企业。

（2）口岸报关、属地报关与"属地+口岸"报关

根据报关口岸的不同，报关可分为口岸报关、属地报关与"属地+口岸"报关。

口岸报关是指进出境货物由报关人在货物的进出境地海关办理海关手续的报关方式。

属地报关是指进出境货物由报关人在设有海关的货物指运地或起运地办理海关手续的报关方式。属地报关必须办理相应的转关手续。

"属地+口岸"报关是指进出境货物由报关人在属地海关办理申报手续，在口岸海关办理验放手续的报关方式。

自全国海关通关一体化全面实施后，企业可以在任意一个海关完成申报、缴税等海关手续。

全国海关设立了风险防控中心和税收征管中心，实现全国海关风险防控、税收征管等关键业务集中、统一、智能处置。企业无论在哪里通关，都面对同一执法口径和监管标准，这为企业提供了统一的通关便利待遇。

（3）逐票报关与集中报关

根据报关方式的不同，报关可分为逐票报关和集中报关。

逐票报关（申报）即以每票货物为单位，按规定的格式向海关申报，是一种传统的报关方式。

集中报关是指对同一口岸多批次进出口的货物，经海关备案，收发货人可以先以清单方式申报办理货物验放手续，再以报关单形式集中办理其他海关手续的一种特殊通关方式。基于跨境电子商务订单多频次、小批量的特点，集中报关可提高通关效率。

5. 报关的内容

按照《中华人民共和国海关法》（以下简称《海关法》）的规定，所有进出口货物、进出境物品及进出境运输工具都需要办理报关手续。报关的具体内容如下。

（1）进出口货物报关

海关对不同监管性质的进出口货物规定了不同的报关程序。整体而言，进出口货物的报关程序可以分为前期阶段、进出境阶段和后续阶段，前期阶段和后续阶段适用于保税货物、特定减免税货物等部分海关监管货物。一般进出口货物没有前期阶段和后续阶段，其进出境阶段分为进出口申报、配合查验、缴纳税费、提取或装运货物4个环节。

（2）进出境物品报关

《海关法》第四十六条规定："个人携带进出境的行李物品、邮寄进出境的物品，应当以自用、合理数量为限，并接受海关监管。""自用、合理数量"原则是海关对进出境物品监管的基本原则，也是对进出境物品报关的基本要求。针对行李物品，"自用"是指进出境旅客本

人自用、馈赠亲友而非为出售或出租，"合理数量"是指海关根据进出境旅客的旅行目的、居留时间所规定的正常数量；针对邮递物品，"自用、合理数量"则是指海关对进出境邮递物品规定的征、免税限制。

① 行李物品。

行李物品由进出境旅客申报。进出境旅客申报是进出境旅客为履行《海关法》规定的义务，对其携运进出境的行李物品实际情况依法向海关所做的书面申明。

我国海关对旅客进出境采用"红绿通道"制度。"绿色通道"又称"无申报通道"，适用于携运物品在数量和价值上均不超过免税限额，且无国家限制或禁止进出境物品的旅客。"红色通道"又称"申报通道"，适用于携带有应向海关申报的物品的旅客。

旅客在向海关申报时，可以结合自己所携带物品的情况自行选择绿色通道或红色通道。选择红色通道的旅客必须填写"中华人民共和国海关进（出）境旅客行李物品申报单"（以下简称"申报单"）或海关规定的其他申报单证，在进出境地向海关做出书面申报。不明白海关规定或不知如何选择通道的旅客，应选择红色通道。

进境旅客携带有以下物品的，应选择红色通道，在"申报单"相应栏目内如实填报，并将有关物品交海关验核，办理有关手续：动植物及其产品、微生物、生物制品、人体组织、血液制品；居民旅客在境外获取的总值超过 5 000 元（含 5 000 元）的自用物品；非居民旅客拟留在我国境内的总值超过 2 000 元（含 2 000 元）的物品；酒精饮料超过 1 500 毫升（酒精含量 12 度以上），或者香烟超过 400 支，或者雪茄超过 100 支，或者烟丝超过 500 克；人民币现钞超过 20 000 元，或者外币现钞折合超过 5 000 美元；分离运输行李；货物、货样、广告品；无线电收发信机、通信保密机；我国禁止或其他限制进境的物品；其他需要向海关申报的物品；等等。

出境旅客携带有以下物品的，应选择红色通道，在"申报单"相应栏目内如实填报，并将有关物品交海关验核，办理有关手续：文物、濒危动植物及其制品、生物物种资源、金银等贵重金属；居民旅客需复带进境的单价超过 5 000 元的照相机、摄像机、便携式计算机等旅行自用物品；人民币现钞超过 20 000 元，或者外币现钞折合超过 5 000 美元；货物、货样、广告品；无线电收发信机、通信保密机；我国禁止或其他限制出境的物品；其他需要向海关申报的物品。

经海关办理手续并签章交由旅客收执的申报单副本或专用申报单证，在有效期内或在海关监管时限内，进出境旅客应妥善保存，并在申请提取分离运输行李物品或购买征、免税外汇商品或办理其他有关手续时，主动向海关出示。

② 邮递物品。

邮递物品以"报税单"或"绿色标签"向海关报关。邮递物品的申报方式由其特殊的邮递运输方式决定。我国是《万国邮政公约》的成员方，为遵守其规定，进出口邮包必须由寄件人填写"报税单"，小包邮件填写"绿色标签"，列明所寄物品的名称、价值、数量。邮递物品的"报税单"或"绿色标签"随同物品通过邮政企业或快递公司呈递给海关，向邮包寄达国家的海关申报。

③ 其他物品。

• 暂时免税进出境物品。《海关法》第五十条规定："经海关登记准予暂时免税进境或者暂时免税出境的物品，应当由本人复带出境或者复带进境。"

• 享有外交特权和豁免权的外国机构或人员进出境物品。外国驻中国使馆和使馆人员进出境公用、自用物品应当以海关核准的直接需用数量为限。使馆及使馆人员首次进出境公用、自用物品前，应当持规定材料到主管海关办理备案手续；使馆及使馆人员运进或运出公用、自用物品的，应当填写"中华人民共和国海关外交公/自用物品进出境申报单"并随附其他单证，向主管海关提出申请，运进机动车辆的，还应当递交使馆照会；使馆和使馆人员因特殊需要携运中国政府禁止或限制进出境物品进出境的，应事先获得中国政府有关主管部门的批准。

有以下情形之一的，使馆及使馆人员的有关物品禁止进出境：携运进境的物品超出海关核准的直接需用数量范围的；未依照规定向海关办理有关备案、申报手续的；携运中国政府禁止或限制进出境物品进出境，应当提交有关证件而不能提交的；未经海关批准，擅自将已免税进境的物品进行转让、出售等处置后，再次申请进境同类物品的；违反海关关于使馆和使馆人员进出境物品管理规定的其他情形的。

外交代表随身携带自用物品进境时，应向海关口头申报；外交代表随身携带超过规定限额的限制性进境物品进境时，应向海关提出书面申请。

外国驻中国领事馆、联合国及其专门机构和其他国际组织驻中国代表机构及其人员进出境公用、自用物品，由海关按照有关条例、条约和协议办理。

跨境电子商务通关实务中涉及的基本上都是货物或物品，因此本书后面仅对进出口货物和进出境物品的通关内容进行介绍。

课堂小贴士 8-1

我国禁止携带、邮寄进境的动植物及其产品名录[1]

1. 动物及动物产品类

（1）活动物（犬、猫除外[2]），包括所有的哺乳动物，鸟类、鱼类、两栖类、爬行类、昆虫类和其他无脊椎动物，动物遗传物质。

（2）（生或熟）肉类（含脏器类）及其制品；水生动物产品。

（3）动物源性奶及奶制品，包括生奶、鲜奶、酸奶，动物源性奶油、黄油、奶酪等奶类产品。

（4）蛋及其制品，包括鲜蛋、皮蛋、咸蛋、蛋液、蛋壳、蛋黄酱等蛋源产品。

（5）燕窝（罐头装燕窝除外）。

（6）油脂类，皮张、毛类，蹄、骨、角类及其制品。

（7）动物源性饲料（含肉粉、骨粉、鱼粉、乳清粉、血粉等单一饲料）、动物源性中药材、动物源性肥料。

2. 植物及植物产品类

（1）新鲜水果、蔬菜。

（2）烟叶（不含烟丝）。

（3）种子（苗）、苗木及其他具有繁殖能力的植物材料。

（4）有机栽培介质。

---

[1] 通过携带或邮寄方式进境的动植物及其产品和其他检疫物，经国家有关行政主管部门审批许可，并具有输出国家或地区官方机构出具的检疫证书，不受此名录的限制。

[2] 具有输出国家或地区官方机构出具的动物检疫证书和疫苗接种证书的犬、猫等宠物，每人仅限一只。

3．其他检疫物类

（1）菌种、毒种等动植物病原体，害虫及其他有害生物，细胞、器官组织、血液及其制品等生物材料。

（2）动物尸体、动物标本、动物源性废弃物。

（3）土壤。

（4）转基因生物材料。

（5）国家禁止进境的其他动植物、动植物产品和其他检疫物。

（3）进出境运输工具报关

① 进出境运输工具申报。

《海关法》第十四条规定："进出境运输工具到达或者驶离设立海关的地点时，运输工具负责人应当向海关如实申报，交验单证，并接受海关监管和检查。"可见，运输工具进出我国关境必须接受海关监管，海关通过运输工具负责人或代理人的进出境申报实现其监管。进出境申报是运输工具报关的基本内容，具体申报情况如下。

运输工具进出境的时间、航次（车次）、停靠地点等；

运输工具进出境时所载运的货物、旅客、物品情况；

其他需要向海关申报的情况。

进境运输工具在进境以后向海关申报以前，出境运输工具在办结海关手续以后出境以前，应当按照交通主管机关规定的路线行进；交通主管机关没有规定的，由海关指定。运输工具负责人或其代理人向海关申报时还需要提交船舶国籍证书、吨税证书、海关监管簿、签证簿等能说明其从事国际合法性运输的相关证明文件。

② 舱单申报。

进出境运输工具舱单是反映进出境运输工具所载货物、物品及旅客信息的载体，包括原始舱单、预配舱单和装（乘）载舱单。原始舱单是指舱单传输人向海关传输的反映进境运输工具装载货物、物品或乘载旅客信息的舱单；预配舱单是指反映出境运输工具预计装载货物、物品或乘载旅客信息的舱单；装（乘）载舱单是指反映出境运输工具实际配载货物、物品或载有旅客信息的舱单。舱单传输人是指进出境运输工具负责人、无船承运业务经营人、货运代理企业、船舶代理企业、邮政企业及快件经营人等舱单电子数据传输义务人。

舱单传输人可以自主选择通过以下途径向海关传输电子数据：中国电子口岸数据中心、全国海关信息中心、各直属海关对外接入局域网（包括地方电子口岸）。

海关对进出境运输工具舱单实施管理，将运输工具舱单申报作为进出境运输工具报关的重要内容。《关于进出境运输工具监管以及舱单管理相关事项的公告》（海关总署公告 2014 年第 70 号）规定："企业应在规定时限内按照进出境运输工具和舱单数据项填制规范，完整、准确地向海关申报传输运输工具及其载运货物、物品的舱单电子数据。"

海关在进境运输工具申报进境且收到进口舱单电子数据并对进境运输工具负责人签章的纸质舱单审核、确认后，方可接受进口货物、物品的申报；海关在出境运输工具实际离境后，及时收取出口清洁舱单及其电子数据，出口货物报关单与出口清洁舱单核销后，才予办理出口退税证明联的签发手续。

6．海关的基础知识

（1）海关的定义

海关是国家进出关境监督管理机关。我国海关按照《海关法》的规定，对进出境运输工具、货物、行李物品、邮递物品和其他物品进行监管；按照《海关法》和国家有关法律、法规，在国家赋予的职权范围内自主地、全权地行使海关监督管理权，不受地方人民政府和有关部门的干预。

（2）海关的性质

① 海关是国家行政机关之一。

海关是享有国家行政管理权的行政机关之一，是最高国家行政机关——国务院的直属机构，从属于国家行政管理体制，代表国家依法独立行使行政管理权。

② 海关是国家进出境监督管理机关。

海关依照相关法律、行政法规并通过法律赋予的权力，制定具体的行政规章和行政措施，对特定领域的活动开展监督管理，以确保该活动按国家的法律规范进行。

海关实施监督管理的范围是涉及进出关境及与之有关的活动，监督管理的对象是所有进出关境的货物、物品和运输工具。

③ 海关的监督管理是国家行政执法活动。

海关的监督管理是国家行政机关保证法律、行政法规顺利实施的直接行政管理行为。我国海关执法依据国家最高权力机关、国务院和海关总署三级立法体制，主要包括《海关法》及其他法律、行政法规和海关行政规章。同时，我国海关的执法应遵守我国签订或缔结的海关行政互助协议和海关国际公约。目前，我国已与几十个国家（地区）缔结了海关行政互助协议。

（3）海关的任务

我国海关按照《海关法》和其他有关法律、行政法规，监管进出境的运输工具、货物、行李物品、邮递物品和其他物品，征收关税和其他税、费，查缉走私，并进行统计和办理其他海关业务。

① 监管。海关监管是海关运用国家赋予的权力，依法对进出境运输工具、货物、物品的进出境活动所实施的一种行政管理。其主要目的在于保证一切进出境活动符合国家政策和法律的规范，维护国家主权和国家利益。海关监管包括海关对进出境运输工具的监管、海关对进出口货物的监管和海关对进出境物品的监管三大体系。

② 征税。海关征税工作所需数据、资料等是以监管为基础获取的，监管是征税的基础与保障。征税工作包括征收关税和进口环节海关代征税。关税是由海关代表国家对准许进出关境的货物、物品向纳税义务人征收的一种流转税，是国家中央财政收入的重要来源。进口环节海关代征税主要包括进口环节消费税和进口环节增值税。

③ 缉私。海关依照法律赋予的权力，依法查缉走私，即缉私。缉私是海关在海关监管场所和海关附近的沿海、沿边规定地区，为发现、制止、打击和综合治理走私活动而进行的一种调查和惩处活动。进出关境活动的当事人或相关人员违反《海关法》及有关法律、行政法规，逃避海关监管，偷逃应缴税款，逃避国家有关进出境的禁止性或限制性管理，非法运输、携带、邮寄国家禁止、限制进出境或依法应当缴纳税款的货物、物品进出境，或者未经海关许可并且未缴纳应纳税款、交验有关许可证件，擅自将保税货物、特定减免税货物及其

他海关监管货物、物品、进境的境外运输工具在境内销售等，这些行为都属于走私。

④ 统计。海关统计是以实际进出口货物作为统计和分析的对象，通过收集、整理、加工处理进出口货物报关单或经海关核准的其他申报单证，对进出口货物的品种、数量、价格、国别（地区）、境内目的地、监管方式、运输方式等项目分别进行统计和综合分析。海关统计有助于强化国家宏观经济管理与宏观调控，有助于国家对进出口情况进行监测和预警，有助于海关对业务管理和执法状况进行监控。

近年来，随着对外贸易的发展，国家通过相关法律、行政法规赋予了海关一些新的职能，这些新的职能也成为海关任务的一个重要组成部分。例如，关检融合后，海关执行检验检疫职能，还有海关对反倾销及反补贴的调查、知识产权海关保护等。

（4）海关的组织结构

国家在对外开放的口岸和海关监管业务集中的地点设立海关，海关的隶属关系不受行政区划的限制。我国海关实行集中统一的垂直领导体制，国务院设立海关总署，统一管理全国海关，海关依法独立行使职权，向海关总署负责。海关机构按海关总署、直属海关和隶属海关 3 个层级设立。

① 海关总署为全国海关的最高领导机构，统一领导全国海关。

② 直属海关负责管理一定区域范围内的海关业务，就本关区内的海关事务独立行使职权。

③ 隶属海关负责办理具体海关业务。隶属海关是海关进出境监督管理职能的基本执行单位。隶属海关由直属海关领导，向直属海关负责。

8.1.2　通关管理的具体法规与政策

1. 通关管理法规

通关管理法规如表 8-1 所示。

表 8-1　　　　　　　　　　　　　通关管理法规

序号	公告	文号	内容	实施时间/状态
1	《关于跨境电子商务零售进出口商品有关监管事宜的公告》	海关总署公告 2018 年第 194 号	跨境电子商务零售进出口商品通关管理、税收征管、退货管理	2019 年 1 月 1 日
2	《关于跨境电子商务企业海关注册登记管理有关事宜的公告》	海关总署公告 2018 年第 219 号	跨境电子商务企业海关注册登记管理	2019 年 1 月 1 日
3	《六部门关于完善跨境电子商务零售进口监管有关工作的通知》	商财发〔2018〕486 号	跨境电子商务零售进口参与主体的责任与义务	2019 年 1 月 1 日
4	《关于全面推广跨境电子商务出口商品退货监管措施有关事宜的公告》	海关总署公告 2020 年第 44 号	跨境电子商务出口商品退货监管措施	2020 年 3 月 27 日

2. 关于跨境电子商务零售进出口商品有关监管事宜

（1）跨境电子商务参与主体及义务

跨境电子商务参与主体及义务如表 8-2 所示。

微课堂

关于跨境电子商务零售进出口商品有关监管事宜

表 8-2 跨境电子商务参与主体及义务

参与主体	概念	义务
跨境电子商务企业	自境外向境内消费者销售跨境电子商务零售进口商品的境外注册企业，或者境内向境外消费者销售跨境电子商务零售出口商品的企业，为商品的货权所有人	• 履行对消费者的提醒告知义务，建立商品质量安全风险防控机制，建立健全网购保税进口商品质量追溯体系 • 承担商品质量安全的主体责任，并按规定履行相关义务
跨境电子商务平台企业	在境内办理工商登记，为交易双方（消费者和跨境电子商务企业）提供网页空间、虚拟经营场所、交易规则、信息发布等服务，设立供交易双方独立开展交易活动的信息网络系统的经营者	• 建立平台内交易规则、交易安全保障、消费者权益保护、不良信息处理等管理制度 • 建立消费纠纷处理和消费维权自律制度，建立商品质量安全风险防控机制，建立防止跨境电子商务零售进口商品虚假交易及二次销售的风险控制体系
物流企业	在境内办理工商登记，接受跨境电子商务平台企业、跨境电子商务企业或其代理人委托，为其提供跨境电子商务零售进出口物流服务的企业	具备《快递业务经营许可证》；如实向监管部门实时传输施加电子签名的跨境电子商务零售进口物流电子信息，并对数据的真实性承担相应责任
支付企业	在境内办理工商登记，接受跨境电子商务平台企业或跨境电子商务企业境内代理人委托，为其提供跨境电子商务零售进口支付服务的银行、非银行支付机构等	• 银行应具备《金融许可证》，非银行支付机构应具备《支付业务许可证》 • 应如实向监管部门实时传输施加电子签名的跨境电子商务零售进口支付电子信息，并对数据的真实性承担相应责任
境内代理人	开展跨境电子商务零售进口业务的境外注册企业所委托的境内代理企业	在海关办理注册登记，接受跨境电子商务企业委托向海关申报清单，承担如实申报责任，依法接受相关部门的监管，并承担民事责任

（2）监管措施

① 按照个人物品监管。对跨境电子商务直购进口商品及适用"网购保税进口"（监管方式代码1210）政策的商品，按照个人自用进境物品监管，不执行有关商品首次进口许可批件、注册或备案要求。对相关部门明令暂停进口的疫区商品和出现重大质量安全风险的商品启动风险应急处置时除外。

② 申报渠道。申报人通过中国国际贸易"单一窗口"或跨境电子商务公共服务平台向海关传输交易、支付、物流等电子信息。在直购进口模式下，邮政企业、进出境快件运营人可以接受跨境电子商务平台企业或跨境电子商务企业境内代理人、支付企业的委托，在承诺承担相应法律责任的前提下，向海关传输交易、支付等电子信息。

③ 验放方式。进口采用"清单核放"；出口采用"清单核放、汇总申报"；综试区城市出口可继续采取"清单核放、汇总统计"方式。"申报清单"与"中华人民共和国海关进（出）口货物报关单"具有同等法律效力。

④ 消费者身份信息审核。跨境电子商务平台企业、跨境电子商务企业境内代理人应对交易的真实性和消费者（订购人）身份信息的真实性进行审核，并承担相应责任；身份信息未经国家主管部门或其授权的机构认证的，订购人与支付人应当为同一人。

⑤ 汇总报关。每月15日前汇总申报，不再汇总形成"中华人民共和国海关出口货物报关单"。

（3）跨境电子商务进出口商品退货事宜

跨境电子商务进出口商品退货管理如表8-3所示。

表 8-3 跨境电子商务进出口商品退货管理

	跨境电子商务出口（海关总署公告 2020 年第 44 号）	跨境电子商务进口（海关总署公告 2020 年第 45 号）
管理依据	跨境电子商务出口（海关总署公告 2020 年第 44 号）	跨境电子商务进口（海关总署公告 2020 年第 45 号）
退货企业	跨境电子商务出口企业、特殊区域［包括海关特殊监管区域和保税物流中心（B 型）］内跨境电子商务相关企业或其委托的报关企业	跨境电子商务企业境内代理人或其委托的报关企业
是否跨境原进出口商品	建立退货商品流程监控体系，保证退货商品为原出口商品	原跨境电子商务零售进口商品
部分或全部退货	对原"中华人民共和国海关出口货物报关单""中华人民共和国海关跨境电子商务零售出口申报清单"或"中华人民共和国海关出境货物备案清单"所列全部或部分商品申请退货	"申报清单"所列全部或部分商品
退货时间及退货场地	可单独运回，也可批量运回，退货商品应在出口放行之日起 1 年内退运进境	在"申报清单"放行之日起 30 日内申请退货，并且在"申报清单"放行之日起 45 日内将退货商品运抵原海关监管作业场所、原海关特殊监管区域或保税物流中心（B 型）
法律责任	如实申报，接受海关监管，并承担相应的法律责任	

3. 监管方式的相关法规

监管方式的相关法规如表 8-4 所示。

表 8-4 监管方式的相关法规

序号	法规	文号	内容	实施时间/状态
1	《关于增列海关监管方式代码的公告》	海关总署公告 2014 年第 12 号	增列海关监管方式代码 9610	2014 年 2 月 10 日
2	《关于增列海关监管方式代码的公告》	海关总署公告 2014 年第 57 号	增列海关监管方式代码 1210	2014 年 8 月 1 日
3	《关于增列海关监管方式代码的公告》	海关总署公告 2016 年第 75 号	增列海关监管方式代码 1239	2016 年 12 月 1 日
4	《关于开展跨境电子商务企业对企业出口监管试点的公告》	海关总署公告 2020 年第 75 号	增列海关监管方式代码 9710、9810在 10 个直属海关开展跨境电子商务 B2B 出口监管试点	2020 年 7 月 1 日
5	《关于扩大跨境电子商务企业对企业出口监管试点范围的公告》	海关总署公告 2020 年第 92 号	增加 12 个直属海关开展跨境电子商务 B2B 出口监管试点	2020 年 9 月 1 日

 课堂实训活动8-1

活动题目： 梳理通关管理的具体法规

活动步骤：

1. 对学生进行教学分组，每个小组 3～5 人，以小组为单位进行讨论；

2. 按时间轴梳理通关管理的具体法规，并将具体法规名称填入表 8-5；

3. 每个小组将讨论结果形成 PPT，派 1 名代表进行演示；

4. 教师给予评价。

表 8-5	通关管理的具体法规
时间	**具体法规名称**

8.2 跨境电子商务B2C通关

8.2.1 跨境电子商务B2C通关认知

1. "9610"模式

（1）"9610"政策

"9610"是一个 4 位代码，前 2 位是按海关监管要求和计算机管理需要划分的分类代码，后 2 位为海关统计代码。"9610"全称"跨境贸易电子商务"，简称"电子商务"，俗称"集货模式"，也就是我们常说的 B2C 出口。

"9610"出口报关针对的是小体量贸易，如国际快递业务，采用"清单核放，汇总申报"的方式，由跨境电子商务企业将数据推送给税务、外汇管理部门，实现退税。

（2）"9610"政策出现的原因

对于采用邮寄、快递方式出口的跨境电子商务企业来说，若按一般贸易出口对单个包裹进行报关、清关，则需要大量的人力、物力，这必然不利于中小跨境电子商务企业的发展。

因此，为了方便这类跨境电子商务企业退税，国家出台了"9610"政策。"9610"政策是一种通关模式，在 2014 年就出现了，当时海关总署也增列了海关监管方式代码"9610"，专为销售对象为单个消费者的中小跨境电子商务企业服务。在"9610"模式下，海关只需对跨境电子商务企业事先报送的出口商品清单进行审核，审核通过后就可办理实货放行手续，这不仅使通关效率更高，而且降低了通关成本。

（3）"9610"出口报关的核心

① 清单核放。跨境电子商务出口企业将"三单信息"（商品信息、物流信息、支付信息）推送到"单一窗口"，海关对"三单信息"进行审核并办理货物放行手续，通关效率更快，通关成本更低。

② 汇总申报。跨境电子商务出口企业定期汇总清单形成报关单进行申报，海关为企业出具报关单退税证明，解决企业出口退税难题。

（4）"9610"模式的开展流程

① 前期准备。凡是参与跨境电子商务零售出口业务的企业，包括跨境电子商务企业、物流企业等，如需办理报关手续，则应当向所在地海关办理信息登记。前期准备的主要步骤为：企业备案→选择通关服务代理企业→平台销售形成订单→运抵前准备。

② 通关申报。跨境电子商务零售出口商品申报前，跨境电子商务企业或其代理人、物流企业应当分别通过国际贸易"单一窗口"或跨境电子商务通关服务平台，向海关传输交易、收款、物流等电子信息，申报出口明细清单。通关申报的步骤主要为：口岸报检→EDI 申

报→场站提货→口岸转关。

③ 入区通关。入区通关的主要步骤为：进卡口申报→园区报检→园区报关→场站理货→舱单核销。

④ 出区通关。出区通关的主要步骤为：关检协同查检→出区卡扣核放→缴纳跨境电子商务综合税。

⑤ 汇总申报。跨境零售商品出口后，跨境电子商务企业或其代理人应当于每月 15 日前按规定汇总上月结关的进口申报清单并形成出口报关单，以"清单核放，汇总统计"的方式办理报关手续的不再汇总。

（5）"9610"模式的注意事项

跨境卖家要通过"9610"模式来退税，应采用快递、专线的渠道。如果通过邮政代理，一般是无法成功退税的。

跨境卖家要在 21 天内整理前 20 天出口的商品清单，把清单出具给海关，由海关出具相关证明，以便办理出口退税。

2．"1210"模式

（1）"1210"政策

海关总署为方便跨境电子商务企业通关，规范海关管理，实施海关统计，增列海关监管方式代码"1210"。"1210"全称"保税跨境贸易电子商务"，简称"保税电商"。

"1210"政策适用于境内个人或跨境电子商务企业在海关认可的电子商务平台进行跨境交易并通过海关特殊监管区域或保税监管场所进出的电子商务零售进出境商品。

（2）"1210"模式解读

"1210"模式即跨境电子商务企业可以先将尚未销售的货物整批发至境内保税物流中心，再进行网上零售，卖一件，清关一件，没卖掉的不能出境内保税物流中心，但也无须报关，卖不掉的可直接退回。

（3）"1210"模式流程

① 前期准备。

• 对外贸易经营者备案。其主要步骤为：登录商务部在线办事系统→提交备案登记材料→办理对外贸易相关手续。

• 办理中国电子口岸企业 IC 卡。

• 国际贸易"单一窗口"注册备案。其主要步骤为：线上注册→线下提交材料→约谈。

• 电子口岸注册。

• 申请相关地域跨境进口统一版数字证书及传输 ID。

• 选择通关服务代理企业。

② 入区准备。

• 商品备案、申请账册。其主要步骤为：将商品备案明细表发检疫部门审批→准备海关商品备案表→账册申请→账册申报→通知境外发货。

• 货物运抵一线口岸。

• 报检、报关预录入。其主要步骤为：电子报检录入→发送报检单→现场报检→报关单预录入。

• 先进后报核放单录入。

- 一线口岸转关。

③ 入区通关。

入区通关的步骤为：车单关联→查验、核销、报关→场站理货、入库→先进后报核放单补录入。

④ 出区通关。

- 申报清单数据。其主要步骤为：导入订单数据→查询交易数据→导入清单数据→查询待申报清单→清单申报。
- 分送集报申请单变更。
- 清单确认、归并申报。其主要步骤为：清单确认→清单归并申报→打印载货清单→制作车单关联表→海关凭载货清单查货出区。
- 个人物品放行。其主要步骤为：机检查验→查询清单监管状态→车单关联。
- 缴纳跨境电子商务综合税。

⑤ 后期核销。

后期核销的步骤为：接收跨境核销通知→企业库存申报→跨境账册核销申报。

（4）"1210"模式的适用范围

"1210"模式适用于进口时仅限经批准开展跨境贸易电子商务进口试点的海关特殊监管区域和保税物流中心（B型）。海关特殊监管区域包括保税区、出口加工区、保税物流园区、跨境工业园区、保税港区和综合保税区。

（5）使用"1210"模式出口的好处

① 退货：商家采用"1210"模式出口，货物可以退回保税区进行重新清理、维修、包装后再销售，而境内仓储和人工相对便宜，因此可以节约成本。

② "买全球、卖全球"：商家在境外采购的产品可以存放在保税区，然后商家可根据需要，将产品以包裹的方式清关后寄递给境内外的客户；这样既减少了办理通关单的麻烦，也节省了关税，降低了成本。

3. 跨境电子商务B2C出口模式对比

（1）场所不同

"1210"模式：作业场所在海关特殊监管区域或保税物流中心（B型）内。

"9610"模式：应符合海关监管作业场所的规范要求，配置非侵入式检查设备并将其置于自动传输和分拣设备上，应遵守快递类或邮递类海关监管作业场所规范设置。

（2）申报模式不同

"1210"模式：包括"跨境电子商务特殊区域包裹零售出口"和"跨境电子商务特殊区域出口海外仓零售"两种形式，分别使用清单申报和报关单申报。

"9610"模式：分为"清单核放，汇总申报"模式和"清单核放，汇总统计"的简化申报模式，均通过清单进行申报，但前者需要汇总报关单。

（3）业务流程不同

"1210"模式：商品以批量形态从境内进入区域（中心），实行海关账册管理，入区后申报清单或报关单出境，送达境外消费者或海外仓。

"9610"模式：商品直接以小包裹的形式申报出境，放行后通过国际快递直接送达境外消费者。

（4）适用政策不同

"1210"模式：相关监管政策还在制定完善中。

"9610"模式：总署操作规程已出，政策较完善；"清单核放，汇总统计"的简化申报模式只适用于跨境电子商务综试区城市。

课堂小贴士 8-2

"1210"模式和"1239"模式的区别

1239（全称"保税跨境贸易电子商务 A"，简称"保税电商 A"）模式出台后，国内保税进口城市分成两种：一是针对新政出台前批复的具备保税进口试点资格的城市，二是针对新政出台后开放保税进口业务的其他城市。海关在监管时应将二者区分开来：对于免通关单的试点城市继续使用"1210"模式；对于需要提供通关单的其他城市（非试点城市）采用"1239"模式。

"1210"模式和"1239"模式的适用场景不同。"1210"模式要求使用区域必须是批准开展跨境贸易电子商务进口试点的城市的特殊监管区域，而"1239"模式没有对区域做具体要求，这意味着只要符合海关特殊监管区域或保税物流中心（B 型）条件即可。

跨境电子商务新政出台前，所有城市如果申报进口涉及通关单的商品都适用"1210"模式，但试点城市可以通过特殊申报通道，暂缓提交通关单。跨境电子商务新政出台以后，试点城市继续使用"1210"模式，非试点城市则使用"1239"模式，并需要提交通关单。

8.2.2　跨境电子商务B2C通关基本流程

1. 前期准备

（1）企业备案

根据海关总署《关于跨境电子商务零售进出口商品有关监管事宜的公告》（2016 年第 26 号），参与跨境电子商务零售进出口业务的企业应当事先向所在地海关提交以下材料。

① 企业法人营业执照副本复印件；

② 组织机构代码证书副本复印件（以统一社会信用代码注册的企业不需要提供）；

③ 企业情况登记表，具体包括企业组织机构代码或统一社会信用代码、中文名称、工商注册地址、营业执照注册号，法定代表人（负责人）、身份证件类型、身份证件号码，海关联系人、移动电话、固定电话，跨境电子商务网站网址等。

企业按照前款规定提交复印件的，应当同时向海关交验原件。

如需向海关办理报关业务，应当按照海关对报关单位注册登记管理的相关规定办理注册登记。

（2）货物备案

货物备案的主要步骤为：整理出口货物 HS 编码[1]→形成出口货物预归类表。

（3）B2C 平台成交

B2C 平台成交的主要步骤为：货物上架→支付后形成订单。

---

[1] HS 编码即海关编码，为编码协调制度的简称，全称为《商品名称及编码协调制度的国际公约》。

2．清单申报

（1）货物运抵特殊监管区。其主要步骤为：货物打包交物流企业形成运单→货物运抵特殊监管区域形成主运单。

（2）"三单"数据申报。

（3）出境货物清单申报。

3．查验放行

（1）关检查验

企业通过出入境快件检验检疫系统申报国检电子数据，由国家检疫部门布控，得出查验单号。货物抵达机场口岸海关监管库后，核实重量与件数，打印好提单，申请海关报关员去监管库抽取查验件，目前抽查比例控制在 1% 左右。

目前国家检疫部门对出境跨境电子商品实行集中申报、集中办理放行手续，以检疫监管为主，基于货物质量安全的风险程度，实施监督抽查；加大第三方检验检疫鉴定结果的采信力度，对一般工业制成品以问题为导向，加强事后监管。查验件查完后如能赶上当次航班则随当次航班出运，如无法赶上则在提单上减去查验件的重量和件数，查验件随下一航班出运。如有海关或国家检疫部门扣件，则需进一步跟进处理，目前口岸出口扣件的主要原因为货物侵犯知识产权及被禁止或限制出境。

（2）海关放行

抽完查验件后，海关在提单上盖进仓确认章放行，货物可以过安检进仓，仓库管理部门向跨境电子商务通关服务平台发送运抵报告。海关报关员到海关前台核销舱单，盖放行章，货站交接，航空公司申报装载舱单，货物装载出运。商品出境后，海关将放行信息反馈到跨境电子商务通关服务平台，平台将信息反馈给电商平台和物流企业。货物实际离境后，物流企业将货物实际离境信息通过跨境电子商务通关服务平台报送海关，由海关核注离境货物对应的清单。海关将已经离境核注的清单发送到跨境电子商务通关服务平台。

4．汇总申报

汇总申报的主要步骤为：归类合并→汇总申报→核销出境商品清单→办理退税。

 课堂实训活动8-2

活动题目：梳理跨境电子商务 B2C 通关的流程

活动步骤：

1．对学生进行教学分组，每个小组 3～5 人，以小组为单位进行讨论；

2．梳理跨境电子商务 B2C 通关的流程，并将具体操作内容填入表 8-6；

3．每个小组将讨论结果形成 PPT，派 1 名代表进行演示；

4．教师给予评价。

表 8-6　　　　　　　　　　跨境电子商务 B2C 通关的流程

步骤	具体操作内容

8.3　跨境电子商务B2B通关

8.3.1　跨境电子商务B2B通关基本流程

1. 前期准备

（1）跨境贸易备案

目前跨境电子商务 B2B 出口暂按在"出口货物报关单"合同协议号字段中输入"DS 合同号"予以特定标识，监管方式为"一般贸易（代码为 0110）"，并仍按现行传统贸易项下的申报规则进行申报。但跨境电子商务企业、电子商务交易平台、电子商务服务企业都需要事先在国际贸易"单一窗口"进行备案，并按海关要求参与现场约谈。

（2）B2B 平台成交

B2B 平台成交的主要步骤为：商品在平台上展卖→线上成交后签订合同。

（3）数据申报

跨境电子商务 B2B 业务的交易数据也需在国际贸易"单一窗口"申报，但目前跨境电子商务 B2B 出口并不要求必须在 B2B 电子商务平台上在线支付。申报成功后，国际贸易"单一窗口"的系统后台会自动将相关数据同时发送给海关、国家检疫部门，并将退税申报发送给税务部门，将收汇信息发送给国家外汇管理局，实现全数据化申报。

2. 准备报关资料

（1）核实税号

核实税号的操作过程为：梳理商品知识→确定品目→确定子目。

（2）核实监管条件

商品的监管条件可以查询《进出口税则》。

（3）核实报检单证

办理报检时需要提供的随附单证包括基本单据和特殊单据两类。基本单据包括合同、发票、装箱单、厂检单等，代理报检的还需要提供委托书。特殊单据视商品情况而不同，如小家电需提供型式试验报告和产品符合性声明。

（4）电子报检

在货物订舱完成以后，即可安排报检工作。在报检软件中单击"出境货物报检"，逐项输入报检单各栏目的内容。录入报检数据以后先暂存，然后仔细核对输入的内容是否有差错。数据核对完成后，即可发送选中的报检单完成电子报检。

（5）现场交单

在收到国家检疫部门的回执后，先在报检软件中打印纸质报检单，并准备好随附的材料，包括报检委托书、合同、发票、装箱单、厂检单等，一起提交给国家检疫部门现场窗口，办理申报。在完成初审、施检、复审计费、收费之后，报检单位获得电子版出境货物换证凭条，然后到出口口岸国家检疫部门凭换证凭条编号申请出境货物通关单（如果是在产地报检则需要到口岸换取通关单，如果是在口岸报检则可以直接获得通关单）。

3. 出口报关

出口报关的主要步骤为：报关委托→核实申报单证→电子申报→现场交单→查验放行。

8.3.2 跨境电子商务B2B通关监管模式

1. 跨境电子商务B2B通关监管模式分类

（1）"9710"监管模式

境内企业通过跨境电子商务平台与境外企业达成交易后，通过跨境物流将货物直接出口送达境外企业，即跨境电子商务 B2B 直接出口。对此，海关增列了监管方式代码"9710"，该代码适用于跨境电子商务 B2B 直接出口的货物。

（2）"9810"监管模式

境内企业先将出口货物通过跨境物流送达海外仓，通过跨境电子商务平台实现交易后从海外仓送达境外购买者，即跨境电子商务出口海外仓。对此，海关增列了监管方式代码"9810"，该代码适用于跨境电子商务出口海外仓的货物。

课堂小贴士 8-3

跨境电子商务出口模式对比如表 8-7 所示。

表 8-7 　　　　　　　　　　　　跨境电子商务出口模式对比

对比项目	跨境电子商务 B2B 出口"9710"模式、"9810"模式	跨境电子商务 B2C 出口"9610"模式	一般贸易出口"0110"模式
企业要求	参与企业均办理注册登记、出口海外仓企业备案	电子商务企业、物流企业办理信息登记及报关业务的注册登记	企业已办理注册登记
随附单证	"9710"：订单、物流单 "9810"：订单、物流单 （报关委托书在首次报关时提供）	订单、物流单	报关委托书、合同、发票、提单、装箱单等
通关系统	H2018 通关管理系统 跨境电子商务出口统一版系统（单票小于5 000 元，不涉检、证、税）	跨境电子商务出口统一版系统	H2018 通关管理系统
简化申报	在综试区所在地海关通过跨境电子商务出口统一版系统申报，符合条件的清单可按照6 位 HS 编码进行简化申报	在综试区所在地海关通过跨境电子商务出口统一版系统申报，符合条件的清单可按照 4 位 HS 编码进行简化申报	
物流	转关 直接口岸出口 全国通关一体化（通过 H2018 通关管理系统申报的）	转关 直接口岸出口	直接口岸出口 全国通关一体化
查验	优先安排查验		

2. 开展跨境电子商务B2B监管试点的原因

（1）适应跨境电子商务 B2B 监管改革的要求

近年来，我国跨境电子商务迅猛发展，已成为外贸领域新的增长点。海关总署积极创新开展跨境电子商务"三单"比对、全程无纸化监管、出口退货创新举措等工作，积极支持跨境电子商务新业态健康、快速发展。

（2）回应新业态发展诉求

在海关调研过程中，企业普遍反映目前跨境电子商务支持措施主要集中在零售进出口领域，希望增设跨境电子商务 B2B 出口监管模式代码，实行简化申报和便利通关措施。北京、杭州、宁波、广州、东莞等多地人民政府也希望海关增设跨境电子商务 B2B 监管方式代码并积极争取参与试点。

（3）为出台相关支持措施提供支点

在跨境电子商务 B2B 改革中，增列监管模式代码将为商务、财政、税务、外汇等部门出台配套支持措施提供支点。

（4）优化完善海关统计

创新跨境电子商务 B2B 出口监管模式并增设相应的海关监管模式代码，有助于海关精准识别、准确统计跨境电子商务 B2B 出口数据。

3. 参与试点的跨境电子商务企业需要满足的要求

（1）办理企业注册登记

跨境电子商务企业、跨境电子商务平台企业、物流企业等参与跨境电子商务 B2B 出口业务的境内企业，应当依据海关报关单位注册登记有关规定在海关办理注册登记，并在跨境电子商务企业类型中勾选相应的企业类型；已办理注册登记未勾选企业类型的，可在国际贸易"单一窗口"提交注册信息变更申请。

（2）办理出口海外仓业务模式备案

开展跨境电子商务出口海外仓业务的境内企业还应在海关办理出口海外仓业务模式备案，具体要求如下。

① 企业资质条件。

开展跨境电子商务出口海外仓业务的境内企业应在海关办理注册登记，且企业信用等级为一般信用及以上。

② 备案资料要求。

• 登记表：跨境电子商务出口海外仓企业备案登记表（见表 8-8）、跨境电子商务海外仓信息登记表（见表 8-9）。

表 8-8　　　　　　　　　　　　　**跨境电子商务出口海外仓企业备案登记表**

编号：

企业名称		申请时间		
主管海关				
海关注册编码		统一社会信用代码		
企业法人		通信地址		
联系人		联系电话		
线上销售平台				
主要海外仓名称	1.			
	2.			
	3.			
海外仓说明及其他资料	申请人签名		年　月　日	
其他说明				
审核意见：			年　月　日	
备注：			年　月　日	

表 8-9　　　　　　　　　　跨境电子商务海外仓信息登记表

海外仓信息			
企业名称		海关注册编码	
海外仓名称		面积（平方米）	
所在国家		所在城市	
海外仓地址		仓库性质	
线上销售平台			
备注			

- 海外仓证明材料：海外仓所有权文件（自有海外仓）、海外仓租赁协议（租赁海外仓）、其他可证明海外仓使用的相关资料（如海外仓入库信息截图、海外仓货物境外线上销售相关信息）等。
- 海关认为需要的其他资料。

上述资料应向企业主管地海关递交，如有变更，企业应及时向海关更新相关资料。

4. 通关过程中需注意的事项

（1）跨境电子商务企业或其委托的代理报关企业、境内跨境电子商务平台企业、物流企业应当通过国际贸易"单一窗口"或"互联网+海关"平台向海关提交申报数据，传输电子信息，并对数据真实性承担相应的法律责任。

（2）跨境电子商务 B2B 出口货物应当符合检验检疫的相关规定。

（3）海关实施查验时，跨境电子商务企业或其代理人、监管作业场所经营人应当按照有关规定配合海关查验。海关按规定实施查验，对跨境电子商务 B2B 出口货物可优先安排查验。

（4）跨境电子商务 B2B 出口货物适用全国通关一体化模式，也可采用"跨境电子商务"模式进行转关。

5. 企业申报流程

企业申报流程如图 8-1 所示。

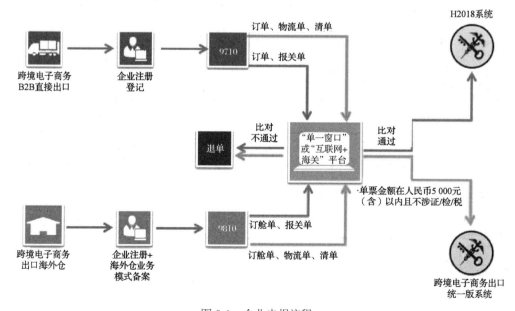

图 8-1　企业申报流程

6. 企业可享受的通关便利

跨境电子商务 B2B 出口主要监管流程包括企业登记、出口申报、物流管理、查验作业、货物放行、退货监管等全流程海关监管过程。其具有跨境电子商务新业态信息化程度高、平台交易数据留痕等特点，采用企业一次登记、一点对接、便利通关、简化申报、优先查验、允许转关、退货底账管理等有针对性的监管便利化措施。

（1）报关全程信息化：企业通过"单一窗口"或"互联网+海关"平台上传交易订单、海外仓订舱单等电子信息，且全部以标准报文格式自动导入，报关单和申报清单均采用无纸化方式，简化企业申报手续。

（2）新增便捷申报通道：单票金额在人民币 5 000 元（含）以内且不涉证、不涉检、不涉税的货物，可通过跨境电子商务出口统一版系统以申报清单的方式进行通关，申报要素比报关单减少 57 项，清单无须汇总申报报关单，这让中小微出口企业申报更为便捷，通关成本进一步降低。

（3）简化申报商品编码：跨境电子商务出口统一版系统申报清单不再汇总申报报关单，其中不涉及出口退税的，可申请按照 6 位 HS 编码简化申报。

（4）物流和查验便利：跨境电子商务 B2B 出口货物可按照"跨境电子商务"类型办理转关；通过"H2018"通关管理系统通关的，同样适用全国通关一体化模式。企业可根据自身实际情况，选择时效更强、组合更优的方式运送货物，同时可享受优先安排查验的便利。

课堂小案例 8-1

武汉金宇综合保税发展有限公司"1210"通关模式

湖北省文化旅游投资集团有限公司旗下武汉金宇综合保税发展有限公司（以下简称"金宇公司"）整合仓储、物流等供应链服务，建设跨境电子商务综合服务平台，为传统跨境贸易服务、物流服务赋能，建立贯穿上下游企业和相关利益体的生态体系，助力武汉外贸产业升级，推动武汉构筑国际贸易创新高地，提升武汉的城市影响力和国际竞争力。金宇公司打造的仓储—通关一体化跨境电子商务综合服务平台的功能如图 8-2 所示。

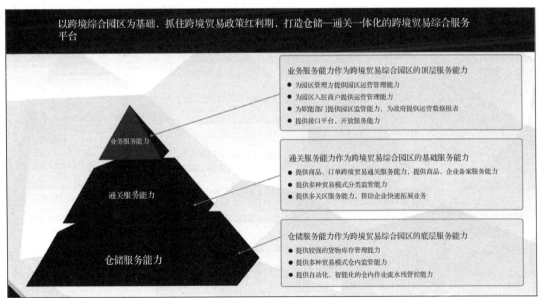

图 8-2　跨境电子商务综合服务平台的功能

金宇公司的跨境“1210”通关模式如下。

1. 跨境电子商务商户入驻

跨境电子商务商户在跨境电子商务公共服务仓备货之前，首先登录金宇公司的跨境电子商务综合服务平台（见图 8-3），完成商户备案、商品备案等前期准备工作。有了综合服务平台，商户不再需要自行投入大量的人力、物力和时间成本去开发系统就可与监管关联主体、物流企业、支付企业进行对接。

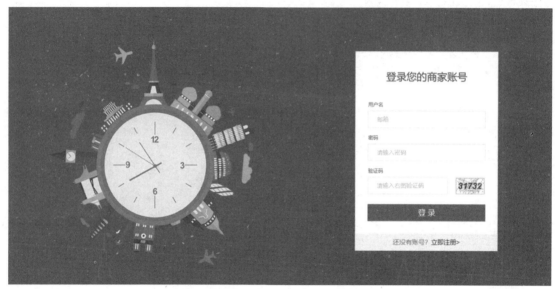

图 8-3　登录跨境电子商务综合服务平台

（1）商户备案

跨境电子商务商户在跨境电子商务综合服务平台完成商户资料填写并提交后，系统会自动完成商户的备案，如图 8-4 所示。

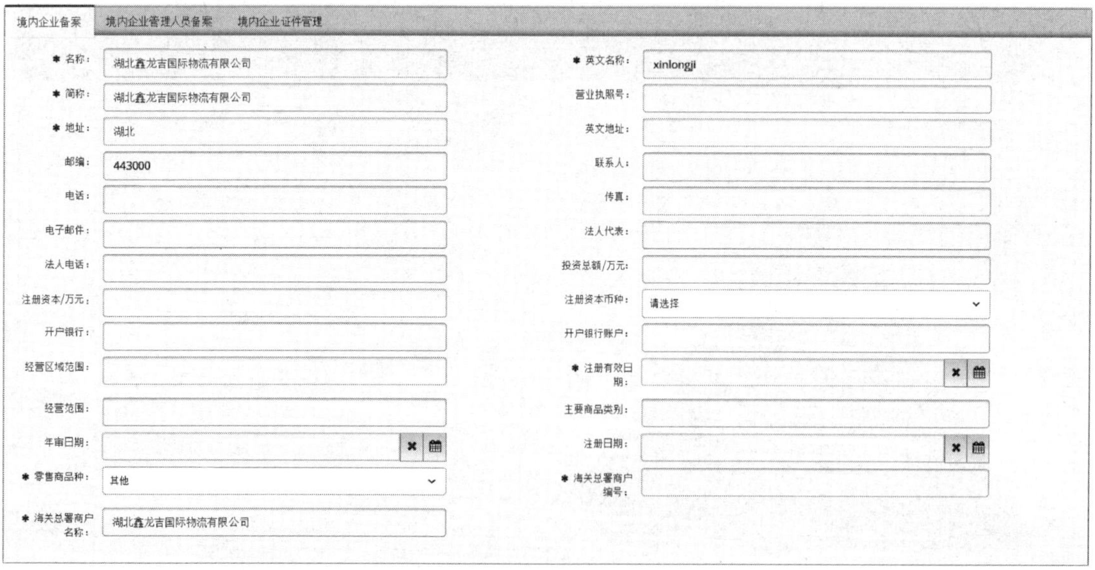

境内企业备案　境内企业管理人员备案　境内企业证件管理

* 名称：	湖北鑫龙吉国际物流有限公司	* 英文名称：	xinlongji
* 简称：	湖北鑫龙吉国际物流有限公司	营业执照号：	
* 地址：	湖北	英文地址：	
邮编：	443000	联系人：	
电话：		传真：	
电子邮件：		法人代表：	
法人电话：		投资总额/万元：	
注册资本/万元：		注册资本币种：	请选择
开户银行：		开户银行账户：	
经营区域范围：		* 注册有效日期：	
经营范围：		主要商品类别：	
年审日期：		注册日期：	
* 零售商品种：	其他	* 海关总署商户编号：	
* 海关总署商户名称：	湖北鑫龙吉国际物流有限公司		

图 8-4　商户备案

（2）商品备案

跨境电子商务商户在跨境电子商务综合服务平台完成商品资料填写并提交后，系统会自动完成商品商检和商品备案流程，如图 8-5 所示。

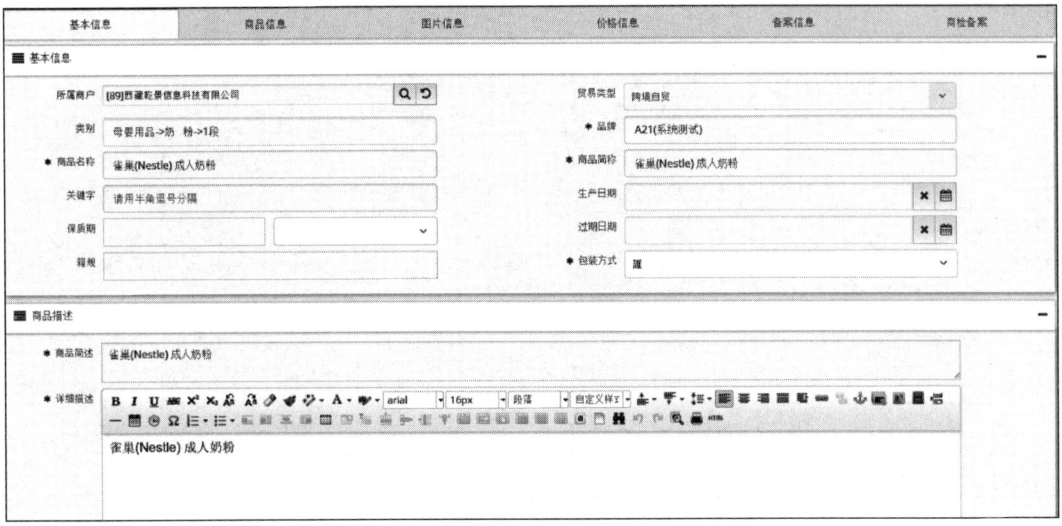

图 8-5　商品备案

2. 商品一线入区

前期准备工作完成后，跨境电子商务商户即可在系统中下业务订单，同时可安排境外发货。值得一提的是，在"1210"监管方式下，所有跨境电子商务正面清单里的货物进入东湖综合保税区均不需要填写通关单。

（1）跨境电子商务商户创建 PO 单

商户、商品备案成功后，商户即可在跨境电子商务综合服务平台创建 PO 单（见图 8-6），同时可安排境外发货。

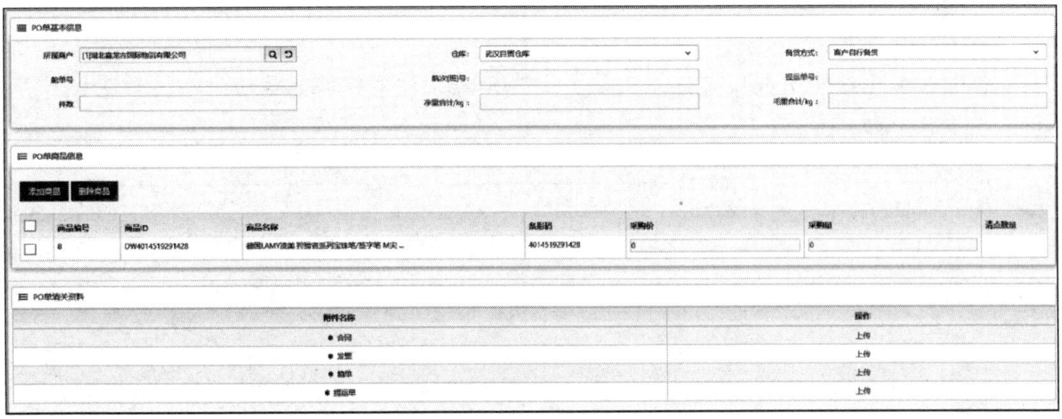

图 8-6　创建 PO 单

（2）商品运抵和提货申请、入区核放申请

商品从境外通过运输工具（飞机、铁路、轮船）到达武汉，公司的报关团队在跨境电子商务综合服务平台向海关监管系统发起提货申请（见图 8-7）、入区核放申请，海关审批通过后即可在线下口岸提货（货车）至东湖综合保税区湖北跨境电子商务公共服务仓。

该公共服务仓在海关监管区内由金宇公司建设和运营，一楼为湖北跨境电子商务监管分中心，库内设置有专门分拣区、查验区、暂扣区及海关办公区等，并配备有满足"1210"监管方式和业务承载能力的查验线、分拣线设备。

图 8-7　发起提货申请

（3）仓库理货和报关单、补录入核放单申请

仓库操作人员对商品进行理货，理货完成后，将理货确认数量通过 WMS 系统发送给跨境电子商务综合服务平台，由报关团队在跨境电子商务综合服务平台向中国国际贸易"单一窗口"和海关监管系统再次进行申报，申报内容包括报关单申请（中国国际贸易"单一窗口"）、报关申请单申请、补录入核放单申请。

（4）商品账册库存数量增加

所有申报完成后，商品账册库存数量增加，消费者即可下单。

3. 消费者下单和订单申报

（1）消费者下单

消费者在跨境电子商务销售网站下单（见图 8-8），订单数据会自动同步到跨境电子商务综合服务平台。

图 8-8　消费者下单

（2）订单申报

跨境电子商务商户在跨境电子商务综合服务平台对订单进行数据申报（见图 8-9），"三单"对碰成功后，跨境电子商务综合服务平台将操作指令发送到湖北跨境电子商务公共服务仓。

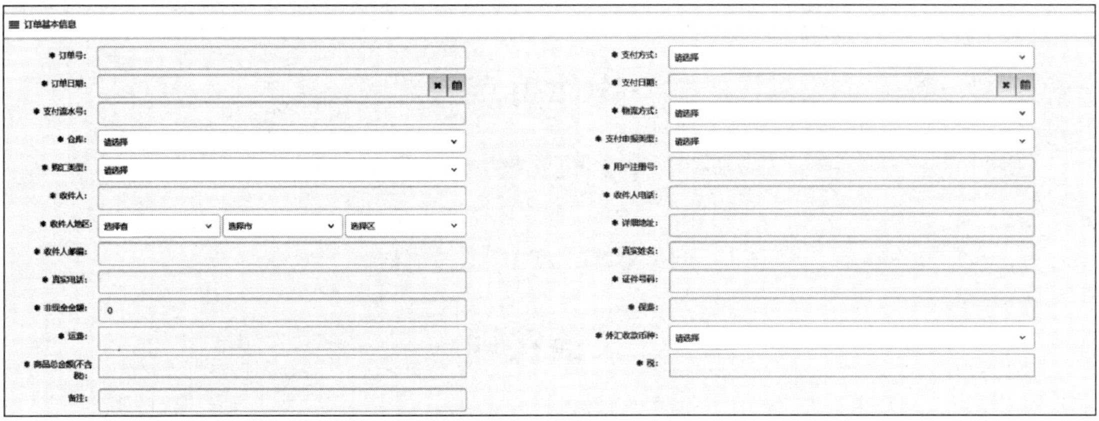

图 8-9　订单申报

4．订单二线出区

（1）订单推送到 WMS 系统

订单申报完成后，申报人将订单信息推送给 WMS 系统，仓库工作人员根据海关审核通过的实时订单进行拣货、打包。打包好的货物将被投放至监管分中心的查验分拣线。通过布控的方式，包裹将被海关抽查。海关现场查验被布控的包裹，查验完成后，包裹被输送至快递分拣口，无须查验的包裹将被系统直接输送至快递分拣口。这一系列动作都由全自动智能化系统完成。

（2）海关申报，包裹出区

公司报关团队在跨境电子商务综合服务平台向海关监管系统申报出区申请单和出区核放单，申报完成后包裹即可被运输出去。

案例小思考：简述金宇公司的通关模式。

思考解析要点：①跨境电子商务商户入驻；②商品一线入区；③消费者下单与订单申请；④订单二线出区。

课堂实训活动8-3

活动题目：梳理跨境电子商务 B2B 通关的流程

活动步骤：

1．对学生进行教学分组，每个小组 3～5 人，以小组为单位进行讨论；

2．梳理跨境电子商务 B2B 通关的流程，并将具体操作内容填入表 8-10；

3．每个小组将讨论结果形成 PPT，派 1 名代表进行演示；

4．教师给予评价。

表 8-10   跨境电子商务 B2B 通关的流程

步骤	具体操作内容

操作重点

- 本章操作重点为跨境电子商务 B2B 和 B2C 通关流程。

技能实训

了解跨境电子商务特殊区域出口海外仓零售退货流程

【实训目的】

（1）加强学生团队合作能力，发挥每一个团队成员的能力，学习小组讨论、分析的方法。

（2）培养学生自主学习和独立思考的能力。

【实训内容】

查阅海关总署发布的《关于全面推广跨境电子商务出口商品退货监管措施有关事宜的公告》，然后结合跨境电子商务特殊区域的监管政策，解读跨境电子商务特殊区域出口海外仓零售退货流程。

【实训步骤】

（1）教师带领学生学习相关知识，按照每组 3 人进行教学分组，每个小组设组长 1 名，负责确认每个团队成员的任务。

（2）根据教师教授的内容，整理出跨境电子商务特殊区域出口海外仓零售退货流程的相关知识点。

（3）每个小组派 1 名组员根据自己的报告上台演讲，教师和其他小组成员对其演讲进行评价、讨论。

【实训成果与检测】

成果要求

（1）提交案例讨论记录：每个小组 3 名学生，设组长 1 名、记录员 1 名。每个小组必须有小组讨论、工作分工的详细记录，该记录会被作为考核的依据。

（2）能够在规定的时间内完成相关讨论，学习团队合作方式，撰写总结。

评优标准

（1）上课时能积极配合教师，独立思考、踊跃发言。

（2）能认真阅读案例、积极参加小组讨论、拓宽分析问题的思路。案例分析基本完整，能结合所学理论知识解答问题。

（3）团队配合意识较好，积极参加小组活动，分工合作表现较好。

复盘反思

1. 知识盘点：通过对本章的学习，你掌握了哪些知识？请画出思维导图。

2. 方法反思：在完成本章的知识与实训学习后，你学会了哪些分析和解决问题的方法？

3. 行动影响：在完成本章知识与实训学习的过程中，你认为自己还有哪些地方需要改进？

参考文献

[1] 李逦，马金海. 电子商务基础[M]. 镇江：江苏大学出版社，2015.

[2] 易传识网络科技. 跨境电商多平台运营实战基础[M]. 3 版. 北京：电子工业出版社，2020.

[3] 陆端. 跨境电子商务物流（慕课版）[M]. 2 版. 北京：人民邮电出版社，2022.

[4] 逯宇铎，陈璇，张斌. 跨境电商物流[M]. 北京：人民邮电出版社，2021.

[5] 马博. 跨境电商物流[M]. 北京：中国经济出版社，2022.

[6] 潘勇. 跨境电子商务物流管理[M]. 北京：高等教育出版社，2021.

[7] 何传添. 国别电子商务概论[M]. 北京：经济科学出版社，2015.

[8] 金锡万. 物流管理信息系统[M]. 南京：东南大学出版社，2006.

[9] 李鹏博. 揭秘跨境电商[M]. 北京：电子工业出版社，2015.

[10] 潘兴华，张鹏军，崔慧勇. 新手学跨境电商：从入门到精通[M]. 北京：中国铁道出版社，2016.

[11] 方玲玉，李念. 电子商务基础与应用[M]. 3 版. 北京：电子工业出版社，2016.

[12] 韩小蕊，樊鹏. 跨境电子商务[M]. 北京：机械工业出版社，2018.

[13] 于立新. 跨境电子商务理论与实务[M]. 北京：首都经济贸易大学出版社，2017.

[14] 常广庶. 跨境电子商务理论与实务[M]. 北京：机械工业出版社，2017.

[15] 薛士龙，王玉芹. 跨境电商物流[M]. 上海：上海财经大学出版社，2020.